江晓原作品系列

世界历史上的星占学

江晓原 著

生活·讀書·新知 三联书店

Copyright © 2024 by SDX Joint Publishing Company.
All Rights Reserved.

本作品版权由生活·读书·新知三联书店所有。
未经许可，不得翻印。

图书在版编目（CIP）数据

世界历史上的星占学 / 江晓原著． —北京：生活·
读书·新知三联书店，2024.6
（江晓原作品系列）
ISBN 978-7-108-07820-9

Ⅰ．①世… Ⅱ．①江… Ⅲ．①占星术－世界
Ⅳ．① B991

中国国家版本馆 CIP 数据核字 (2024) 第 057116 号

策划编辑	徐国强	
责任编辑	陈富余	
装帧设计	康　健	
责任校对	陈　格	
责任印制	卢　岳	
出版发行	生活·讀書·新知 三联书店	
	（北京市东城区美术馆东街 22 号 100010）	
网　　址	www.sdxjpc.com	
经　　销	新华书店	
印　　刷	北京隆昌伟业印刷有限公司	
版　　次	2024 年 6 月北京第 1 版	
	2024 年 6 月北京第 1 次印刷	
开　　本	635 毫米 × 965 毫米　1/16　印张 23.5	
字　　数	325 千字　图 42 幅	
印　　数	0,001 – 4,000 册	
定　　价	79.00 元	

（印装查询：01064002715；邮购查询：01084010542）

目 录

新版序 / 1
2014 版前言 / 3
导　论 / 5

外国篇

第一章　美索不达米亚：星占学之源 / 3
第二章　埃及：众神的星空 / 42
第三章　希腊和希腊化世界 / 63
第四章　罗马帝国：围绕着皇冠的星占学 / 82
第五章　基督教会：对星占学的矛盾态度 / 103
第六章　走出中世纪：欧洲 / 113
第七章　中世纪阿拉伯的星占学与天文学 / 153
第八章　文艺复兴：星占学盛极而衰 / 176

中国篇

第九章　中国星占学的特殊性 / 233
第十章　分野理论 / 246
第十一章　恒星星占学 / 263

第十二章　可推算天象：日月与行星星占学　/ 288
第十三章　彗星与流陨之占　/ 314

初版后记　/ 330
2005 年版后记　/ 331
综合索引　/ 334
插图索引　/ 349

新版序

本书初版于1995年，本来只想写西方星占学部分，因为我那时已经出版了专门论述中国传统星占学的《星占学与传统文化》（上海古籍出版社，1992；广西师范大学出版社，2004；湖北科学技术出版社，2016），但上海科技教育出版社希望我提供一本包括西方和中国的星占学论著，所以增加了比较简要的"中国篇"。此后各版都保持了这个结构。

此前本书的版权曾被五家出版机构先后拥有，依次是上海科技教育出版社（1995）、贝塔斯曼书友社（1997）、辽宁教育出版社（2005）、韩国Bada出版社（2008，韩文）、上海交通大学出版社（2014），这次最新的版权归属生活·读书·新知三联书店，成为"江晓原作品系列"之一，文本和插图都保持了2014年版的原貌。

本书问世已将近30年，至今在中文图书中尚未见有同类作品。随着古老的星占学及其新的变异品种以各种面貌进入一部分人的当下生活，经常有人问我，本书有没有帮助"从业者"实际操作的作用？我都坦然说没有——本书是文化史著作，目的是帮助读者了解星占学自身的历史，以及它在历史上扮演过什么样的角色，发挥过什么样的作用，并不提供实际操作的任何指导。至于"从业者"若阅读本书，获得了对星占学历史的更多知识，从而间接有助于其业务，当然也不无可能，尽管这并非笔者本意。

江晓原

2024 年 3 月 26 日

于上海交通大学科学史与科学文化研究院

2014 版前言

本书初版于1995年,由上海科技教育出版社出版,书名为《历史上的星占学》。这个版本曾被贝塔斯曼书友社购买版权重印过两次,但内容完全不变。

第二版由辽宁教育出版社出版于2005年,书名为《12宫与28宿——世界历史上的星占学》,是修订版,增加并抽换了插图。但从阅读效果来说,第二版比初版反而逊色,主要是插图和页面没有设计好。

2008年,本书的韩文版出版,印刷精美,插图也处理得很好。

此次新版(中文第三版),我决定恢复20年前我最初拟定的书名——《世界历史上的星占学》。主要是因为本书包括"外国篇"和"中国篇"两部分,是一部较为全面的世界星占学通史。本书同时也可以作为一种世界天文学通史的辅助读物。

在近20年的国内图书市场上,虽然关于星占学的书籍并不罕见,但具有全球文化视野的星占学通史著作,除本书外,仍然未见同类作品问世。这也许是本书20年来重印、再版不绝的主要原因吧。

这个新版,重新恢复了初版的大部分插图,并去掉了第二版新增插图的一半左右,另外还抽换了一些插图,代之以效果更好的图；插图总数较第二版减少。此次选择插图的三个原则是：

稀见：在一般涉及星占学的书籍中不常见者；

重要：指一些在星占学历史上具有重要意义的图；

美观：指这些历史图片本身的精美、装饰性和视觉冲击力。

对于本书的文字内容，新版只做了少量修订，都是与变动了的插图有关的。

江晓原

2014年8月2日

于上海交通大学

科学史与科学文化研究院

导　论

一、星占学与天文学

在现代公众心目中，星占学（astrology）与天文学（astronomy）两者显然是根本不同的东西：前者是迷信，而后者是科学。然而在历史上，情况并非如此。直到文艺复兴时期以及再稍往后一些的年代，星占学家和天文学家还是无法区分的——他们从来就是同一种人。在拉丁文中，他们被称为astrologus；他们所操的职业则称为astrologia。这个词来源于希腊语ἀστρολογια，意为星象学，即星占学。星占学在汉语中又常译成占星术或星占术，本书则统一使用"星占学"一词，因为拉丁文中后缀-ology按照惯例都译作"学"。

"天文"一词在中国已有两千年以上的历史。《易经》里保留着这个词的原始用法。《易·彖·贲》上说：

> 观乎天文，以察时变；观乎人文，以化成天下。

《易·系辞上》又说：

> 仰以观于天文，俯以察于地理。

这里"天文"的含义都是指天象，即各种天体交错运行在天空上呈现的景象，这种景象被称为"文"。不过古人仰观天象，并非探索自然奥秘，而是为了从天象中看出人世间的吉凶祸福——这正是星占学的根本宗旨。因此在古代中国，"天文"一词通常是指仰观天象以占知人事吉凶的学问，即星占学。

按照上面所述的古义，"天文学"一词理应用来对译astrology才对，但是如今却用来对译astronomy。当然，约定俗成既久，也就只好沿用下去。不过对于打算了解星占学历史和天文学史的人来说，这方面的区别却不能不搞清楚。

天文学和天文学家，在很大程度上是一组现代的观念，古代则只有星占学和星占学家。我们之所以说古代星占学家和天文学家是同一种人，主要是因为，星占学家确实掌握着天文学知识（只是现代天文学知识中的一小部分，主要是天体测量方面）——这是他们从事星占学活动必不可少的工具。这里需要特别注意的是：一种活动的性质和进行此种活动所需的工具，显然不能混为一谈。不幸的是，以往的大量宣传性读物已在一般公众中造成了根深蒂固的误解，似乎古代真有那么一大批"天文学家"在从事与今天的天文学性质完全相同的科学活动，而这并不是历史事实。即使在古代星占学家自己的主观意识中，他也是把自己从事的活动看成旨在寻求"天人之际"的大奥秘并预知未来的吉凶祸福；而绝不是像许多现代读物强加到他们头上的那样，看成进行所谓"科学研究"。

还有人将星占学与天文学的关系比作炼金术与现代化学的关系，这也有不甚贴切之处。炼金术随着现代化学的兴起而衰亡，大体上呈现为后者替代了前者的局面；而星占学在天文学从它那里独立出来并迅猛发展之后，却并未衰亡。事实上，星占学迄今仍在欧美各国广泛流传。比如有些报纸上每天都要登载算命天宫图（horoscope），偶有一天未载，竟还会有读者提出抗议；又如曾经还有关于当时的美国总统里根"根据星占学行事"的传闻，在报纸上闹得沸沸扬扬。此外还有出版星占学专业杂志的，开办星占学专门学校的，种种花样，不一而足。近年且有输入中国的端倪。

在古代，星占学曾经哺育了天文学，积累了天文学知识，这一现象无论在西方还是东方世界都无例外。所以今天人们只要试图研究天文学发生、发展的历史，只要试图了解古代社会中的科学-文化史，就不能不认真回顾历史上的星占学。至于在现代天文学早已高度发展、人类已经登上月球、飞船已经奔向火星的今天，仍在世界各地流传着的星占学——尽管它的算命天宫图已可用电脑排算——实际上只剩下社会心理学研究的若干价值，而不再具有任何科学意义。

二、星占学的类型及有关观念

星占学在古代影响到文化的许多方面，根据它与古代文化不同方面的结合情况，可以分成若干种类型。但是占绝对主流地位的星占学类型只有两种。

第一种类型专门根据星象来预卜各种军国大事，诸如战争胜负、年成丰歉、水旱灾害、帝王安危之类。这种星占学不涉及一般人的个人命运——不过帝王（有时也可扩大到后妃或重臣）除外，因为这些人的个人命运关系到军国大事。被这类星占学用作占卜对象的天象范围颇广，除了恒星、行星之外，还包括日、月运行及其交食，以及彗星；中国古代更将流星、陨星、云气乃至风霜雨雪、雷电冰雹等大气现象都包括在内。这一类型的星占学，本书称为"军国星占学"（judicial astrology，国内尚无统一译名）。

第二种类型是专门根据一个人出生时刻（有些流派用受孕时刻）的天象来预言其人一生命运的星占学。这一类型涉及的天象较少，仅限于黄道十二宫和五大行星及日、月。这种星占学本书称为"生辰星占学"（horoscope astrology，国内同样尚无统一译名）。

以上两种星占学的主流类型，是本书中将要详细研讨的，这里先不多论。此外还可以提到一种较为次要的类型，通常被称为"星占医学"（astrologic medicine），它将对人体的诊断、施治乃至草药的采集、备制等都与天象联系起来。这也将在本书第六章第三节讨论。

以上所言星占学类型，主要是着眼于它们不同的文化功能而划分的。至于依据所占天象的不同而将星占学细分为"行星星占学""恒星星占学"之类，即所谓"形态学（morphology）"分类，则是在技术层面上为了讨论方便而采取的措施。在这一层面上还可以做其他各种划分，比如根据占辞的种类而分；这就随论述者各自的风格和喜好而异了。

在西方，军国星占学和生辰星占学都以同一个古老的哲学观念作为基础。这个观念认为：人世间万事的发展是前定的，或者通俗一些说就是"命中注定"的，也即所谓"历史有个秘密计划"，而借助于对天象的观察和研究，人类有可能窥破这个万古大计划中的若干部分或细节，从而使自己获益。对此波普尔（K. R. Popper）有过很好的论述：

> 这些观念表达了人类最古老的梦想之———预言的梦想，也即我们能知道将来我们会遭遇些什么，我们能据此调整我们的政策因而从这种知识得益。这个古老的观念得到关于日食和行星运动的预言获得成功这一事实的支持。历史主义学说和天文学知识之间的密切联系在占星术的理论和实践中清楚地显现出来。[①]

至于星占医学，则基于一种"大宇宙—小宇宙"类比的理论，即认为人体是天地星辰这个大宇宙的一种袖珍翻版，是一个小宇宙。这种观念源远流长，后来文艺复兴时期在帕拉塞尔苏斯（T. Paracelsus）及其追随者那里得到很大发展。

在中国，情况却颇有不同。古代中国人固然也有通过星占学仰窥天

---

① 波普尔：《猜想与反驳——科学知识的增长》，傅季重、纪树立、周昌忠等译，上海译文出版社（1986），第482—483页。

意的思想，但在中国星占学家心目中，即使历史有一个"秘密计划"的话，这个计划无论如何也不是前定的。换句话说，天象虽能反映天命或天意，但这个天命或天意并不是固定不变的；并不存在一个万古长存，而且被不折不扣地执行着的计划（而在古代西方，笃信星占学的人们相信确实存在着这样的秘密计划——它通常被认为是由神制订的）。天命或天意随时都可能改变，改变的依据则是帝王在人间所施行的统治是否"有德"。因此，古代中国的星占学和星占学家都明显地是非宿命论的，星占学家仰观天象，是为了向帝王预告或解释天命或天意，使帝王知道上天对他在人间统治的满意程度。而贤明的帝王则时时以"有德"深自约束，不敢胡作非为；万一发现有过失而招致上天不满，则立即战战兢兢采取措施以求"回转天心"。这些措施如《史记·天官书》所述：

太上修德，其次修政，其次修救，其次修禳，正下无之。

修德修政是指约束自身和调整政策，务使归于"有德"的境界；修救修禳是指举行各种禳祈仪式以求感动上天。如果什么也不做，"正下无之"，那就坐等灭亡，天命转而就会眷顾别人了。这样一幅天人互动、交相作用的生动图景，古代中国人称之为"天人合一"或"天人感应"。在这幅图景里，人不仅可以通过星占学去了解天意，还可以通过自身的努力去改变天意。而且，在"天人合一"或"天人感应"这样的表述中，中医类似西方的"大宇宙–小宇宙"类比观念也被包容在内了，尽管古代中国并未发展出明确的"星占医学"类型。

三、星占学的历史线索

从已发现的史料来看，在西方世界，军国星占学和生辰星占学的源头都可以追溯到巴比伦。年代最早的军国星占学文献属于古巴比伦王国时期（约公元前1894—前1595年），内容是据天象以预占年成好坏的；

同一时期一份金星伏现表中也有星占预言。而到亚述帝国时期（公元前1530—前612年）已出现被现代学者习称为《征兆结集》（原文的拉丁转写为*Enūma Anu Enlil*）的大型星占文献。生辰星占学出现稍晚一些，这类文献在波斯入侵时期（公元前539—前331年）已见使用，但专家相信它们发端于新巴比伦王国时期（公元前626—前539年），后来以"迦勒底星占学"（Chaldaean astrology）之名盛称于世，以至于在西方语言中，"迦勒底人"成了"星占家""预言者""先知"的代名词。

接着，这两种星占学类型就从巴比伦向周围扩散开来。很可能还在亚历山大大帝（Alexander the Great）开始他的远征（公元前334年）之前，军国星占学就传入了埃及。随后，波斯本土、巴比伦、埃及等地在转瞬之间都成了亚历山大所率希腊大军的征服地，开始了"希腊化时代"。多半是希腊人为埃及带来了巴比伦的生辰星占学，现今在埃及墓室室壁及纸草书中发现的许多星占文献，包括算命天宫图，都是这一时期的作品。

"希腊化时代"对后世影响最深远的星占学传播，当数生辰星占学之输入希腊。这种"迦勒底星占学"通常被认为是一个名为贝罗索斯（Berossus）的人在公元前280年前后引入希腊的，此后就成为欧洲星占学的主流，经过罗马帝国和中世纪，直至文艺复兴，一直盛行不衰。而历史更悠久但似乎常与东方型专制集权统治联系在一起的军国星占学，则在欧洲不那么重要了。

中国星占学的历史线索与西方世界有很大不同。古代中国的星占学始终只有军国星占学一个类型，而且承继性极强，大致在战国秦汉之际定型之后，几乎不再变化。中国本土从未产生出生辰星占学（见本书第九章第一节二）。而庞大完备的军国星占学体系则在中国至少保持并运作了两千年，对古代中国的政治、军事、社会、文化起着现代人难以想象的作用。[①]

[①] 这方面的详细情况，参见江晓原：《天学真原》，辽宁教育出版社（1991，1992）。

然而，尽管这种军国星占学体系在古代中国独尊了两千余年，但并不意味着其间从未出现过西方生辰星占学的踪迹——后者向东方传播，也曾几次到达中华大地。在第一次东传浪潮中，佛教的兴起和传播起了极为重要的作用。佛教的发源地印度，本来就有自己的星占学，大体也属生辰星占学类型；而从大约公元前400年开始，印度天学处于巴比伦的影响之下，至亚历山大远征，希腊的影响又进入印度天学，先与巴比伦影响共存，不久就取而代之。大约公元400—1600年，是印度天学的"希腊化时代"。在此之前，佛教已开始向印度境外输出。宗教家向异地传教时，通常都要吸纳星占、医药之类的学术，以便打动人心，达到"弘法"的目的，佛教也不例外。这些夹杂着巴比伦、希腊和印度本土色彩的生辰星占学，先从北路经过中亚诸国而传入中土；随着佛教在中国南北的兴盛，到隋唐之际，中国与印度之间的直接交往以南路为主频繁展开。因而在六朝隋唐时期，伴随佛教传入的西方生辰星占学（有时杂以印度、中亚等处地方色彩）在中国曾一度广泛流行，几至家喻户晓。这一浪潮到宋代消退，不久就销声匿迹了。

西方的生辰星占学第二次到达中国是蒙古人的疯狂征服及其横跨欧亚之大帝国建立的结果。主要表现为元朝御用天学机构中接纳了一些伊斯兰星占学内容——这种星占学的根源仍可追溯到希腊-巴比伦。不过这次东传的规模很小，影响也非常有限。

西方生辰星占学第三次进入中国是16、17世纪来华耶稣会教士们在中国传教的副产品，其突出的代表是穆尼阁（J. N. Smogolenski）的《天步真原》一书，这是介绍生辰星占学以及排算算命天宫图的实用性手册。但是星占学本不是罗马教会大力讲求的学问，而且此时已是近代科学革命在欧洲开始、现代意义上的天文学独立登上历史舞台的时代，所以即使在醉心于耶稣会士传来的各种西方学术的那部分中国士大夫中，西方的生辰星占学也未曾受到多少重视。这次传入的影响甚至比第二次还要小。

这里需要顺便提到一个问题：中国既未产生自己的生辰星占学，西方传来的也只是匆匆过客而没有长久的市场,那么难道中国人竟对于预卜自己个人的穷通祸福从来就不感兴趣?当然不是如此。预卜个人穷通祸福这一功能,在西方由生辰星占学来完成,在中国则由八字算命来完成。这两者之间其实有共同之处——都要考虑人出生时刻这一时间起算点;只是中国的四柱八字不涉及任何具体天象,自然不可能被归入星占学的范畴。至于中国八字算命法在其创立过程中是否曾受到西方生辰星占学的影响或启发,则是一个悬而未决的问题。①

四、天文学与星占学分道扬镳

"纯粹的",以探索自然奥秘为宗旨的,或者说现代意义上的天文学,本来也是古已有之的——古希腊天文学就是一个这样的例证。然而自从星占学从古巴比伦向四周扩散之后,即使在古希腊"纯粹的"天文学一直存在,也不能认为天文学和星占学是相互独立的。理由非常明显:从事这两种活动的是同一些人。即使大名鼎鼎如希巴恰斯(Hipparchus,旧译依巴谷)和托勒密(Ptolemy)——此二人在现代人心目中都是古代伟大的天文学家,也同时都是星占学大师。他们从事天文学研究这一点毫无疑义,也确实是伟大的天文学家,但在另一方面,希巴恰斯是他那个时代的星占学权威,他的星占学说经常被后世的罗马著作家所援引;托勒密更有著名的星占学著作《四书》(*Tetrabiblos*)。事实上,一直到中世纪晚期,托勒密的名字首先还是与《四书》联系在一起的。而且我们不应忘记,以希巴恰斯和托勒密为代表的、旨在探索自然奥秘的古希腊天文学,在古代世界的其他地方是极为罕见的,甚至可能是独一无二的。

在西方世界,随着希腊文明的衰落,科学精神的光辉也归于黯淡。接下来是始而强悍、继而腐朽的罗马帝国。罗马人对法律和工程技术之

---

① 参见《天学真原》,第355、382页。

类的事务给予最大的关心,而对古希腊有闲哲人们讲求的科学(在很大程度上就是现代意义上的!)不感兴趣。再往下就是漫长的中世纪,按照某些西方作家的夸张说法,天文学在此期间除了为教会推算一个宗教节日,简直就不值一提;而星占学由于教会对它的态度颇为暧昧,也谈不上十分繁荣。倒是后来兴起的阿拉伯人在这两门学问上大领风骚。当然阿拉伯学者也像他们的前辈一样是一身二任——既从事天文学也从事星占学,而前者在很大程度上只是后者的工具。

进入文艺复兴时期,星占学在欧洲大为繁盛,天文学也大有进展,但两者仍相互联系在一起。真正使天文学与星占学分道扬镳的大功臣,或许当推哥白尼(Copernicus)。人们通常将他的《天体运行论》(*De Revolutionibus*,1543)视为现代天文学诞生的标志,乃至视为现代科学产生的标志,确实有着不少理由。与他的前辈们不同,哥白尼几乎没有搞过任何星占学,也未有星占学方面的著作或学说传世。这可以看成天文学正式从星占学那里独立出来并且"走自己的路"的标志。

历史的发展当然会有一些曲折与反复。虽有哥白尼开了伟大先例于前,但旧传统并不会在一夜之间完全被抛弃。继哥白尼之后,有欧洲天学界的又一位骄子第谷(Tycho Brahe)驰誉当世,而他又是一位大星占学家。特别引人注目的是,第谷晚年的学生和助手、以发现行星运动三定律而名垂千古的开普勒(J. Kepler),在星占学方面甚至比他的老师更负盛名。图1是那个时代天文学仍与星占学合为一体的生动写照:图中人物为17世纪典型的星占学家形象,他双手握持天文仪器和计算所需的圆规,身后的建筑物为天文台,屋顶上架设着望远镜;尤其意味深长的是他两臂上摊开着的书册——左臂上为哥白尼的著作,右臂上是第谷的著作!哥白尼和第谷无疑是文艺复兴时期欧洲天文学界的冠冕,而星占学家是必须研读他们的著作的。这正是自古希腊以来欧洲的古老传统。

然而历史在无情地前进,旧传统终究要有寿终正寝之时。开普勒之后,对于集天文学家与星占学家于一身这种旧传统而言,几乎再也找不到一个有分量的继承人。我们可以说,这种旧传统已由开普勒为之画上

图1　17世纪欧洲的星占学家。他左右两臂摊放着哥白尼和第谷的著作,自头至足盘踞着象征黄道十二宫的神兽

了一个不失为辉煌的句号(从这种意义上来说,我们甚至可以干脆将图1中的人物看成开普勒,也不至于离谱太远)。从那以后,天文学家和星占学家不再是同一类人了。尽管人们或许可以在此后的天文学家逸闻轶事中找到他们与星占学有关的零星言行,但那充其量只是他们的余兴或消遣。他们不再将星占学当作自己的职业,他们的职业现在是——天文学家。

在中国,天文学数千年间一直是星占学的工具,既未独立形成学科,当然更谈不上分道扬镳。直到16世纪末耶稣会传教士大举入华之后,情况才发生变化。传教士在他们的中文著作中系统介绍了托勒密、第谷的天文学说,还涉及开普勒和哥白尼的一些工作,编撰成堪称西方古典天文学百科全书的《崇祯历书》(1634)。这部137卷的巨著中没有任何星占学内容。耶稣会士撰写的其他许多涉及天文学的中文书籍中也没有谈到星占学(前面提到过的穆尼阁《天步真原》一书几乎是唯一例外)。恰逢清康熙帝醉心于天文历算之学,大力提倡,《崇祯历书》又在明末清初多次刊刻印行(清初略作修订后改名《西洋新法历书》)。这些新的因素竟使得中国的天文学在很大程度上从传统的"皇家禁脔"状况中解放出来,成为平民也可以涉足的学问。[①] 在这样的时代氛围之中,中国也产生了一批只研究天文学而不谈星占的平民学者,他们的代表人物是王锡阐和梅文鼎。王氏生前寂寞,但他的著作后来得到推崇,并收入《四库全书》;梅氏则生前即名满天下,成为康熙帝的布衣朋友,康熙不仅召见梅氏,还赐他御题"绩学参微"匾额,甚至将"御制"之书请他指教。王、梅两氏的出现及他们之获享大名,或许可以视为天文学在中国开始从星占学中独立出来的一种历史标志。

五、星占学留下的科学遗产

"星占学是人类历史上最早出现的精密科学(accurate science)。"这个听起来有点夸张的说法其实很有道理。因为星占学除了迷信和神秘之外,它确实需要精密的观测和计算。或者也可以这样说:星占学的前提和基本原理是迷信的,但它所用的方法却不能不是"科学的"。正因为如此,星占学才哺育了天文学的成长,并为后世留下了重要的科学遗产。

星占学为后世留下了大量天象观测记录。其中特别有价值的是异常天象的记录。在星占学家看来,太阳每天东升西落,这没有什么星占

[①] 江晓原:《十七、十八世纪中国天文学的三个新特点》,《自然辩证法通讯》10卷3期(1988)。

学意义；但是如在天空出现了一颗彗星，或发现某星座中出现了一颗新星，这就非同小可，肯定有重大星占学意义了。这种原则是古代星占学家普遍接受的。中国古代星占学也有"常则不占，变则占"之说，所谓"常"即指其出现规律已被掌握且频繁出现的天象（比如太阳东升西落），"变"则指其出现规律无法掌握或不常出现的天象（有些天象的规律已能掌握，比如交食，但仍被列为重大的"变"）。在现代天文学尚未产生的时代，古人之所以孜孜不倦、年复一年地记录大量天象观测资料，星占学的需要可以说是最重要的原因。

对于天文学研究的许多方面而言，年代久远的观测记录资料是特别可贵的。因为天文学研究的对象，其变化在时间尺度上都极为巨大，几十上百年犹一瞬耳，而现代天文学的出现和形成，充其量不过数百年，所以必须求助于古代的观测记录，可以获得数百年前甚至数千年前的数据资料。这方面可举一个特别典型的事例以说明之，即古代新星和超新星爆发记录对当代天体物理学研究的巨大价值。

20世纪40年代初，金牛座蟹状星云被证认出是公元1054年超新星爆发的遗迹，1949年又发现蟹状星云是一个很强的射电源；50年代又在公元1572年超新星（第谷超新星）和1604年超新星（开普勒超新星）遗迹中发现了射电源。这些发现使天文学家设想：超新星爆发可能会形成射电源。然而超新星爆发是极罕见的天象，以我们所在的银河系为例，从公元1604年迄今就一次也未出现过；要验证上述设想，又不能作千百年的等待，则只有求助于历史记载。于是1955年席泽宗发表《古新星新表》，考订了从殷代到公元1700年间的90次新星和超新星爆发的历史记录。1965年席泽宗又与薄树人合作发表《中朝日三国古代的新星纪录及其在射电天文学中的意义》，所获结论更为完善。此两文在国际天文学界引起巨大轰动，出现了多种译本和单行本。之所以会如此，就是因为这些古代新星和超新星爆发记录——完全是出于星占学的传统和需要而作的——为20世纪60年代射电天文学的一系列惊人发现提供了独一无二的历史佐证。这些记录使今人得以统计新星和超新星的爆发频率，从而为恒星演化理论中关于恒星化为白矮星之前会经历这类爆发阶段的假说提供实证检验；恒星演化理论还预言了中子星的存在，1967年发现了脉冲星，不久被证认出正是中子星，而许多天文学家认为中子星是超新星爆发的遗迹；对于黑洞虽无法直接观测，但仍可用间接方式加以证认，X射线源天鹅座X–1曾被认为最有可能是黑洞的天体，有的天文学家认为该天体也可与历史上的超新星爆发记载相对应；随着此后X射线天文学、γ射线天文学等新分支学科的兴起，发现超新星爆发后还会形成这类射线源；等等。这项将古代星占学留下的观测记录与现代天文学研究密切联系起来的精彩工作，几十年来被国际天文学界引用多达一千余次。在有些西方著作中甚至被视为20世纪中国天文学家唯一值得重视的工作，比如斯特鲁维（O. Struve）的《二十世纪天文学史》。

　　除了新星和超新星爆发，日食、彗星、太阳黑子等天象也都是中国古代星占学非常重视的，关于这些天象的古代记录也能够为现代天文学提供可贵的数据资料。天文学家将古代中国非常完备的日食记录与理论计算结果进行对比，肯定了地球自转的减速现象和引力常数G的稳定性。利用中国两千年来关于哈雷（Halley）彗星几十次回归的过近日点记录与理论计算结果之差，天文学家能够讨论太阳系内是否存在第十大行星及非引力效应。太阳黑子在西方直到伽利略（Galileo）时代才肯定其真实性，在古代中国星占学家那里却一直被当作"变则占"（有星占学意义的）天象坦然记录了两千年，利用这些记录，现代天文学家讨论了太阳活动周期，肯定了在现代理论中的11年周期外，还有更长的周期存在。

　　星占学促使人们对恒星位置进行精确测定并建立天球坐标系。由于星占学要根据天象的变异来预卜人事吉凶，这就必须对奇异天象发生在天上哪一位置进行确认和指陈。只有在天空划分区域，西方是用命名星座（constellation）来划定天区，中国是划分为"三垣二十八宿"及各种"星官"，这样才能对天象发生于何处进行有效的陈述。而对天象位置的确认又必须是定量的、精确的，这就必须借助恒星来建立天球坐标系，西方古代习惯采用黄道系统，中国古代则一直采用赤道系统。在传世的古代星占学文献中，各种恒星位置表（特别是标有坐标值的那些表）和星图始终是现代天文学家和天文学史专家特别重视的部分之一。历史上几乎所有著名的恒星位置表和星图都出自星占学大家之手或与星占学有关，比如古希腊时代的希巴恰斯–托勒密（Hipparchus-Ptolemy）星表（1025颗星）、中国先秦时代的《石氏星表》（120颗星，但学者们对确切的观测年代颇有争议）等都是这种例子。

星占学还极大地促进了对日、月和金、木、水、火、土五大行星运行规律的研究。这一点东西方在结果上完全相同，而内部机缘则稍异。在古代西方，盛行的是生辰星占学，这必须详细推算各种给定时刻的算命天宫图——正是由日、月和五大行星的不同位置构成。在中国古代星占学体系中，则极其重视日月交食和行星在周天二十八宿中的不同位置，这些天象都被赋予重大的星占学意义。结果是，东西方不同的星占学体系要求对同样七大天体的运行规律进行研究。这方面的研究构成了古代数理天文学（mathematical astronomy）的绝大部分内容——如果不是全部内容的话。今人看到古代数理天文学内容如此丰富，比如诺吉鲍尔（O. Neugebauer）那部权威的《古代数理天文学史》就有三巨册近1500页，很容易将古代的星占学–天文学家误认为是现代天文学家的同一类人，将他们所从事的活动误认为是同一性质的活动，而忽略了至关重要的一点：在古代，这些数理天文学知识在大部分情况下只是星占学的工具。这种误解在谈论中国古代情况时尤为严重。中国古代的历法被称为数理天文学，这固然不错，历法的全部内容就是对日月五星七大天体运行规律的研究和数学描述；但许多人习惯于将中国古代历法系统与星占学完全对立起来，假想出"迷信的星占学"与"科学的数理天文学"这样"两条路线的斗争"，那就是硬将现代概念加之于古人，强迫古人就范了。事实上，中国古代历法中的绝大部分内容是为星占学家事先推算天象之需而设的。[①]

---

① 关于此事的详细论证请见《天学真原》第四章Ⅱ，第137—167页。

最后，古代星占学还为后世的历史学家们留下了一项意想不到的遗产——解决年代学（chronology）问题的独特资料。星占学家总是对奇异天象十分注意，通常越是罕见或惊人的天象就越是被赋予重大星占学意义，星占学文献中也会留下越多的细节记录。同时，星占学又相信天象是对人间大事的兆示和反应，因此一些重大历史事件的发生往往被相信星占学的人——古代社会中的智者、先知和哲人大多是这种人——将其与当时的奇异天象联系在一起。另一方面，历史学家则经常为确定某些重大历史事件发生的准确年代而绞尽脑汁，有时因史料不足，某些年代学问题几乎无法解决。这时，如果历史学家转而旁顾，注意一下也许是他们往常不屑一顾的"迷信的星占学"的文献，并能借助于天文学史家的专业知识，就有可能使一些年代学问题"山重水复疑无路，柳暗花明又一村"。因为利用现代天文学的理论和方法，许多天象出现的时刻都可以回推和预报，哪怕时间相隔千百年之久。于是，如果能够在某个其发生年代尚待确定的历史事件的有关记载中找到此事发生时某种奇异天象的记录，就能通过回推这一天象发生的准确年代来确定该历史事件发生的年代。对此可以举一个特别著名的典型事例来加以说明。

在中国历史上，周武王伐纣灭殷当然是第一流的重大历史事件。但这样一件大事的年代却未有史料明确记载，历史学家为此想过很多办法，但都无法得到明确的答案。值得庆幸的是，武王伐纣是古代星占学家特别重视的大事之一，许多奇异天象都被与此事联系在一起。其中有些天象显出后人附会，或是语焉不详，没有推算的价值，但《淮南子·兵略训》中有如下一小段记载：

  武王伐纣，东面而迎岁，至汜而水，至共头而坠，彗星出而授殷人其柄。

这段记载明确指出武王伐纣向东进军时，东方天空曾出现过一颗彗星，而且彗尾指向西方（彗星形如扫帚，柄指彗头，"授殷人其柄"表明彗头在东方），这就可以实施数理天文学方法的回推计算。已故的紫金山天文台台长张钰哲推算的结果是：武王伐纣时出现的这颗彗星有可能就是哈雷彗星从公元1910年往前数的第40次回归，当时这颗彗星过近日点的确切日期是公元前1056年3月7日。而它恰在公元前1057—前1056年之交的四个月间行至地球附近，明亮可见。张钰哲最后的结论说：

> 假使武王伐纣时所出现的彗星为哈雷彗，那么武王伐纣之年便是公元前1057—前1056年。这个看法，对于我国年代学上这个疑案的解决，可能有所帮助。①

张钰哲的论文发表在绝大多数人文学者不阅读的《天文学报》上，后有赵光贤认为"此说有科学依据，远比其他旧说真实可信"，遂在《历史研究》杂志上撰文加以介绍，并做补充说明，使其说影响得以扩大，不少人文学者靡然信从之。

但是问题就出在张文结论中的"假使"两字上。要想确定《淮南子·兵略训》上所说的那颗彗星到底是否为哈雷彗星，实际上极为困难——几乎是不可能的。关于这个问题经由本书作者的博士研究生卢仙文在他的博士论文《中国古代彗星记录研究》（于1998年7月以优异成绩在中国科学院上海天文台通过答辩）中做了全面研究，结论是：《淮南子·兵略训》所载武王伐纣时出现的那颗彗星，是哈雷彗星的可能性只有0.6%上下，故不可能用于讨伐年代的确定。②

事实上，关于武王伐纣的年代，经本书作者及合作者的研究，现在不仅已经被确定，而且整个讨伐战役的日程表也得以重现，结论是：武王讨伐的决胜之战——牧野之战，发生于公元前1044年1月9日。③

---

① 张钰哲：《哈雷彗星的轨道演变的趋势和它的古代历史》，《天文学报》19卷1期（1978）。
② 卢仙文、江晓原、钮卫星：《古代彗星的证认与年代学》，《天文学报》40卷3期（1999）。
③ 关于此事的系统研究成果请见：江晓原、钮卫星：《回天——武王伐纣与天文历史年代学》，上海人民出版社（2000）。

此外，推而广之，许多成书年代有疑义的古籍，也可以根据其中的星占之说所记述的有关天象进行回推，由确定这些天象的发生年代再进而推断该古籍的成书年代。这类工作中外学者都做过一些。不过其中牵涉到许多旁的因素，实际操作起来十分复杂，也不太容易获得一言九鼎的决定性结论。

星占学和其他古代文化成分一样，若深入研究和发掘，完全有可能发现更多的有价值的遗产（当然远远不限于科学或历史学方面）。以上所论，只是较为重要且明显的几个方面而已。

外 国 篇

第一章　美索不达米亚：星占学之源

第一节　巴比伦的有关历史背景

"美索不达米亚"（Mesopotamia）一词，源出希腊语，意为"河间之地"（两河之间），指西亚幼发拉底河与底格里斯河的两河流域地区。这片土地今天基本上在伊拉克共和国境内。美索不达米亚是人类历史上最古老的文明发源地之一。那种认为此地是人类文明共同源头的观点，现今固然已经没有什么市场，但是就星占学这一具体事物而言，美索不达米亚作为共同源头的地位，则在很大程度上至今还未能动摇。

在一些通俗性读物中，美索不达米亚的名声似乎不及巴比伦（Babylon）来得响亮。也有人认为这两者似乎是一回事。其实，美索不达米亚只是一个地理名词（即古希腊人所说的"河间地"）。当然，它也常被用来笼统地代指这片土地上的古老文明；而巴比伦则既是两个王朝的名字，又是一座城池的名字，同时也常被用来笼统地代指两河流域的古老文明，还被用来泛指不同时代活动于这片土地上的民族——这会引起混淆。

美索不达米亚可以算得上人类历史上最早的多民族政治舞台。许多民族征服过这里，许多强盛的王朝在这里如日中天，最后又土崩瓦解。几千年间，这里的居住者真可谓"你方唱罢我登场，反认他乡是故乡"！

美索不达米亚的文明史至少可以上溯到六千多年前——约公元前4300年。那时苏美尔人（Sumerians）已活动于两河流域的南端，人类最早的文明就在这里诞生。另有一些考古发掘甚至表明这一文明能上溯到约公元前5000年，1946年开工挖掘的埃利都（Eridu）遗址就被认为是证据之一。学者们现在相信，保存在《圣经》里的关于创世和大洪水的古老传说都是源于苏美尔人的；而这又与保存在泥版上、现已被释读出来的苏美尔人关于埃利都的传说联系在一起，因为其中有这样的记载：

所有土地都成为一片汪洋。之后就建立了埃利都。

当然，洪水之事的真实性是另外一个问题。

在西方学者的著作中，苏美尔文明从发端直到约公元前2900年，通常都被称为"史前史"。从公元前2900年开始，则称为"苏美尔早王朝"时期，这一时期为时颇短，不久之后，苏美尔人的北邻阿卡德人（Akkadians）向南入侵并征服了苏美尔各城邦。约公元前2370年，著名的萨尔贡一世（Sargon Ⅰ）统一两河流域南部，建立起阿卡德王朝，持续到约公元前2230年灭亡。文化相对落后的阿卡德人学习苏美尔楔形文字的造字逻辑、苏美尔语中的许多词汇，还有书写工具——泥版与芦苇，用苏美尔文写记阿卡德语，为后世留下了大量历史文献，包括星占学文献在内。在阿卡德王朝衰亡之后的很长时间内，阿卡德文字一直是两河流域地区的主要文字，甚至成为近东各国外交上的通用文字。

阿卡德王朝衰亡后，又经历了一段异族入侵的混乱时期，接着苏美尔人有一段短暂的复兴，建立了"乌尔第三王朝"（约公元前2100—前2000年），乌尔城（Ur）成为整个帝国的首都。

接下来，"巴比伦"之名才正式登场。巴比伦，在阿卡德语中意为"神之门"，原为一城邦，后来成为"古巴比伦王朝"的王都，遗址在今伊拉克首都巴格达以南约90公里处。古巴比伦王朝之第六王、历史上大名鼎鼎的帝王汉谟拉比（Hammurabi）于公元前1758年大振军威，统一了两河流域。他颁布了一部以他的名字命名的《法典》，镌刻在一根3米高的石柱上。《法典》使汉谟拉比名垂千古（连同那根刻着《法典》的石柱，历尽劫波，至今仍保存在巴黎卢浮宫），汉谟拉比则使巴比伦的名声传遍四方。

古巴比伦王朝持续至公元前1531年，此后美索不达米亚一度处于卡西特人（Kassite）统治之下。此时亚述人（Assyrian）已经崛起，不久成为巴比伦的主人，在两河流域地区开始了长达近千年的"亚述帝国时期"。在此期间，巴比伦曾多次反抗以谋求独立。强悍的亚述军队和残酷的四方征战使这段历史充满血腥味。亚述帝国历史上最后一位有作为的名王亚述巴尼拔（Ashurbanipal）于公元前669年登上亚述王位，为挽回帝国昔日的光辉，他穷兵黩武尽力征伐。公元前662年远征埃及，将埃及首都、历史名城底比斯夷为平地；公元前646年攻克巴比伦城，使得老大帝国的回光返照看起来竟像是"中兴"光景。亚述巴尼拔是星占学的热烈支持者，他在帝国首都尼尼微（Nineveh）建立起王家图书馆，里面除了当时巴比伦、埃及等国星占学家提供的各种星占学文献之外，还有医学、数学、地理、历史、巫术等方面的大量书籍。19世纪中叶，英国考古学家在这座图书馆遗址中发掘出泥版文书两万余块。

转眼到了公元前612年，亚述帝国的末日来临，尼尼微在巴比伦与米底（Medes）王国联军的兵锋下化为废墟，美索不达米亚开始了"新巴比伦王朝"时期（公元前611—前540年）。由于这一王朝系由居于苏美尔-阿卡德故地的迦勒底人（Chaldaean）所建，故又得名"迦勒底王朝"。后面这个名称在后世更为响亮，因为这个短短的王朝却是星占学大放异彩的时代。我们在前面已经提到，"迦勒底人"后来在西方人笔下成了"星占学家"的同义词。迦勒底王朝的名王是尼布甲尼撒二世（Nebuchadnezzar Ⅱ，约公元前605—前562年在位），他曾征伐犹太王国，将其中的王公贵族及部分居民掳至巴比伦，即历史上著名的"巴比伦之囚"；他在巴比伦城中所建马杜克（Marduk）神庙内的塔庙就是

《旧约》中所说的"巴别塔"（Babel，即"通天塔"）；而古代世界七大奇迹之一的巴比伦空中花园又正是尼布甲尼撒二世为取悦他的米底王妃而建的。这些行事，连同他宫中那些通天通神的神秘星占学家，足以使他成为古代历史上最著名的帝王之一。

强盛的迦勒底王朝也只是昙花一现，两河流域不久又处在波斯人的统治之下（公元前539—前331年）。美索不达米亚既已成为幅员辽阔的波斯帝国的一部分，它的星占学也开始向周边扩散。随着马其顿王亚历山大的崛起和他的充满传奇色彩的东征，庞大的波斯帝国又在转瞬间土崩瓦解，公元前331年他胜利进入巴比伦，这标志着美索不达米亚地区"希腊化"时代的开始。亚历山大万里远征之后，又回师巴比伦，公元前323年他以33岁的英年染疾病逝于巴比伦城中。

亚历山大去世后，他那由军事征服而建立起来的大帝国也归于分裂，一些重要的将领据地称王，建立起独立的王国。美索不达米亚地区由塞琉古一世（Seleucus Ⅰ）创建的塞琉古王朝（Seleucid，公元前312—前64年，又称叙利亚王国，亦即中国史籍中的"条支"）统治，这是当时希腊化诸王国中版图最大的。塞琉古王朝虽然直到公元前64年才亡于罗马帝国，被并为帝国行省，但其中两河流域地区早在公元前141年就已并入伊朗的帕提亚王国（Parthian，即中国史籍中的"安息"），后来又长期处于伊朗萨珊王朝（Sāsānid）统治之下，直到伊斯兰阿拉伯人征服该地（公元637年）为止。位于底格里斯河畔的泰西丰城（Ctesiphon）是帕提亚和萨珊两朝的都城。

就研究美索不达米亚星占学而言，塞琉古王朝时期是特别值得注意的。在此期间，虽有希腊与波斯的长期统治，但是巴比伦-亚述文明作为一种较高级的文明，依然继续存在并对周边产生着很大影响。近百年来的考古学发掘和研究已经清楚地揭示出：在塞琉古王朝时期，有一个高度发达、令现代人惊叹不已的数理天文学体系存在于美索不达米亚——它的起源和形成当然还要更早。现今已发现的巴比伦星占学-天文学原始文献（泥版文书），绝大部分属于这一时期。而我们在前面已经指出过，之所以要发展这些数理天文学体系，是因为星占学活动需要这种体系作为工具。正是在塞琉古王朝时期，随着异族统治带来的多种文明的撞击和交融，作为星占学家的迦勒底人将"迦勒底星占学"广泛传播到中近东和欧洲各地。

第二节 巴比伦星占学

一、星与神

古代巴比伦人是信奉多神的，有些最基本的神来自苏美尔人和阿卡德人，但也有些重要的神来自别的民族，同样得到巴比伦人的崇奉。我们这里只谈与星占学关系较为密切的诸神，以及他们与天象之间的关系。

首先要提到安努（Anu）、恩利尔（Enlil）、埃阿（Ea，又常作Enki）三神。安努是古代美索不达米亚的天之神，他的祭祀中心在乌鲁克城（Uruk）。恩利尔本为风与权力之神，从苏美尔早王朝时期开始，他长期成为美索不达米亚诸神之首，祭祀中心在尼普尔城（Nippur）。上述两城皆为美索不达米亚考古学中的重要遗址，先后出土了大量与此两神有关的文物。

关于埃阿神，现代人知道得更多一些。他是水与智慧之神，又是巴比伦城的主神马杜克的父亲。在巴比伦史诗《上界》（原文的拉丁转写为 *Enûrna Elish*，字面意思是"在最高处之时"）所述神话中，埃阿用咒语法术杀死了他的父亲——原因是父亲企图将埃阿及众兄弟杀光；父亲被杀后母亲发誓为夫报仇，埃阿及众兄弟（也都是神）惶惧无计，乃求埃阿之子马杜克出场，马杜克神力无边，杀死了祖母，且将她的尸体撕成两半，一半造成天，一半造成地；马杜克又与埃阿一起用血造成人类；最后马杜克被众神奉为至高无上之神。这个残酷血腥的神话真实寓意何在，是西方神话学家颇有讨论兴趣的课题之一。

安努、恩利尔、埃阿三神在天空中各自管领着一些星群。这方面的情况可以通过一份出土文献获得颇为详细的了解。在已发掘出来的泥版文书中，有一种约成于公元前700年的作品，系综合了此前的星占学-天文学知识而成的纲要性文献，故不妨就简称之为《纲要》（西方著作中习惯以此文件开头一词作标题，拉丁转写为：MUL. APIN）。《纲要》有一种版本上署有明确年份，由推算可知为公元前687年，发现于亚述城遗址；另一种版本则注明"录自巴比伦"。《纲要》中载有如下内容的表：

恩利尔：33颗星
安努：23颗星
埃阿：15颗星

以及关于这些星相互之间位置的指示。除了个别例外，属于安努神的诸星都分布在赤纬±17°的环带之内；而"恩利尔之路"的诸星在此环带之北；"埃阿之路"的众星则在其南。

顺便一提，上述《纲要》中还载有36颗恒星初见于地平的日期表，另有一些表指明此36星（有些是星座）中某些初升时另一些正因周日视运动而隐没不见。通过考察有关三神之星及36星的各种表，研究巴比伦星占学-天文学文献的专家如贝措尔德（C. Bezold）、库格勒（F. X. Kugler）、沃尔登（B. L. van der Waerden）等人已经辨认出了许多巴比伦人的星座。《纲要》中还载有一种恒星与时刻的对照表，借助于一份由当时星占学家留下的信件，可知这种表能用来确定交食时刻。

在古代巴比伦人那里，日、月也各有其神。日神名沙玛什（Shamash），是公正之神，月神名辛（Sin），有时也被尊为"天空之主"。巴比伦人常在一些天文表或其他铭刻中雕上这些神的形象，比如一件年代约在公元前870年的作品，上有日神沙玛什，御高冠，坐于其神龛中，面前置有大型的日轮象征物；而一位祭司和一位女神正在接引一位王者来到他面前；在日神的头部上方，悬挂着三个象征物，依次代表日神、月神和金星女神伊什塔尔（Ishtar）。日神通常被当作正义的化身，是最公正的仲裁者，君王们都喜欢在那些夸大其词的皇皇典诰中攀引沙玛什，以示自己公正无私。比如汉谟拉比王的《法典》绪言中给自己安了几十种荣耀的头衔和称谓，其中有一项就是"听沙玛什话的人"。月神辛的地位也很尊贵，因为在黑夜中，月亮的光芒压倒群星，所以月神被视为"显示天与地"之神，汉谟拉比称自己是"辛创造的人"。

至于金星女神伊什塔尔，意蕴更为丰富。她原是古代塞姆人（Shem）的战争与爱情女神，与她对应的苏美尔人的女神是伊南那（Inanna）。在神话中，伊什塔尔是安努神的女儿。美索不达米亚的许多古代名城如尼尼微、亚述等都有自己崇奉的伊什塔尔女神。这位女神是美艳的，妖魔曾为她的姿色所倾倒；她又是忌刻乖戾的，能够"让你妻子在你面前投入敌人的怀抱"；她神通广大，曾进入阴间冥府（苏美尔神话中有《伊南那降至冥世》，阿卡德神话中则有《伊什塔尔降至冥世》）。在苏美尔-阿尔德神话中，这位战争与爱情女神及其丈夫有许多故事。古代巴比伦人相信五大行星各有其神，也都加以崇奉，但金星女神看来在其中占有相当特殊的地位。

在古代美索不达米亚，星占学首先是为帝王的统治服务的——在古代世界的其他地方也找不出什么例外。而星与神之所以会有密切的关系，还能找到更深一层的思想背景。古代巴比伦人笃信"王权神授"之说，帝王总是宣称他们的统治权是诸神授予的（而这些神所管领、所代表的众星则通过预示吉凶来帮助他们进行统治），因而至高无上，天经地义，唯我独享。写成于距今约3800年的文献——《汉谟拉比法典》中就有极好的例证，《法典》绪言一开头就明确陈述"王权神授"理论：

当至高的安努、众神之王，和恩利尔、天地之主、国土命运的主宰，将全人类的统治权授予埃阿神之长子马杜克，使他显赫于众神；呼唤巴比伦崇高的城名，使它出众于万方，并为马杜克在此城中奠定地久天长之王权。彼时，我，汉谟拉比，虔诚敬神的君王，为使国中正义出现，邪恶消亡，强不凌弱，我像太阳一样升起于民众之上，给国家带来光明。安努与恩利尔为了民众的福祉，呼唤了我的名字。我是汉谟拉比，恩利尔选中的牧人……①

在陈述了282款法律之后，汉谟拉比又攀缘诸神，对违法者进行诅咒和威吓，其中安努是"我任期的任命者"，恩利尔是"扩大我王权的神"，埃阿是"延长我生命的神"，沙玛什是"我所信任的君主"，辛是"创造我的神"，伊什塔尔是"为我准备武器的女神"，等等。这些都是那个时代流行的观念。比如在一种称为《王表》的泥版文书文献中（有一种版本恰好约略与汉谟拉比同时），常可看到关于古代王统和诸王的记叙，其中"洪水以前"有八位属半传说性质的统治者，"洪水以后"则是"王权来自天上"的诸王了。

二、国王们的星占学

古代的种种星占学说及星占活动，极而言之，本质上就是一种通天巫术。这种旨在沟通上天与人世的巫术，对于古代专制王权的确立及保持，是头等重要的大事。对此张光直有过很好的论述：

> 通天的巫术，成为统治者的专利，也就是统治者施行统治的工具。"天"是智识的源泉，因此通天的人是先知先觉的，拥有统治人间的智慧与权利。……统治阶级也可以叫做通天阶级，包括有通天本事的巫觋与拥有巫觋亦即拥有通天手段的王帝。事实上，王本身即常是巫。②

那么帝王们依靠怎样的机制而成为先知先觉者？上天的知识又怎样

---

① 译文参考杨炽译：《汉谟拉比法典》，高等教育出版社（1992），第2页。此系中文-阿卡德文对照本。
② 张光直：《考古学专题六讲》，文物出版社（1986），第107页。

体现？对此本书作者曾就古代中国的情形做过研究：

> 答案既简单又明显：靠天学。各种星占著作中的大量占辞，就是上天所传示的知识，其中有着关于战争胜负、王位安危、年成丰歉、水旱灾害……几乎一切古代军国大事的预言。历法以及与此有关的各种数术，归根结蒂也有着同样的性质和功能。掌握着星占历法等奥秘的巫觋——重、黎、羲和、巫咸，以及作为他们后任的古代天学家——就是先知先觉者，他们服务于某帝王，就使该帝王获得了统治的资格和权利。①

这虽是就古代中国的情形而言的，但这种情形在古代"东方式"专制王权中普遍存在，巴比伦也不例外。

巴比伦军国星占学最有代表性的文献，可以举前面已经提到过的《征兆结集》为例。一项所谓"征兆"（omen），由观察到的天象以及该天象的星占学意义组成，举一个较早期的征兆实例如下：

> 若金星在二月（Airu月）出现于东方，大、小双子星环绕着她，且此四星连同金星皆晦暗，不明亮，则埃兰（Elam）王将患病而亡。

《征兆结集》由70余块泥版组成，包括7000余项征兆。它很可能写成于公元前900年之前，而此后被广泛引用。对于此类征兆还可再举几例：

> 若金星移近天蝎座，将有不可抗拒之大暴风雨袭我国土。暴风雨之神阿达德（Adad）以他的倾盆大雨、水神埃阿以他的无尽水源，洒向大地。

---

① 《天学真原》，第110页。

若火星变暗，未来大利而吉；变亮，则不利而凶。

若某行星之亮度凌驾众星，连恒星都显得逊色的话，那将有一国君王扫荡六合，统一天下……

这类星占文献有时被西方学者称为"征兆星占学"（omen astrology）。征兆星占学的运作机制是这样的：比如某位亚述国王想要知道幸运吉利之星何在，宫廷星占学家就去观天，并将观察所得的星象与旧有的征兆系列进行参照，然后他以信件的形式写一份报告上呈国王，汇报所见之天象以及该天象所兆示的意义。这类书信报告的泥版文书原件留下了不少（写于公元前722—前612年），其中包括恒星表、圆形星空图，以及许多构成《征兆结集》的内容。举一例如下，这是宫廷星占家写给亚述巴尼拔王的报告：

……荣耀属于国王！尼布（Nebo，水星之神）与马杜克将降赐恩惠于陛下。伟大的诸神将赐陛下千秋万代龙体安康、圣心欢悦！……此前臣曾奏闻木星情况，谓木星在天秤座（即zibanitu天区）内安努神的道路上大放异彩。因新月之角消失时木星沉于地平线之下，无法观测。……兹特再次禀告陛下，因木星运行迟缓，目前仍未能观测……木星尚处在天秤座诸星的下方……

这类征兆星占学早在古巴比伦王朝及亚述王朝时期就已盛行。

有的学者认为，这类征兆星占学（也就是本书导论中所定义的军国星占学）是完全不依赖于黄道十二宫（zodiacal signs）的，依赖黄道十二宫的生辰星占学直到迦勒底王朝时期方始萌芽。[①]在我们上面所引的例证中，已经出现了一些黄道十二宫的名称，如天秤座、天蝎座等，

---

① B. L. van der Waerden: *Mathematics and Astronomy in Mesopotamia* (缩写*MAM*), *Dictionary of Scientific Biography*, New York (1981), Vol. 16, p. 674.

但这只是早期的星座名称及划分，与黄道十二宫体系的形成不能等量齐观。

古巴比伦王朝和亚述王朝时期的宫廷星占学家可以说是开启了西方世界此后由星占学家供奉宫廷的传统，这种传统直到17世纪之后才趋于消歇。但是巴比伦宫廷星占学家的名字，载于文献而得以保存至今的，最早也只是亚述王朝的以萨哈顿（Esarhaddon，公元前681—前668年在位）、亚述巴尼拔（公元前669—前627年在位）两王宫廷中的若干人。供奉于以萨哈顿王宫廷中的星占学家有如下诸人：

阿古拉努（Akkullanu）
巴拉西（Balasi）
伊什塔尔-舒默里西（Ishtar-shumeresh）
纳本-阿丁舒（Nabun-adinshum）
纳布-黑里巴（Nabua-heriba）

在亚述巴尼拔宫廷中的有：

阿达德-舒默苏（Adad-shumusur）
麦-伊什塔尔（Mar-Ishtar）
贝卢-赛伊布（Belu-shezib）

其中麦·伊什塔尔即前面所引致亚述巴尼拔王书信报告的作者。

这些星占学家在宫廷中当顾问，解答国王的各种问题。他们的工作、研究场所，就环布在埃阿神之庙周围。以萨哈顿王即位之初，曾指令他们为他推算，何时为重塑诸神神像及重建诸神圣殿的最佳时刻。他也向星占学家垂询更为个人的事务，比如即将发生的交食是否对他有危险，甚至有何时是王子前来叩见自己的吉时这样的问题（他显然记得先王有被子孙谋杀的惨例）。

三、黄道十二宫

黄道十二宫体系的确立有一个过程。

黄道所经过的那片环状天区被称为黄道带，本意是"兽带"（zodiac，这可能是较为后出的名称）。这个概念至少在公元前1000年就已在巴比伦人那里出现了。在约成于公元前700年的星占学文献《纲要》（前文已经提到过）中，黄道带被称为"月道"（path of the moon）；沿月道排列的星座那时有18个，先列举如下：

	巴比伦名称	拉丁名称	中译名
1	hunga	Aries	白羊座
2	mastabba.galgal	Gemini	双子座
3	ur.gul.la	Leo	狮子座
4	ab.sin	Virgo	室女座
5	zibanitu	Libra	天秤座
6	gir.tab	Scorpius	天蝎座
7	PA.BIL.SAG	Sagittarius	人马座
8	suhur.mas	Capricornus	摩羯座
9	GU.LA	Aquarius	宝瓶座
10	zibbati	Pisces	双鱼座
11	zappu	Pleiades	昴星团
12	Gu.an.na	Hyades	毕星团
13	Sib.zi.an.na	Orion	猎户座
14	Sugi	Perseus	英仙座
15	gamlu	Aurige	御夫座
16	la.lul	Praesepe	鬼星团
17	sim.mah	Piscis Austrinus	南鱼座
18	aninitum		北鱼座

《纲要》说这18星座"沿月道排列",其实只能是大致如此——按照现代仍在使用的西方星座对天区的划分,黄道并不经过第11—18各星座,它们只是位于月道附近而已。最末的一个,"北鱼座",早已不使用。而后来定型的黄道十二宫中,金牛(Taurus)和巨蟹(Cancer)却未在《纲要》中出现。但《纲要》的作者已经知道太阳和五大行星也始终是在月道环带上运行的。

从18星座演变为十二宫,究竟完成于何时,学者们迄今无法确定。能够明确的只有如下几点:18星座的月道公元前6—前3世纪仍在使用;十二宫体系在公元前5世纪已用于巴比伦,公元前3世纪已用于埃及;然而十二宫体系直到公元元年时仍未最后定型。

在巴比伦星占学家那里,黄道带上的故事是丰富多彩的。一般的巴比伦人——甚至包括国王在内——很少能弄明白星占学说中的种种错综复杂之处,只有那些星占祭司能够熟练圆转地使用这一体系。也许是出于"普及星占观念"的目的,他们通过巴比伦的神话和传说,弄出一些类似"星占丛谈"的作品,其中最引人注目的是《吉尔伽美什(Gilgamesh)历险记》,保存在12块泥版上(不全),出土于尼尼微城亚述巴尼拔的王家图书馆遗址中。"吉尔伽美什"是古代巴比伦史诗中的大英雄,乌鲁克的王。在这部作品中,他的12次历险都与黄道上的星座有关,如在天蝎座遭遇蝎人,在摩羯座遇到死亡之水,在金牛座向一个名叫埃阿–巴尼(Ea-bani)的半牛半人怪物请教,在室女座则接受了伊什塔尔女神的求婚,等等。想来巴比伦人听着这些故事,认识到人生就在于追求不朽,也就随着太阳之神穿过各个星座神游万里了。

一些西方学者认为,黄道十二宫体系实际上是古代巴比伦人、埃及人和亚述人三方共同创造完成的。比如,象征白羊宫的公羊形象就来源于埃及;而金牛宫的公牛则是巴比伦的,巴比伦人称之为戈特·安那(Gud. anna);狮子宫的雄狮形象则又是埃及人的贡献,这个星座在巴比伦人那里称为大犬(Great Dog)。还有一些星座是双方共有的,比如双子宫的双星。至于巨蟹宫的蟹,本来是巴比伦人的,然而埃及人也有与之对应的双龟形象,后来又被希腊人继承过去,有人甚至认为这可能还是古代中国"四灵"中"玄武"(龟蛇)的来源。

黄道十二宫体系兼有巴比伦与埃及色彩,这在古代是长期公认之事。图2就是这方面的一个生动例证。这是一幅公元1653年问世的欧洲版画,但是远远超过两千年的历史渊源和痕迹在图中依然清晰可辨。这幅图被认为保留着拉丁、希腊、埃及三方的色彩,而实际上希腊-拉丁化的星占学体系在很大程度上就是出自巴比伦-亚述血统(我们后面还将更详细地讨论这一点)。下面对这幅黄道十二宫图稍做一些介绍和讨论。

该图最外圈,将周天沿黄道等分为三十六格,这是直接根据埃及人古老的"三十六旬星(decans)"而来的(参见本书第二章)。第二圈是各宫的符号,其中大半已与今天国际通用的符号一致。第三圈为象征各宫的神话形象,其中有些来自巴比伦,如金牛宫的公牛、巨蟹宫的蟹、

图2 1653年的黄道十二宫版画,反映了巴比伦人、埃及人和亚述人的共同贡献,又经过了希腊-拉丁化的承传和发展

天蝎宫的蝎等；还有一些明显来自埃及，如白羊宫的阿蒙（Amun）神、室女宫的伊希斯（Isis）女神、摩羯宫的安努毕斯（Anubis）神等（均详见本书第二章）。第四圈是第三圈诸神物的名号。第五圈是十二宫的拉丁文名称，与今日国际天文学界通用的名称已完全一致。第六圈，也就是最内圈，标有用罗马数字表示的各宫序号，这里以摩羯宫为首，而一般是以白羊宫为首的，因为古代（约公元前1000年）春分点曾在白羊座。

这里必须对"黄道十二星座"与"黄道十二宫"做一点说明。这二者所属的名称虽然相同，今天所代表的概念却是完全不同的。如果我们今天打开一册星图，将看到有若干星座所据有的天区被黄道穿越，但我们绝不能将这些星座与黄道十二宫混为一谈——尽管它们的名称是一致的。星座由星群所代表，而由于岁差的作用，星群沿着黄道缓缓向西退移；然而黄道十二宫则是定义的，亘古不变，以春分点为起算点，每一宫占据30°的宽度。当初巴比伦星占学家提出黄道诸宫的概念，并最终确立黄道十二宫体系时，沿黄道的十二星座正与他们所定义的黄道十二宫一一对应，所以才取了这些星座名称来代表各宫。后来因岁差的作用，星群逐渐向西退移，诸星的黄经值也已大大改变，比如，今日的春分点早已不在白羊座内（尽管其仍用白羊的Y符号来表示），而是移到了双鱼座。

D. 帕克（D. Parker）与J. 帕克（J. Parker）曾将黄道十二宫体系流传到世界各地后所出现的多种符号名称加以比较，[①]包括巴比伦、印度/希腊、中国以及梵文和拉丁文名称。他们将中国的二十四节气当成黄道十二宫的对应物（每宫两气），虽然从天文学原理上来说也不算大谬，因为从本质上说，这两者都是以太阳周年视运动在黄道上所走过的路径为基准的，况且巴比伦人也早有类似的认识，比如在一块公元前12世纪的纪念尼布甲尼撒一世的石柱上，就有以公牛（金牛宫）和蝎（天蝎

---

① Derek & Julia Parker: *A History of Astrology*, Andre Deutsch Ltd. (London 1983), p. 13.

宫)代表春与秋的内容。但是二十四节气毕竟不是天球坐标系统,将之视为黄道十二宫的对应物,到底有些不伦不类。而且他们不知道,完备的黄道十二宫体系其实至迟在公元6世纪已传入中国,并有多套对应的中文译名。这里将几种黄道十二宫名称列表如下,自左至右,从第一栏起,依次为现行标准中译名、标准拉丁文名、印度/希腊名、梵文名和公元758年汉译佛经《文殊师利菩萨及诸仙所说吉凶时日善恶宿曜经》(简称《宿曜经》)下卷中所采用的汉译名(事实上汉译《大方等大集经》比《宿曜经》早约200年,但残缺了天蝎宫):

中文	拉丁文	印度/希腊	梵文	《宿曜经》
白羊	Aries	Krios	Mesha	羊
金牛	Taurus	Tauros	Vrisha	牛
双子	Gemini	Didumoi	Mithuna	男女
巨蟹	Cancer	Karkinos	Karkata	蟹
狮子	Leo	Leōn	Simha	狮子
室女	Virgo	Parthenos	Kanya	双女
天秤	Libra	Zugos	Tula	秤
天蝎	Scorpius	Skorpion	Vrischika	蝎人
马	Sagittarius	Toxotēs	Dhanus	弓
摩羯	Capricornus	Aigokerōs	Makara	摩羯
宝瓶	Aquarius	Hydrokhoos	Kumbha	宝瓶
双鱼	Pisces	Ikhthues	Mina	鱼

其中梵文、希腊文都已经过拉丁转写。

另一方面,黄道十二宫与中国古代的二十四节气也确实有着固定的对应关系。比较准确的说法应该是:太阳总是在相同的节气运行到对应相同的宫。下面就是两者的对应:

图3 这一泥版上所刻画的是黄道带的星座。其中很容易辨识的是蝎子、狮子和双子。此外还有一些天体如八角星和月亮。一条纵贯顶部和左侧的蛇,是亚当与夏娃故事中的主角(现藏大英博物馆)

黄道十二宫	二十四节气		黄道十二宫	二十四节气	
白羊宫	春分	清明	天秤宫	秋分	寒露
金牛宫	谷雨	立夏	天蝎宫	霜降	立冬
双子宫	小满	芒种	人马宫	小雪	大雪
巨蟹宫	夏至	小暑	摩羯宫	冬至	小寒
狮子宫	大暑	立秋	宝瓶宫	大寒	立春
室女宫	处暑	白露	双鱼宫	雨水	惊蛰

由于黄道十二宫与二十四节气都是定义而非实测的,所以两者的对应不会因为岁差之类的因素而改变。不过这里也应该指出,就现今所了解的情况而言,二十四节气与星占学并无关系;而我们下面就将看到,黄道十二宫体系的产生和确立与星占学的发展密不可分。

四、五大行星

关于行星的星占学,在巴比伦星占体系中占有特殊地位。除了本身的重要性之外,它又是一道桥梁——一头通向军国星占学,一头通向生辰星占学。我们前面已经指出过，这两类星占学的源头看来都在巴比伦。

迄今已发现的巴比伦泥版中，虽然保存了大量星占学文献，但都是关于天体位置的推算、观测，以及对"征兆"的解说之类。若要了解巴比伦星占家对星占学的理论论述，则往往还必须求之于后世的著作。关于巴比伦人对五大行星的星占理论就是如此，这要先提到狄奥多罗斯·西库路斯（Diodorus Siculus）其人。

狄奥多罗斯·西库路斯是希腊世界已处于罗马统治之下时从事写作的希腊历史著作家，大致活动于公元前1世纪晚期，正值奥古斯都（Augustus）统治时期。因他来自西西里岛（Sicily），故习称为"西西里人狄奥多罗斯"。他曾写过一部范围广阔、篇幅达40卷的巨著《历史文库》——那个时代的历史著作家好大喜功成为风尚，都喜欢非常宏大的写作计划。狄奥多罗斯的巨著有幸保留下了15卷，其中包括叙述亚述人、埃及人、埃塞俄比亚人等"古代诸民族"及希腊人神话时代的开头五卷。以今天的标准来看，他的著作文笔拙劣，也没有什么高明的史识可言，但是书中保存的大量此前的史料，使他成为那个时代最重要的历史著作家之一。关于迦勒底人的行星星占学理论，狄奥多罗斯有如下一段记述：

> 迦勒底人在漫长岁月中，对各种天体进行观测，并对诸天体之运行及作用力作最精密的研究，是以彼等能够预言未来之事。然而最具判断意义及司命之力者，厥为彼等称为"行星"之五大天体，彼等视此五大行星为"翻译者"。之所以如此，是因其余天体皆各守其位，仅沿固定轨道作周日旋转运动；唯五大行星沿各自不同之独特轨道运行，故能将诸神方在筹划中之事兆示世人于发生之前。在此五大行星身旁另有三十星体伴之运行，迦勒底人谓之"提出建议的诸神"。

借助上面这段记述，方能对巴比伦星占学家围绕五大行星设计的复杂体系有深入理解。这种体系及有关观念在客观上则促进了有关行星运动的数理天文学知识的发展。

在巴比伦星占家看来，行星的"过宫"，即从黄道十二宫的某一宫进入下一宫，具有星占学上的重要意义。更复杂，也更重要的则是行星序列，就是将五大行星依照某种理论（比如根据各星的性质、特点、能力大小等）排成序列，让它们依次"统治"各宫中的一定位置。巴比伦星占学采用的序列有两种，较早期的一种是这样：

木　金　土　水　火

稍后一种流行于波斯–希腊化时期，系将水星与土星互换，即：

木　金　水　土　火

产生这种变化的原因，学者们尚未探明。较早的那种序列构成一套"星占约定"（terms）的理论基础。在托勒密的《四书》中，这套体系被称为"迦勒底体系"，可简述如下：

黄道上每三个相差120°的宫构成一个"三宫一体"（triplicity），比如白羊、狮子、人马三宫就是一个"三宫一体"；在这一体的三宫中，五大行星依次统治每个宫中4°、5°、6°、7°、8°的区域，由于恰好有：

$4° + 5° + 6° + 7° + 8° = 30°$

正好填满一宫，"统治"没有空缺。黄道十二宫共可构成4个"三宫一体"，这样五大行星依据上述早期那种序列周而复始，各自统治自己的天区，就还缺少一个"三宫一体"；为此又将双子—天秤—宝瓶这个"三宫一体"一分为二，分为昼、夜两部，于是5个"三宫一体"对五大

行星，恰可配齐循环一周。这可以列出一览表如次：①

每宫度数	"三宫一体"				
	白羊—狮子—人马	金牛—室女—摩羯	双子—天秤—宝瓶（昼）	双子—天秤—宝瓶（夜）	巨蟹—天蝎—双鱼
8°	木	金	土	水	火
7°	金	土	水	火	木
6°	土	水	火	木	金
5°	水	火	木	金	土
4°	火	木	金	土	水

上面这表的意思是：在第一个"三宫一体"即白羊、狮子、人马这三宫中，每宫的初始8°由木星统治，接下来的7°由金星统治，土星则统治再往后的6°，其余以此类推即得。所谓某行星统治某几度天区，当指该行星运行至这几度天区之内时，该行星的影响力最大。

上面所述这套行星星占学的理论系统，尽管其基础无疑是巴比伦的，但是搞得如此精致而且形式化，学者们认为其中也可能已有希腊星占学家的贡献。

巴比伦星占学家既特别重视行星的星占学意义，又建立起与黄道十二宫密切结合的理论–操作系统，那他们会非常注意对行星位置的观测，以及对行星运行状况的数理描述与推算，应是意料之中的事了。事实也确实如此。这种观测和推算工作在巴比伦星占学家那里渊源甚早。远在古巴比伦王朝时期就已能进行相当精密的观测。现今保存下来的有一件那个时代的金星运行记录，时间是安米赞杜加（Ammizaduga）王统治时——他于汉谟拉比王崩后160年登位；内容是21年间金星作为昏星的初见（frist appearance）和作为晨星的伏（disappearance）的数据表。

在托勒密的《至大论》中，引用过一些迦勒底星占家的行星观测，

---

① 据O. Neugebauer: *A History of Ancient Mathematical Astronomy*（缩写*HAMA*），Springer-Verlag (Berlin, 1975), p. 1360编制。

下面举两则为例,都是关于水星位置的:①

Dius月14日之清晨,水星位于天秤之南上方半腕尺。
Apellaius月5日之清晨,水星位于天蝎之首的北上方半腕尺。

这里的"腕尺"(cubit),是古代巴比伦所用的一种长度单位,用之于描述天体之间距离时,与角度单位有一定的换算关系。据西方现代学者研究,有如下关系:②

1腕尺=2° 30′

托勒密对上引两则记录换算了日期,并推算角度数据,得出上述两时刻水星的大距(elongation,与太阳所张的最大角距)分别为21°和22°30′,他利用这些数据来帮助确定水星轨道参数之值。

巴比伦星占家观测及推算五大行星的运行,有他们自己的独特风格——他们特别重视行星的冲、留、初见、隐(即"伏"的开始)等"特征天象"(charateristic phenomena)。由于这些天象都是周期性的,所以巴比伦星占家对五大行星的运行周期掌握得非常之好。以前国内有些著作常提到下面这组周期,认为由此可见巴比伦人对行星周期已经测定得很准:

行星	回归原位置所需年数
金	8
水	46

---

① Ptolemy: *Almagest*, R. C. Taliaferro英译本,收入 *Great Books of the Western World*, vol. 16, Encyclopaedia Britannica, Inc. (Chicago, 1952), IX, 7。
② O. Neugebauer: *Astronomical Cuneiform Texts* (缩写*ACT*), Lund Humphries (London, 1955), vol. I, p. 39。

土	59
火	32
木	71

上面这组数据实际上意味着：

行星	会合周期数	=年数
金	5	8
水	146	46
土	57	59
火	15	32
木	65	71

意思是说，金星约在8年内走完5个会合周期，其余各星类推。还有一组周期数据，前面金、水、土三星与上面一样，火与木的年数增为79与80年，就更准确一点。

然而现在我们知道，上面那些根据希腊著作家旧书里传下来的数据，其实远远未能反映巴比伦星占学家在行星运动上所达到的数理天文学水平。由出土的泥版文书中已经得到整理的天学文献可知，至迟在塞琉古王朝时期，巴比伦星占家已经使用如下关系式：①

土	256F=265Y=9Pe
木	391F=427Y=36Pe
火	133F=284Y=151Pe
金	720F=1151Y
水	1513F=480Y

---

① *HAMA*, p. 390.

其中F表示会合周期，Pe表示恒星周期，Y是年。这组数据非常准确，其中的会合周期F与现代值相比，竟可吻合到小数点后3位。

还有颇可赞赏的一点，上面这些数据并不是靠长期观测的死办法，比如说以对木星代代相传连续观测427年来获得的。而是巧妙地利用准确性较低的小周期，进行合理的线性组合来获得。仍以木星的427年周期为例：由于巴比伦星占家们已经观测到，木星每12年绕黄道一周多5°，而每71年绕黄道6周但少6°，于是就有：

$$427 = 6 \times 12 + 5 \times 71$$

这就是木星427年长周期的来历。仿此，火星的284年周期可由47年和79年两个小周期性线组合而得：

$$284 = 47 + 3 \times 79$$

其余三星也有类似的来历。这些大小周期，都已由专家在泥版文书中获得证实。

这里附带可以提到一点，在上面所引塞琉古王朝时期的行星运动关系式中，内行星金、水二星没有列出它们的恒星周期数值，这是因巴比伦人误将金、水二星的恒星周期认为1年——古代世界许多地方的星占-天文学家，包括中国的在内，都有同样的误解。造成这种相同错误的原因，在于地心体系的局限。

除了行星运动的周期之外，巴比伦星占家对于行星在黄道上运行时的快慢、往复（行星有逆行——当然只是在视运动中）等情况，也给予了极大的关注，并力图用数学工具加以描述和推算。他们使用的数学方法包括线性和非线性的内插法，这在古代世界诸重要文明中是非常复杂、非常发达，因而也是非常领先的。在现今发现的泥版文书中，有一份塞琉古王朝时期的水星运动表，特别值得注意。该表的年代为塞琉古纪年第122年（S. E. 122，即公元前189年），内容是6个月间水星逐日的黄经值及其差分。在这段时间内，水星的运行状况又被分为6小段，每段的状况各不相同，描述时所用的数学方法也不同。下面将该表简述如次，其中罗马数字表示月份，阿拉伯数字表示日期，D表示一次差分，D2表示二次差分：

（1）Ⅰ12—Ⅱ5：顺伏，匀速运动，

D=1°45′，D2=0。

（2）Ⅱ6—27：顺行，为昏星，其中Ⅱ7—27为匀加速运动，

D2=-44′12″。

（3）Ⅱ28—Ⅲ25：逆伏，匀速运动，

D=-6′，D2=0。

（4）Ⅲ26—Ⅳ27：顺行，为晨星，其中Ⅳ5—19为匀加速运动，

D2=5′45″；

Ⅳ21—27为匀速运动，

D=1°37′30″，D2=0；

其余为变加速运动，

D2≠常数。

（5）Ⅳ28—Ⅵ10：顺伏，匀速运动，

D=1°45′，D2=0。

（6）Ⅳ11—29：顺行，复为昏星，其中，Ⅳ12—29为匀加速运动，

D2=-5′30″。[①]

据研究，这份表与用现代方法计算而得的结果相比较，在"伏"的阶段误差有时可达8°，但在其余阶段则吻合得非常好。由于"伏"是一个看不见水星的阶段，所以有一点误差对于掌握水星整个周期内的运动而言影响不大。

巴比伦星占家在行星运动的观测和推算方面花费如此巨大的精力，

---

① 据*ACT*, vol. Ⅲ, No. 310。

当然是和他们的行星星占学体系的特点分不开的。要想密切掌握五大行星的过宫、它们在各个"三宫一体"中相应统治天区内的穿行，以及与此有关的各种情况，星占家们就必须精确掌握五大行星的各种周期，以及在每个会合周期内顺、留、逆、伏等的运行状况，这样他们在实施星占活动时方能得心应手——我们不应忘记，巴比伦星占家对各种行星天象的观测及推算都是与"星占预言"（astrological predictions）密切联系的。我们在本节二已经引过一些例证。

五、算命天宫图

黄道十二宫体系的建立和完备，再加上对五大行星运动状况的观测与推算日益精密准确，使用算命天宫图的生辰星占学诞生的时刻也就到来了。

我们前面已经指出过，军国星占学是不预言个人穷通祸福，仅关注军国大事的，但作为个人的国王是一个例外——他的祸福是与整个王国密不可分的。因而在古人看来，国王的祸福也可以说就是国家的祸福。按照这个思路，人们当然就会希望在王子降生时预知他未来的祸福——到了这一步，生辰星占学的主题就已明确地浮现出来了。

按照沃尔登（B. L. van der Waerden）的看法，在巴比伦星占家尚未充分掌握对日、月、五大行星运行状况的数学推算时，他们还无力排算一幅真正的算命天宫图；但由于认为婴儿降生时刻的天象能够兆示他未来祸福的理论和信念此前早已存在，故星占家们已经可以在婴儿诞生时匆匆观测一下天象而做出某些预言。这使他相信，在旧有的军国星占学与后来的算命天宫图之间，存在一个过渡性的环节，他称之为"原始兽带星占"（primitive zodiacal astrology）。这种星占已与黄道上的星座联系起来，其中的预言已涉及木星在黄道宫座中的位置，或是月亮当天狼星初见之日在黄道上的位置，等等。这类预言可以在古代希腊文著作中发现，它们出于奥尔甫斯（Orpheus，希腊神话人物，他弹奏竖琴能感动木石）、琐罗亚斯德（Zoroaster，袄教创始人）之类的人物之口。但沃尔登论证，它们起源于迦勒底王朝时代。[①]

接下来，算命天宫图就正式粉墨登场了。迄今发现的巴比伦算命天宫图遗物至少有6件，其中标题年份最早的一件是公元前410年——由于算命天宫图是据人降生时刻的天象以预推其人未来祸福的，出生的年、月、日是最基本的数据之一，故必有标题年份。此年份是待算命者的出生之年，但未必是该天宫图制作之年，因为也常有在其人成年后才请人推算的，我们将在后面谈到这样的著名例证。

那份公元前410年的巴比伦算命天宫图，是为德克（Deke）的后裔、舒玛–乌沙（Shuma-usar）之子推算的，原件藏于牛津的博德利（Bodleian）图书馆。他出生时刻的天象记录如下：

> 月亮：位于天蝎之角的下方；
> 木星：位于双鱼宫；
> 金星：位于金牛宫；
> 土星：位于巨蟹宫；
> 火星：位于双子宫；
> 水星：不可见。

原件未保存下对他未来的预言。当然，今天的星占学家或星占学史研究者可以依据上面的信息补做出来。

另外还有标明年份的五件巴比伦算命天宫图，年代依次为公元前263、前258、前235、前230、前142年。其中有保留下预言内容的，比如有一件的预言如下：

> 他将缺乏健康。他将食不果腹。他年轻时曾拥有的健康将离他而去。他将长寿。他的妻子——人们将当着他的面勾引她——

[①] *MAM*, p. 674.

将……（以下残缺）①

早期的算命天宫图及其预言的形式，与后世"标准化"的形式相比，有相当的区别。下面的一例也是巴比伦的，但与后世的形式较接近些，其中说：

> 金星的位置意味着，他将无往不利；他将儿女成群……水星的位置则意味着，勇敢的人方能够出类拔萃，在他的众兄弟中他将最为出色。②

这类预言，通常都是根据一些普适的法则，再加以综合考虑及各种附会、普通或平衡，然后做出的。这里举几则在迦勒底王朝时期已经出现的判断法则，以见一斑：

> 月亮从地平线升上来时出生者，一生充满光明和幸福，成长过程一帆风顺，且又长寿。
>
> 火星从地平线升上天空时出生者，幼年即遭伤害，并将染病夭折。
>
> 若出生时刻适逢木星从地平线升起而火星恰没入地平线，则此子将是幸运儿，但其妻会先他辞世。

这类通则后世也普遍流传，成为星占家的枕中鸿宝。当然在细节上会有不少改变。

现存的巴比伦算命天宫图遗物，都已是巴比伦人关于日、月、五大行星运动的数理知识充分发达时的产物。学者们早已正确地指出，正是

---

① *A History of Astrology*, p. 23.
② *A History of Astrology*, p. 8.

生辰星占学的发展，以及排算天宫图的需要，大大促进了巴比伦数理天文学知识的发展。因此继迦勒底王朝之后，美索不达米亚地区在塞琉古王朝和波斯统治时期迎来了星占–天文学发展的辉煌时期。

六、三环星盘

所谓"三环星盘"，是已出土的巴比伦泥版文书中又一类星占学文献。在阿苏尔（Assur）、尼尼微、乌鲁克和巴比伦城等遗址中都已发现这类文献。它们通常由三层同心圆环组成，再由六根直径将之做12等分，形成12栏36格。由于每格中标有一星，所以又得名为"一栏三星"（Three stars each）；谓之"星盘"（astrolabes）其实并不确切，专家们已特别指出这一点，但囿于习惯的表达方式，也只好姑且用之。

现存各件三环星盘中，年代最早的一件在公元前1100年左右，已是残片。但由于12栏36格及其中的星、标示的数字等大都有一定规律可循，因此专家们已有办法将之复原出来。

三环星盘上的36星，可分为三组，每组12星。外环12星是"埃阿之星"，应是较南面的诸星；中环为"安努之星"，系黄–赤道带上的12颗星；内环则是北方的12颗"恩利尔"之星。据文献上的陈述，每栏中的三颗星都只有在该栏所代表的月份（12栏对应一年12个月）中才能被看到，但这种说法与实际情况并不相符。事实上，此36星中竟有3颗是行星——金星、火星与木星。

有的三环星盘上标有数字，这些数字按一定的规则构成序列。在外环，每格中的数字从120开始，每次增加20，增至240时，又每次减20，再减至120，正好历12格，绕外环一周。中环的情形完全一样，只是所有数字都减半。内环也是如此，但数字再减为中环的一半，也即外环的四分之一。学者们在这些数列中发现了巴比伦"折线函数"（linear zigzag function）的早期例证。折线函数是一种线性周期函数，在塞琉古王朝时期的巴比伦数理天文学中大放异彩，几乎被用来处理一切课题，而且能达到非常精确的程度。比如我们在本节四中所举行星周期、水星运动表等实例，就都是使用折线函数处理的。然而在三环星盘上出现这种数列，究竟有什么具体用途，还在猜测与研讨之中。

三环星盘与我们前面已提到过的、约成书于公元前700年的巴比伦星占学文献《纲要》之间，也有着内在的数理联系。这种联系至少反映了巴比伦星占–天文学的系统性。

七、交食与观测日志

星占家的水平主要体现在他们能够准确预推各种天象，这样才能结合自己的社会及历史经验、国内外的重要军政情报等因素，及时做出准确的星占预言。现今已发现的巴比伦星占文献，表明星占家们正是将最主要的注意力集中在这一方面——多亏了如此，星占学才能促进数理天文学知识的积累与发展。但另一方面，对天象的实际观测，对星占学家来说，也绝对不可偏废。因为许多奇异天象没有周期性，或者古人不知道它有周期性（比如彗星出现等），而这些天象的出现又往往被认为有重大的星占学意义，非仔细观测不可。而且，对于能够预先推算的天象，推算之法究竟准确与否，最终也必须靠实际观测来判定、检验。

在已出土的巴比伦楔形文字泥版中，保存有约1200块的观测日志（diary），正是巴比伦星占家对实际天象的观测记录。这些观测日志大部分是公元前400—前50年的，也有少数年代更早，属于迦勒底王朝时期甚至亚述时代。在可确定年份的日志泥版中（大部分日志泥版是残块），年份最早的一块是公元前652年，属亚述王朝末年。这些日志泥版主要保存在大英博物馆。这部分罕见的古代世界珍贵史料，已收到萨克斯（A. Sachs）所编《晚期巴比伦天学及有关史料》一书中。[①]

每项观测日志通常包括对月亮和行星的观测记录，但以现代眼光审视的话，并非每项记录都准确。日志中还常出现两种注记，对楔形文作拉丁转写后形式如下：

---

① A. Sachs: *Late Babylonian Astronomical and Related Texts* (缩写*LBAT*), R. I. (Providence, 1955).

NU PAP（意为"观测不到"）

DIR NU PAP（意为"因有云故观测不到"）

这类注记常出现在预告有交食的日子，说明对交食的预报与观测，巴比伦星占家非常重视，预报之后要做实测检验。前一种注记说明预报失误（到时未发生交食），后一种注记说明并非检验不力，只是天气条件不允许。

观测日志中记录的行星天象，其中的行星位置总是以该行星与月亮及恒星的相对位置给出，且常用"位于南方（北方）多少距离"的形式来记录，很像本节四中所举《至大论》对"迦勒底人"水星观测引用之例。日志还要记下行星的初见与末见（last visibility，即"伏"的前夕最后一次可见）。

然而观测日志中对月亮的观测记录特别详细。整个月相变化周期被分为六个阶段，各有标准术语如下：

na：日入至月入

su：月入至日升

me：月升至日入

na：日升至月入

mi：日入至月升

kur：月升至日升

其中右栏表面上看只是指示了观测月亮的时间，但根据月相的变化规律，可知其中实际上已暗含了月相变化周期中的各阶段：

第一项，指新月可见的第一天，仅在黄昏的西方地平线上方可见。

第二至五项，指满月前后各阶段。

第六项，指残月可见的末一天，仅在清晨的东方地平线上方可见。

如果天气不好无法观测，日志上就用计算值补上，但未交代这些值是依据什么方法计算出来的。

观测日志中还有关于天狼星的初见和末见，以及春分、秋分、夏至、冬至的记录，但这些数据大部分是据计算而得的。此外还记录各种气象，如虹、晕、雷、雨、云、暴风等，与中国古代的天象观测非常相似。

还有一些泥版星占文献中，有对某一行星若干年的观测记录，还有专门记录一系列交食的。这些有可能是从观测日志中选辑而成的。这类文献中的早期部分，有对相当长一段时间内月食的详细记录，比如有一份文献记录了从公元前731年至公元前713年共18年间的月食；还有一份甚至追溯到巴比伦王纳巴那沙（Nabonassar，公元前747—前734年在位）年间。值得一提的是，托勒密曾在他的《至大论》中表明，自纳巴那沙王在位期间开始的交食观测记录，还能在他写书时加以利用；[①] 而这一点现在已经从出土的泥版文书中得到证实，真是考古发现与古籍记载之间绝妙的吻合。

亚述宫廷的星占学家在他们向国王所做的报告中，不仅报告对交食的观测，也预报他们推算的将要出现的交食。我们前面已经谈到，这些报告的泥版有许多已被考古学家发掘出来并得到释读。这里可以举两例以见一斑，一份编号为273号的报告中说：

> 本月14日将有一次月食发生，将为祸于依兰（Elam）及阿穆鲁（Amurru），但有利于我主陛下，将使我主陛下圣心大悦……[②]

另一份编号为274F的报告中说：

> 臣曾向我主陛下书面报告，将有一次交食发生。现在它并未错

---

① *Almagest*, III.
② *MAM*, p. 677.

失，它确实发生了。在此次交食过程中上天降福于我主陛下……①

但这些预报是用何种方法做出的，在这些报告中并无交代。对于古代巴比伦星占家预报交食的数理方法，学者们至今仍所知甚少。

八、彗星

关于彗星的各种星占学意义及著名故事，我们将留待后文再论，这里仅先看一下古代巴比伦星占家对彗星的观测及报告。

在本节七中提到的巴比伦星占家所作观测日志中，有一种星象被称为萨拉漠（sallammu，有时也拼作sllummu——都是拉丁转写形式）。根据其上下文内容来判断，可知萨拉漠被用以指称两种天象：彗星与流星。由于彗星出现在天空的时间可以很长，而流星必转瞬而逝，所以现代研究者能够根据前后记载而将彗星记录从日志中确认出来（比如，一个萨拉漠连续出现了几天，那它必非流星，就可断定它是一颗彗星的记录）。

在巴比伦星占家的观测日志中，已认出的最早彗星记录是公元前235年，可惜这项记录的上下文泥版都已碎毁，无法做任何进一步的讨论。但也还有保存较为完整的彗星记录，其中有两项曾特别引起学者们的注意。第一项记录的年份是公元前164年，在两块泥版上留下了记录中的两个片段：②

> 彗星已出现于东方安努神之路上，位于昴星团及金牛座区域，向西方……遵埃阿神之路行去。
> （彗星）在埃阿神之路上人马座区域，位于木星前方一腕尺，向北高于木星三腕尺……

---

① *MAM*, p. 677.
② *LBAT*, No. 380, 378.

观天日志中还有一项彗星记录，年份是公元前87年，原文所在泥版藏于大英博物馆：①

> ……第十三日，于月出至日落之间隔中，经测定为8°处，夜晚之初，有彗星出现……四月份日复一日，一腕尺……其尾位于西北之间，长四腕尺……

根据现代天文学的研究，彗星可归纳为两类。一类为周期彗星，其运行轨道为椭圆，太阳位于其焦点处，这种彗星循椭圆轨道运行，周而复始，经若干年后会重新回到太阳附近，而再次为地球上的人类观测到。另一类为非周期彗星，其轨道为抛物线或双曲线，"一生"中仅有一次靠近太阳（太阳仍位于其焦点处），此后就没入万古黑暗之中，永无回归之日。在已确定轨道的彗星之中，周期彗星约占40%。在所有已知彗星中，最著名的是哈雷彗星（Halley's Comet），它是一颗周期彗星，每76年左右回归一次。由于哈雷彗星大而明亮，运行状况又比较稳定，周期又比较适中，所以历史上不少次彗星出现的记载，都已被现代学者证认出就是哈雷彗星的回归（例如中国古籍中记载了哈雷彗星的32次回归，从公元前239年那次开始，之后无一漏载）。斯蒂芬孙（F. R. Stephenson）等人的研究（1985）认为上述两例巴比伦泥版文书中的彗星记录，也正是哈雷彗星的回归。

关于彗星的星占学意义，它的出现兆示什么吉凶之类的问题，巴比伦星占家几乎未留下可供深入分析探讨的文献。

第三节　传播四方

著名的英国历史学家汤因比（A. J. Toynbee）在他的巨著《历史

---

① 编号为BM41018。

研究》中，畅论世界各种文明形态及其演进、盛衰的历史。书中有许多表，其中之一是"哲学"表，列举八种古代文明所产生的十五派哲学。"古代巴比伦"位居此八种文明之末，它所产生的哲学，竟是星占学——与其余十四派哲学全不相类。[①] 汤因比谈古代文明及哲学，当然有许多特殊见解，但星占学在古代巴比伦文明中所占的重要地位，由此也可见一斑了。随着巴比伦人与其周边各异族文明的接触、交流与融合，美索不达米亚地区最出名的文化产品——星占学，也就向四方传播开来了。

古代巴比伦文明历史悠久，其间又迭有名王强国勃兴崛起，巴比伦人与周边各族的交流当然一直在发生着（只要看出土的泥版文书、铭文之类文献上记载着的无数次战争就可以推知）。但是年代久远，世事沧桑，许多民族和他们的文明都已衰落乃至消失了，所以我们今天能了解到的，只是有幸保存下遗迹的那一部分情况。

就史籍记载和考古发现所揭示的情况来看，巴比伦星占学向外传播，与波斯帝国的崛起及征服战争有很大关系。波斯帝国兴起于公元前6世纪中叶，波斯王居鲁士二世（Cyrus Ⅱ，亦有"大帝"的称号）于公元前539年攻灭迦勒底王朝，将美索不达米亚地区收归帝国版图；其子继位后又于公元前525年征服埃及。不久之后，从公元前490年开始，波斯帝国与希腊世界长期处于战争状态，直到这个老大帝国于公元前330年亡于马其顿王亚历山大大帝之手。这样，至迟从迦勒底王朝末期开始，约二百年间，波斯帝国通过征服战争，在巴比伦与埃及和希腊世界三方建立了沟通。巴比伦星占学正是以此为契机而传播四方。

埃及在波斯帝国时代以及继亚历山大远征后开始的希腊化时代，留下了不少纸草书（papyrus）文献和墓葬，现代学者们从这些纸草书和墓室的壁画中，发现许多巴比伦星占学进入埃及的证据。比如，有些

[①] 汤因比：《历史研究》，上海人民出版社（1966），上册，324页。此为D. C. Somervell所编之节本。

墓室顶上绘着算命天宫图（当然是它的早期形式）。还有记载星占之学的纸草书，军国星占学与生辰星占学两种类型都有，而尤以后者的巴比伦来源更为明显。比较重要的文献有《佛罗伦萨纸草书》8号、《柏林纸草书》8279号等（纸草书前面的地名是其现今的收藏处），后面一种列有计算天宫图所需的行星及月球黄道位置表。学者们特别重视的文献中有一种《维也纳世俗体交蚀征兆纸草书》（*A Vienna Demotic Papyrus on Eclipse and Lunar-Omina*），系用埃及象形文字中的世俗体（Demotic）写成，专讲交蚀及月亮的各种天象所兆示的吉凶，显然与巴比伦的征兆星占学一脉相承。

在埃及星占文献中出现的生辰星占学，除了有算命天宫图这样明显的巴比伦形式外，也已染上埃及的地方色彩，比如预言中有"此日出生者必死于鳄鱼"之类（鳄鱼是古埃及人经常提到的动物，而在古埃及天宫图中，北天今牧夫座诸星就被画成站立着的河马和鳄鱼——都是古时尼罗河中常见之物）。有一份年代稍晚的纸草书，专讲生辰星占学，其写作日期可推定为公元81年之4月1日，里面有许多系于不同日期之下的预言项目。不同的日子有"幸运"与"不幸运"之分；一日的时间分为三部分，也各有"幸运"或"不幸运"之时。预言五花八门，举几例如下：

> 此日不可出门，不可与女子性交。
> 生于此日者，将死于纵欲过度。
> 生于此日者，必享高寿。
> ……

有人将此件也称为算命天宫图，[①]似乎不妥，因为从严格意义上来说，一份算命天宫图是为某一时刻出生的特定个人而编算，不会对许多

---

① *A History of Astrology*, p. 25.

不同日期的出生者进行预言。上面这件纸草书倒更像是为编算算命天宫图而准备的手册指南之类。

这里很容易使人联想到希罗多德（Herodotus）在他的《历史》中对埃及人的一段描述：①

> 我再来谈一下埃及人的其他发明。他们把每一个月和每一天都分配给一位神；他们可以根据一个人的生日而说出这个人他的命运如何，一生结果如何，性情癖好如何。……他们给他们自己所提出的朕兆，比所有其他民族加到一起的还要多；当一件有朕兆的事情发生了，他们便注意到它所引起的后果并把它记载下来；如果同类的事情又发生了，他们便认为会发生相类似的后果。

希罗多德上面记载的前半部分，显然就是巴比伦的生辰星占学，但他称之为埃及的"发明"。希罗多德死于公元前430年（或公元前420年），他写作《历史》时，对巴比伦的星占学尚一无所知——他在《历史》第一卷中曾花了13节的篇幅谈论巴比伦的传说、风俗以及巴比伦城的壮丽建筑，却无一语及于巴比伦的星占学，就可以说明这一点。根据现代西方学者研究所揭示的情况来看，巴比伦星占学传入希腊确在传入埃及之后。

古罗马著名作家西塞罗（Cicero）在他的《论预言》一书中记载说，希腊天文学家、数学家欧多克斯（Eudoxus）不相信"迦勒底人"那套根据人的生日预言其人一生祸福的生辰星占学。这条记载常被现代学者视为希腊人接触到巴比伦星占学的最早证据；欧多克斯生活的时代是公元前4世纪。从那以后，有的希腊著作家影影绰绰听到一些关于迦勒底星占学的传闻，现代学者也从传世的古籍中辗转搜觅到一些零星证据。但希腊人真正正面接触到巴比伦星占学，恐怕要到亚历山大大帝开

---

① 希罗多德：《历史》，王以铸译，商务印书馆（1985），第144—145页。

始他的伟大远征之时。古希腊作家阿里安（Arrian）留下的《亚历山大远征记》中记有这样一件事：①

> 亚历山大率领部队渡过底格里斯河之后，就向巴比伦进军。半路遇上一些迦勒底占卜家。他们把亚历山大从伙友那里拉到自己一边，请求他停止向巴比伦进军。他们说，这是因为他们从别卢斯（Belus）神那里得到神谕，说亚历山大那时到巴比伦去一定会凶多吉少。可是，亚历山大却……说道："预言家，预言家，预言最好的事，才是最好的预言家。"
>
> "不过，国王陛下，"那几位迦勒底人说，"您可别朝西看，也别带您的部队往西走。您最好带着您的部队向后转，往东走吧。"

亚历山大并未听从这几个迦勒底星占家的警告。不过，我们前面说过，亚历山大倒真是死在巴比伦城中的。当然，迦勒底星占家的警告有无先见之明不是我们要关心的问题，但希腊人从此有机会正面接触巴比伦星占学，却足以从上面的故事中见到端倪了。

说到星占学从巴比伦传入希腊，无论如何不能不谈到贝罗索斯（Berossus，也拼成Berosus，按亚述文的拉丁转写则作Berusu）其人。他是巴比伦别卢斯神神庙的一位祭司，生活的年代约在公元前350—前270年之间（也有人认为更晚一些，在公元前260年左右）。贝罗索斯在关于巴比伦的历史学方面可以占有小小一席，因为他写了一部名为《迦勒底》的巴比伦通史，题献给当时巴比伦的统治者塞琉古二世（Antiochus Seleucus Ⅱ）。此书共三卷，第一卷专论宇宙结构及天文星占之学，后两卷从开天辟地一直叙述到亚历山大远征之时为止。后两卷现已佚失，但希腊、罗马时代的著作家经常提到这部历史著作。

---

① 阿里安：《亚历山大远征记》，李活泽，商务印书馆（1985），第244—245页。此译本中，将"Chaldea"译为"卡尔达亚"，今改为"迦勒底"。

然而贝罗索斯在历史上影响最大的活动,是他正式将迦勒底星占学输入希腊。他晚年前往希腊的科斯岛(Cos),岛上原有一所昔年希巴恰斯执教过的医术学校,他则去建立起一所正式的星占学学校——很可能是历史上最早的这种学校了。据说,他在这所学校里向希腊生徒系统地讲授巴比伦星占学,他使用的教材名为《别卢斯之眼》。有些现代学者相信,从亚述王朝末年名王亚述巴尼拔在尼尼微的王家图书馆中出土的大量泥版文书中,有70份表,正是这部星占学教材的原本。而据称这部星占学文献早在两千年前阿卡德名王萨尔贡一世时代就已编撰成了——当然只是号称如此,古人往往喜欢以此显示文献经典的神圣高贵。贝罗索斯在他的《迦勒底》一书中谈历史时,也同样谈论星占学,例如他谈到行星与太阳发生"合"时,会导致地震。他还谈到行星如果聚合在巨蟹宫内,洪水就将遍布全世界,人类竟会靡有孑遗。

贝罗索斯去世之后,他在科斯岛上的星占学教学事业由安提帕特路斯(Antipatrus)和阿基拿波罗斯(Achinapolus)两人继承下去。后者教授星占医学,并且在巴比伦之外的星占学家中第一个提出,排算算命天宫图应该依据此人受孕成胎的时刻,而不是依据他降生的时刻。这种主张后来在一些波斯星占学家那里颇有影响,但生辰星占学的主要流派还是依据出生时刻排算天宫图。此外,从各种迹象来看,贝罗索斯虽然很可能将军国星占学与生辰星占学一起介绍到希腊去了,但希腊人似乎对军国星占学的兴趣不大,后来在他们手里大大发展了的,是生辰星占学这一支——从此成为西方星占学的主流。

在星占学从巴比伦向四方传播的过程中,传入希腊无疑是意义最为重大的一步。因为正是在这里,星占学得到了进一步的改造和发展,并在希腊化时代以及继之而来的罗马帝国时代,向几乎整个西方和中近东地区扩散开来。当然,星占学的传入对于希腊来说并不是好事,恰如默里(G. Murray)所说,星占学之进入希腊思想,"就如同一种新疾病降临于某个偏僻海岛上的居民"——因为希腊人的天文学本来是非常"纯洁干净"的!

最后，引用诺吉鲍尔的权威性概述来结束本章，是非常合适的：

> 星占学的根，无疑就在美索不达米亚，它从所有关于征兆的文献中浮现出来。……我们从希腊星占文献中可以发现，希腊人大大发展了星占学。古代星占学的真正中心，无疑是在希腊化时代的亚历山大城（Alexandria），从这里，星占学向外扩散，最终遍布整个世界。①

只要将这里的"整个世界"限定为"整个西方世界"，这段论述就完全无懈可击了。因为在东方，中国的传统星占学基本上可以肯定是土生土长的。

---

① *HAMA*, p. 5.

第二章 埃及：众神的星空

第一节 古埃及人的星与神

古埃及文明的历史极其悠久。在距今9000年左右，尼罗河流域的居民已进入新石器时代。而有确切文字、纪年可考的历史，则开始于约公元前3000年，从那时起直到公元前332年（这一年亚历山大大帝征服埃及），其间经历31个王朝，被称为"法老时代"或"法老埃及"。法老（pharaoh）作为古埃及君主，集军政、司法、宗教等大权于一身。他被认为是太阳神之子，是神在尘世的代理人和化身，臣民对于法老，要如神一样崇敬。有些著作径将法老译作国王，容易引起混淆，因为法老实际上是一种"神王"，与后世的国王不同。

关于法老时代的埃及文化，幸赖现代考古学家的工作，已发现了大量墓室铭文（已整理编辑成《金字塔铭文》之类的文献集）、碑文、纸草书（纸草是古埃及最主要的书写材料，就如巴比伦人的泥版）等文献，以及大量实物，大至金字塔、王陵，小至工具、饰物。从各种材料综合考察来看，古埃及人在法老时代虽已有相当水准的天文学知识，但他们似乎并未发展出一套严格意义上的星占学体系。他们基本上处于星神崇拜阶段——这当然不失为星占学产生的温床，但还不能视为已有星占学体系。

古埃及人是崇拜多神的。诸神中最显赫、最尊崇的是太阳神拉

(Ra),他又是天地之神,主管宇宙间的秩序和尘世间的正义;拉神有时呈人形,有时作隼首人身;拉神的象征物是方尖碑(在古埃及遗迹中常见,有些极为巨大)。在神话中,拉神常乘船,白昼巡游天界,黑夜巡游冥府,每当昼夜之交,拉神就要换一艘船。拉神又常与别的神结合,成为组合神,最显赫的一种是与阿蒙(Amun,又拼作Amon)神结合,成为阿蒙·拉神,仍是太阳神。月神透特(Thot)不甚显赫,常以灵鸟或狒狒之形出现;他是诸神的信使,又司日常书写。透特有时也拼作Thoth,他与希腊化时代的星占学有某种特殊关系。

在埃及众神中,还有一神与天象有极密切的关系,即伊希斯(Isis)女神。伊希斯是拉神的后裔,又是其兄奥西里斯(Osiris)的妻子(古埃及王室盛行兄妹相婚,故神话中的诸神也常如此)。伊希斯象征忠贞之妻与尽职之母,在神话中,奥西里斯被害之后,她上天入地,悲痛欲绝,终将奥西里斯的遗体找回,并将其复活,为他生下了王位继承人。伊希斯又极擅长巫术,神通广大,因而受到广泛崇拜。她后来又成为司生育、繁殖的女神。古埃及人又将伊希斯尊为天狼星之神(或者也可以说,将天狼星尊为伊希斯神),相传,泛滥的尼罗河水就是伊希斯的眼泪——天狼星与尼罗河泛滥及繁殖的概念之间有何联系,我们下文会谈到。图4是一幅罕见且极为有趣的伊希斯女神像,它与一般埃及绘画或雕刻中常见的神像出于匠师的艺术想象不同,是由一位埃及历史上大名鼎鼎

图4 克丽奥帕特拉(Cleopatra)装扮的伊希斯女神

第二章 埃及:众神的星空 | 43

的真实人物、美貌女王克丽奥帕特拉装扮的。克丽奥帕特拉常被称为"埃及艳后",是埃及托勒密王朝("法老时代"结束后,由亚历山大大帝的部下将领托勒密所建立的埃及王朝,公元前332—前30年)的末代女王。关于她的绝世美貌,为了保存王朝不惜以色相使罗马统帅恺撒(Caesar)和安东尼(Antonius)先后堕入情网,最终自杀身亡等的著名逸事,直到如今仍广为人知。此外,关于埃及的伊希斯女神,还有一则现代趣闻可以在此顺便一提:现在国际上公认权威的综合性科学史专业杂志就叫*Isis*,由"科学史之父"萨顿(G. Sarton)于1913年创办,一直出版至今。1936年起,萨顿又主持出版了专登长篇科学史研究论文的不定期专刊,竟取名为*Osiris*。埃及神话中这对兄妹-夫妻的故事,显然激发了萨顿博士关于科学史的丰富联想。

诸神大多是居住、活动于天界的,即便是专司阴曹地府之神,与天界交往也是轻而易举,这种观念几乎在所有古代文化中都无例外。古埃及人就在这种崇神、敬天的文化氛围中,在几千年的星神崇拜中,发展起他们自己的天学,这主要可以分为以下三方面。

一、天狼星、尼罗河与历法

伊希斯女神在埃及神话中是司生育、繁殖的,而尼罗河的泛滥——正是这泛滥的河水年年给埃及人带来收成——被认为是伊希斯女神的眼泪;同时,埃及人又将天狼星尊为伊希斯神,那么天狼星为何要与尼罗河泛滥联系在一起(以伊希斯女神为中介)?这就要谈到古代埃及人的历法。

尼罗河年年泛滥,与古埃及人的生活息息相关,古埃及人由此形成一种自然历,每年分为三季,依次是:

洪水季(Akhet)

播种季(Peret,本意为"出"——土地露出水面、幼芽破土而出)

收获季(Shomu,又拼作Shemou)

每季四个月,每月各有名称。这些名称在古代著作中常被使用,比如托勒密《至大论》中的天象观测资料日期就都用埃及月份表示。下面是十二埃及月与季节的配合：

Ⅰ 洪水季	Ⅱ 播种季	Ⅲ 收获季
1 Thoth	5 Tybi	9 Pachons
2 Phaophi	6 Mechir	10 Payni
3 Athyr	7 Phamenoth	11 Epiphi
4 Choiak	8 Pharmuthi	12 Mesore

早期的埃及历法仅规定每月30日，每年12月，至岁末另有5天，是分别献给奥西里斯家族诸神的附加庆典日，这样每年365日。这种历法显然还很粗糙。

改进历法按理未必要与天狼星发生什么关系，然而古埃及人是讲究星神崇拜的。在北天诸亮星中，埃及人特别注意天狼星（埃及象形文字的拉丁转写为spdt，意为"尖星"）；而在天狼星的有关天象中，他们又特别注意天狼星的偕日升（清晨时与太阳在同一方位升起）。埃及官方颁布的钦定历法规定：新年的第一天，应是尼罗河泛滥与天狼星偕日升同时发生的那一天，这被称为"三合一新年"。但是这样规定的周年长度，与实际情况仍有约四分之一日的误差；也就是说，到新历颁布的第五年，新年第一天就不能再与尼罗河泛滥、天狼星偕日升同时发生之日重合了。古埃及人知道这一点，也接受了这一现实。他们仔细观测天狼星偕日升的周期——也可以说就是"天狼星年"，知道长度是365.2507日，由此他们得出一个天狼星周期：

$4 \times 365.25 = 1461$ 年

这样就可以预测：每隔1461年，就会有一个"三合一新年"到来。届时，古埃及人举行盛大的庆典。古埃及文明悠久的历史，使古埃及人得以"享用"如此之长的周期。公元前238年，希腊化时代的埃及国王托勒密三世（Ptolemy Ⅲ）曾颁布诏书，试图每四年增加一个附加日，以纠正传统官方历法的误差,但埃及人没有接受这一方案。在公元139年,埃及人庆祝了他们历史上第三个"三合一新年"。尽管此时他们已在罗马帝国的统治之下,但传统的埃及文化仍在很大程度上得以保持。

古埃及也有阴历,由朔望月长度(29.53日)确定,12个月共得354.36日,因此每三年要加入一个闰月。这种历法在埃及历史上也很常用,与官方的太阳历并行不悖,各司其职;阴历用于宗教祭祀等方面,自然历用于农业,官方历法则普遍通用。这种情形,直到现代竟没有多大改变——现代埃及通用三部历法:公历、伊斯兰历(也是一种纯阴历)和"科普特历"(即古埃及历,用于农业)。

至于古埃及人究竟为什么要将尼罗河泛滥与天狼星联系起来,现代西方学者尚无一致意见。但是这种将新年第一天与一种天文现象联系在一起的做法,却为历史学家推求古埃及漫长历史的年代学问题提供了可靠出发点。

二、旬星与神性

旬星(decans)系统是纯粹由埃及天学家发明的。这一系统既可作为古埃及星神崇拜的典型例证,希腊化时代之后又成为西方星占学体系中的一个重要成分,它同时还是古埃及人数理天文学知识的一个关键部分。

古埃及人观天的历史极为悠久,流传下来的星空图,其年代可以追溯到约公元前3500年。但正如我们前面已经提出过的,埃及天学家在很长时间内似乎并未撰写过有理论色彩的星占学著作。现代学者主要只能依据古墓室顶或壁上所绘的星空图和某些表格来推测早期情况。古埃及星空图中的星座通常都用固定图像来表示,比如今大熊星座(Ursa Major)被置于公牛前腿,而今牧夫座(Bootes)诸星则画成站立的河马与鳄鱼,等等。这类古埃及星空图中最著名的一幅见于第十九王朝法老赛蒂一世(Seti Ⅰ,公元前1312—前1298年在位)的墓室中,所绘为北天星象。各种有关埃及学的西文著作大都转载这幅图。而通过某些墓室中留在壁上的表格，则可进一步推知古埃及人如何划分星空。

划分星空的同时也划分了时间——这正是星占-天文学的大奥妙之一。从保存下来的表格可知，古埃及人记录了36个旬星，然而到底是36颗恒星还是36个星座，尚未能完全确定。一年由36个"星期"构成，每个10天，所以称为"旬星"。旬星是每个"星期"内于特定夜间时刻升起的亮星或星座，每10天轮换一个，一年恰好轮遍一周。36个旬星原是沿着天赤道分布的，并等分周天，每个占10°。

"旬星"除确定年份外还有妙用。根据事先准备好的表，并结合日历的日期，观测"旬星"的升落，即可确定夜间时刻，所以又被称为"星钟"（star clock）。反之，也可以根据观测"旬星"升落来确定日期和季节。由于36个旬星轮转一周为360天，较回归年短了5天多，这样每过几年，相应的旬星升落时间就会有明显迟延，为此又发展出另一种附加的表，用以修正这一误差。

"旬星"体系起源极早，在第十一王朝（公元前2133—前1991年）陵墓的棺盖上已经有这种表了，而学者们普遍相信，这种体系至少在第三王朝（公元前2686—前2613年）时就已发端，甚至可能更早。我们前面说过，古埃及人是崇拜多神的；而且他们还有着这样的观念：每个不同的时刻，都有某种冥冥之中与之对应的"主导神性"（Presiding deity），在操控、主宰着尘世的事务。旬星体系的建立，正与这种观点有关。从一些旬星表出现在法老墓室里这一事实来看，这似乎是顺理成章的——墓室本来就是法老灵魂不灭、在冥界继续交通天人的神秘场所。

随着波斯帝国的昙花一现和希腊化时代的开始，以及巴比伦星占学体系进入埃及，已有两千余年历史的"旬星"很快就与黄道十二宫结合起来。例如在底比斯（Thebes）遗址中曾发现一张完整的表，为公元前4世纪之物，表中有36个旬星名称，它们已与黄道十二宫对应，每宫三个旬星。此后"旬星"与西方星占学联系在一起，并又"反输"出去，以至在希腊、罗马、印度和欧洲中世纪星占学中都可见到它的踪影。本书前文所引图2就是一个例证，在图2中，最外圈分为36小格，每宫各三格，正是埃及的36旬星。图2中的其他埃及成分，我们下文马上就要谈到。"旬星"体系与黄道十二宫结合之后，它原先的赤道特征就不再被人们注意了。

关于36旬星与尘世的关系，或者说神性对人间事务的影响，有一则比较晚期的材料，所述较为生动。有斯托布斯（Stobaeus）其人，在公元5世纪时，收集了许多颇有价值的古希腊作品选段，其中一段说：

（旬星）自上天施行其影响力于人体。它们又怎么可能不作用于我们？——这作用因人而异却又无人能免。所以，我的孩子，放眼宇宙，没有一种巨变不是由它们发射出来的大力所致，我们可以举出许多例证——牢记我的话：王位的变更、城市和家族的崛起、瘟疫、潮汐、地震，所有这些，我的孩子，无一不是由于那旬星的影响而发生。①

这虽出于希腊著作家的转述，但仍能反映古埃及人的观念。有这种观念作为基础，当巴比伦星占学进入埃及时，欣然接受之确实并非难事了。

三、星象观测与金字塔

根据现存的大金字塔、神庙等建筑遗址在方位上的准确程度，可以断定古埃及人有能力做出精度甚高的天文测量。然而令人惊奇的是，迄今为止，从古墓壁画及实物方面的考察，人们只发现一种名为麦开特（merkhet）的极简陋的古埃及观星仪器——称为仪器都有点勉强。它实际上是一种简单的瞄准器具：一块中间开有狭缝的长木条，外加一对悬锤。使用时，须两人配合，先利用北极星—狭缝—悬锤的三点一线来确

---

① *A History of Astrology*, p. 28.

定当地的子午线，即正南北方向；然后守候所要观测之星，当它经过子午线（对恒星而言，这是因地球自转而造成的视运动）时记下时刻，接着再守候其相邻之星……这样就可以绘制出星空图。当神庙之类建筑奠基时，也可以使用麦开特来确定其中轴线。壁画中曾描绘过这样的场景，还绘有所用的细绳（挂悬锤用）、木钉和锤，旁边有铭文，说明是在通过观测星象以确定中轴线。已发现的麦开特实物，早至公元前一千余年，被视为埃及最古老的天文观测仪器。

用如此简陋的仪器，到底能将天文观测做到怎样的精确程度，不妨以金字塔为证。金字塔本来就是古埃及人心目中的通天之所。在第五王朝法老乌纳斯（Unas）（约公元前2300年时）——他的陵墓中最早出现象形文字铭文——的墓室中，有如下一段铭文，说得十分明白：①

> 乌纳斯法老长眠在此通向天堂之阶梯，他将由此步入天堂。

这正是《金字塔铭文》的开宗明义之篇，指明了金字塔在古埃及人心目中的性质和功能。其中的道理也不难寻绎：法老是太阳神之子；而埃及人将四棱锥体视为太阳神的化身，在四棱锥体石上裹以铜或金，供奉在阿蒙·拉神（即太阳神）庙里，金字塔不过是此物之放大而已，所以金字塔本身也就是太阳神的象征。这样，法老去世后安眠于金字塔陵墓内，即意味着他重回太阳神那里，与神亲近，以获永生。顺便说一下，"金字塔"并非古埃及人对他们王陵的称呼，"金字塔"语出希腊文Pyramis，意思竟是"糕饼"——因为这种四棱锥体很像希腊人日常食用的糕饼。

金字塔所反映的天文观测精度，有许多例证，这里只挑最大，也是最有名的那座金字塔为例。现代人经常提到的"吉萨金字塔"，是指在吉萨（Giza）地方的三座著名的金字塔，其中最大的那座"胡夫金

---

① K. Sethe: *Die Altagyptischen Pyramidentexte Spruch* (1960), No. 267.

字塔",西方著作中常用"大金字塔"一词,就是专指这座金字塔,而非泛指。这是第四王朝的法老胡夫(Cheops,又拼作Kheops、Khufu,后一拼法的音译即"胡夫",约公元前2500年在位)的陵墓。这也是现存埃及金字塔中最大的一座。它占地约53000平方米,底面为正方形,边长230米。从跟随拿破仑(Napoleon I)远征的工程师开始,近现代学者不断惊叹如此巨大建筑的方位角竟会如此准确:四边正对四方,误差极小,比如正北,仅略微偏西0°23′30″。这样的精度,仅靠简陋的麦开特来测得,是近现代人难以想象的,古埃及人却真的做到了这一点。

还有更惊人的:考察者们发现,大金字塔上一条进入塔心墓室的斜通道,其坡度恰为30°;而现代的测量表明,大金字塔的所在地吉萨(在开罗西南10公里)的地理纬度是29°59′。这就是说,在墓室中,从这条通道向北望去,恰好能见到北极星。学者们认为这不是巧合,而是古埃及工程师有意设计成如此,这也证明了当时埃及天学家观星的精确程度。

关于胡夫金字塔,有种种谜案,如它用什么手段建成,内部墓室环境中的神异,等等,既是严肃学者为之绞尽脑汁的难题,也是伪科学热衷者驰骋虚妄想象力的广阔园地。不过这些已不属于我们在本书中所讨论的范围了。需要注意的是金字塔的通天性质,有助于我们理解下文的内容。

第二节 希腊化时代:埃及星占学的繁盛

在希腊化时代之前的古埃及文化中,虽然尚未发现土生土长的星占学体系,但这方面的萌芽或端倪,仍可搜寻出一些。比如,著名的、几乎是半神化了的人物伊姆霍特普(Imhotep),他是第三王朝法老左塞尔(Zoser,又拼作Djoser或Aozer,公元前2686—前2613年)朝中的宰相,被尊为"圣人""不朽神人",被认为是建筑师(最先设计了金字塔)、医生、祭司、巫师，生前即享有盛誉，至希腊-罗马时代，对他的崇拜臻于极盛。伊姆霍特普虽然主要是作为医神受人崇拜，但他还有一个重要身份是星占学家——尽管未留下这方面的具体事迹。又如，有一种猜测，认为人类历史上最早的一张算命天宫图，可能早在公元前2767年就已出现在埃及；这种大胆猜测固然令人难以置信，但古埃及人关于不同时刻有着不同的"神性"各主吉凶的信念，与以算命天宫图为特征的生辰星占学在理论上也确有某种相通之处。再如，在第十九王朝著名法老拉美西斯二世（Rameses Ⅱ）的墓中，考古学家发现两个金环，上面有划分360°的刻度，还有显示某些恒星升降的象征符号；学者们推测，这可能说明拉美西斯二世对于黄道升上东方地平线的时刻及度数感兴趣——而这是一个重要的星占学概念。拉美西斯二世于公元前1292—前1225年间在位。稍后，在第二十王朝的法老拉美西斯五世（Rameses Ⅴ）墓中的纸草书上，也发现了关于一年中每月、每时的星占学暗示。诸如此类，都可以视为古埃及星占学的萌芽或先声，但星占学真正出现在埃及，要等到波斯征服及希腊化时代。那时，发端于巴比伦的两大类星占学——军国星占学和生辰星占学，都传入了埃及。

一、分野与军国星占学

预占战争胜负、年成丰歉、王朝盛衰之类的星占学，在理论上必然要面临一个先决问题：同一天空中所呈示的天象，如何与大地上万千人事对应起来？比如说，某天象兆示国王之死，但人间国王众多，谁该"应"这一凶兆？解决问题的办法，是建立某种"分野"（这是一个纯粹出于古代中国的术语，在西方尽管有着类似的概念，但缺乏完全对应的词）理论体系——将天区做划分，使之与地上不同区域一一对应（天区分野）；或对时间做划分，使不同时间内呈现的天象分别兆示不同地区的人事（时间分野）。

现今所知第一手埃及星占文献中，年代最早者当推著名的《维也纳世俗体交蚀征兆纸草书》（*A Vienna Demotic Papyrus on Eclipse and*

Lunar-Omina），①虽已是罗马统治时代的抄本（约公元前2—3世纪），但因其中全未提及黄道十二宫，西方学者普遍相信它必为公元前4世纪亚历山大远征之前的作品——但仍是"显然源于巴比伦的"。维也纳指该件收藏地（本书中称引纸草书而冠以地名者，皆同此例），世俗体（Demotic）指该纸草书所使用的埃及象形文字的字体。与碑铭体（Hieroglyph）及祭司体（Hieratic）相比，世俗体最晚出，笔画也最简洁。许多已发现的埃及纸草书星占文献都系用世俗体所书写。

在《维也纳世俗体交蚀征兆纸草书》中，保存着埃及星占学的几套时间分野体系。这些分野体系所涉及的地区，除埃及本身外，还有其周边诸国：叙利亚、克里特（Crete）、希伯来、阿莫（Amor）。第一套分野将日、月天象分别对待，关于太阳天象的对应之法如下：

　　冬4月—夏3月：希伯来
　　夏4月—洪水3月：埃及
　　洪水4月—冬3月：（缺损）

这里的冬、夏、洪水三季，就是本章第一节一中提到的播种、收获和洪水三季。上引的意思是：自冬季第四月至夏季第三月，有关太阳的天象（如日食等）兆示希伯来土地上的国运；自夏季第四月至洪水季第三月则兆示埃及本土的国运，其余类推。关于月的天象，则分配对应之法又有不同，将一年12月分为4组，每组3个月，分别对应各国：

　　洪水4月—冬2月：希伯来
　　冬3月—夏1月：阿莫
　　夏2月—4月：埃及
　　洪水1月—3月：叙利亚

---

① 由R. A. Parker将此件整理发表，系由Providence, R. I.（1959）出版。

其意义与上述太阳部分相仿。

第二套分野体系更为规则,将各国逐月分配,每年轮流,可列表表示如下:

国	季		
	洪水	播种(冬)	收获(夏)
阿莫	1月	1月	1月
埃及	2月	2月	2月
叙利亚	3月	3月	3月
克里特	4月	4月	4月

该表的意思是:每季第一月呈现的天象兆示阿莫国土上的吉凶,第二月兆示埃及的……这套体系对日、月天象一样适用。

古埃及人分一天为昼、夜两部分,自日出至日落为昼,自日落至日出为夜,昼、夜各12小时。此24小时与各国分配对应,也形成一套时间分野:

昼12时

1—4:埃及

5—8:克里特

9—12:阿莫

夜12时

1—3:埃及

4—6:希伯来

7—9:阿莫

10—12:叙利亚

这样,每昼夜24时之中,"埃及世界"的诸国各有其地位。

除上述各种时间分野外,《维也纳世俗体交蚀征兆纸草书》中也有一种比较简单的天区分野，将天区与地区做如下对应：

  北天：希伯来
  中天：克里特
  南天：埃及

这种对应是专为日食征兆而设的。关于月的天象及征兆，也有类似分野，可惜纸草书在此处残缺了，仅剩下"天区四部"等几个字，详情已不得而知。

分野体系设定，就可以依据所见天象对大地上不同地区的人事进行预占了。这些古辞通常有着比较一致的表达形式，以《维也纳世俗体交蚀征兆纸草书》中一则为例：

  如果月食发生于夏季第二月，因该月属于埃及，它名下土地之大部必遭征伐，军队必荷戈出战。

在《维也纳世俗体交蚀征兆纸草书》的另一份抄本中，还可以见到这样的段落：

  ……大麦丰饶，有犁有地就有丰收，全国都如此。好事与满足遍布人间，所以人们将嬉闹纵酒……

而在《开罗纸草书》（*Papyrus Cairo*）31222号中，可以见到更为典型的埃及风格的军国星占学占辞：[1]

---

[1] R. A. Parker: *Egyptian Astronomy, Astrology, and Calendrical Reckoning* (缩写*EAAC*), *Dictionary of Scientific Biography*, New York (1981), vol. 16, p. 725.

  如果索雪斯（Sothis）星（古埃及人对天狼星的另一称呼）升起时，木星适在人马宫，那么埃及之王将统治整个国家；将出现一个敌人，但国王能再次将其摆脱；许多人将会反叛国王；一次固有的洪水将到来；谷价腾贵……一位神祇的葬礼将在埃及土地上出现……

  埃及星占家特别关注天狼星升起时刻的天象，往往依据这类天象来做出预言，除上引一例之外，还可见到如：

  若索雪斯星升起时，月亮正在人马宫，那么……
  如果索雪斯星升起时，水星位于双子宫，则……

  从广泛使用黄道十二宫这点来看，这种星占模式显然是巴比伦星占学输入之后所形成的。当然，埃及的本土色彩仍很浓郁。

二、天宫图与生辰星占学

  据考证，天宫图星占学传入埃及约在公元前4—前3世纪。现今所知用埃及文写成的天宫图中，年代最早的一份可以确定为公元前39年。以下几份依次为公元前10—前4世纪——写于埃及且写在纸草上，然而是用希腊文写成的，这正是希腊化时代产物的标志。再往下的埃及天宫图，无论是用埃及文还是希腊文写成，都已晚至罗马统治时期。

  图5是一幅著名的埃及算命天宫图，原来绘于一座两兄弟墓葬的墓室顶上，图5是兄长的那幅，年代是公元141年。图中的埃及象形文字与图形交错共处，初看很难区分；但仔细观察，则仍有头绪可寻。

  图5上部，从左至右，依次排列着天蝎宫、人马宫、摩羯宫、宝瓶宫（一跪着的女子双手各托宝瓶）、双鱼宫、白羊宫；下面一行，从右端开始向左排列，依次为金牛宫、双子宫、巨蟹宫、狮子宫、室女宫（一站立之纤长女子，上身已模糊）、天秤宫。五大行星及日、月各在何

图5 公元141年的埃及算命天宫图。原图绘于一墓室顶上。图中绘有黄道十二宫、五大行星（多作鹰隼之形）、日、月、天狼星，以及各种神秘符号与图形

宫，图中也绘得清清楚楚。五大行星多用鹰隼之形代表，在图中的位置依次如下：

> 水星：敛翼，有蛇形尾，在摩羯宫；
> 木星：展翼，在宝瓶宫；
> 金星：双面站立人形，在双鱼宫；
> 土星：长着公牛之首的鹰隼，展翼，位于双子宫；
> 火星：展翼鹰隼，头有三蛇，尾亦作蛇形，在狮子宫。

图中，太阳与水星同宫（在摩羯宫），月亮在人马宫。此外，还有三艘小船，分别为天狼星（画成牡牛形）和日、月所乘载。两臂伸展的

男人，按照古埃及星空图绘画的传统习惯，应该是天鹅座（Cygnus）或仙后座（Cassiopeia）。图的四周则是神秘符号和埃及象形文字。从上述诸要素来看，图5确实是一张完全够格的算命天宫图——尽管其形式与后世的标准形式相差颇大。这些要素中最重要的是：出生时刻五大行星及日、月在黄道十二宫中的位置（粗略言之，指明在何宫即可，几度几分之类相对来说不那么重要）。

在传世的埃及算命天宫图实物中，关于其人一生祸福等预言部分的内容往往很少，有的甚至没有预言——而这一部分在后世的生辰星占学中发展成巨大的篇幅，有些甚至成为几十上百页的长篇报告书。当然，希腊化时代的埃及算命天宫图，毕竟还只是早期作品，比较简单、原始，也在情理之中。

希腊化时代与生辰星占学有关的埃及星占文献，除绘于墓室顶上的算命天宫图外，还保存下一些纸草书。这些纸草书的内容，大部分被认为是"纯粹希腊化的"，但也有少数例外。比如学者们注意到《卡尔茨堡纸草书》（*Papyrus Carlsberg*）1号和9号，前者内容有对法老赛蒂一世和拉美西斯四世（Rameses Ⅳ）时代宇宙图像的评注，后者提供了月亮运行的25年周期，这些内容被认为是源于埃及本土的。与生辰星占学有关的纸草文献中，比较重要的有《柏林纸草书》（*Papyrus Berlin*）8279号和《斯托巴特表》（*Stobart Tablets*），其中列有公元前16年至公元133年间若干年中（并非年年都有），五大行星与月亮在黄道各宫的位置数据，这对于排算和绘制算命天宫图来说，显然是非常有用的资料。

最后还需指出，这些所谓"纯粹希腊化"的埃及星占学文献，其最终来源，都是巴比伦。按照西方学者比较普遍的看法，埃及人在生辰星占学，特别是算命天宫图这一方面，只是接受、采纳和传递而已，几乎没有任何由他们做出的新发展。埃及人对后世西方星占学的贡献在其他方面，我们接下来就要谈到。

第三节　后世西方星占学中的埃及色彩

一、黄道十二宫中的埃及色彩

我们在本书第一章第二节中已经指出过，图2是一幅1653年的版画，反映了巴比伦人、埃及人和亚述人对黄道十二宫系统的共同贡献，又经过希腊-拉丁化的承传。现在正需要重温此图。此图中保留埃及色彩最明显者，为白羊（Aries）、金牛（Taurus）、室女（Virgo）和摩羯（Capricornus）四宫，兹依次略述如下。

白羊宫：外起第三环中神物形象为人身羊首，第四环中神名为阿蒙，此即前面提到的埃及重要神祇阿蒙。在埃及神话中，阿蒙神有时就被表述为牡羊。[①]该神更经典的形象则如图6左所示。

金牛宫：神形为牛，神名为阿匹斯（Apis）。阿匹斯即古埃及神话中的圣牛，又名天牛，其经典形象可见图7。

室女宫：神形为手持双穗的女子，神名则是大名鼎鼎的伊希斯。关于古埃及的伊希斯女神，已在前面谈过（参见本章第一节及图4），这里要注意的是女神手中的谷穗，这当然是生育、繁殖的象征；室女座中的第一星——室女座α星名叫斯比卡（Spica），而此词正是拉丁文"谷穗"之意，其间的历史脉络清楚可见。

摩羯宫：神形为犬首人身之物与另一怪兽，神名为安努毕斯。安努毕斯为古埃及神话中的墓地之神，他负责将尸体制成木乃伊。而在"冥间审判"中，安努毕斯掌管巨大的天秤，称量死者之心是否合乎正义，这种场合中他又常被绘成豹首人身。安努毕斯神的标准形象则如图6右所示。

此外，埃及人也有他们自己的黄道十二宫，或者称为兽带（也译作黄道带）。1798年，拿破仑率军远征埃及时，曾在一座Hat-Hor女神（天

---

① 克雷默（S. N. Kramer）编：《世界古代神话》（Mythologies of the Ancient World），魏庆征译，华夏出版社（1989），第32页。

图6　左：戴羽冠的阿蒙神，右：犬首人身的安努毕斯神

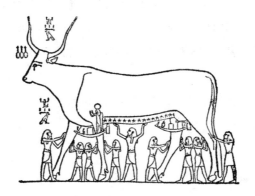

图7　古埃及神话中的圣牛阿匹斯

之女神）庙的室顶上发现一件这样的兽带浮雕。原件现藏于法国卢浮宫博物馆（Louvre museum）。庙是罗马皇帝提比略（Tiberius）统治时期建的，兽带的天象日期被标定为公元17年4月16日，但这种环形兽带系统在埃及的起源究竟有多长历史，目前尚不清楚。

二、四宫四神·《神使之书》·"大年"

后世西方星占学中，有不少重要内容被认为与古埃及人有渊源关系，这里略述其中比较值得注意的三则如次。

西方星占学家将黄道十二宫分成三类，其一曰"主宫"（cardinal

signs），其二曰"定宫"（fxed signs），其三为"移宫"（mutable signs）；每类各四宫，对应如下：

主宫	定宫	移宫
白羊	金牛	双子
巨蟹	狮子	室女
天秤	天蝎	人马
摩羯	宝瓶	双鱼

学者们认为，有证据表明，埃及人早在距今三千多年前就已注意到了四个"定宫"。在法老赛蒂一世（Seti Ⅰ，死于公元前1298年）的石棺上，发现了代表"四神性"（four deities）的神祇形象，依次为：

Tuamutef	豺首
Hapi	犬首
Qebhsennuf	鹰首
Mestha	人首

这被认为显然是代表金牛、狮子、天蝎、宝瓶四定宫——尽管此处"宫"的概念与后世星占学家所持尚有区别。

所谓《神使之书》，相传为埃及的透特神所收集。透特神在埃及中王国时代（公元前2133—前1786年）受到广泛崇拜，他被尊为发明写作之神、保护科学之神、守护经文之神以及诸神的代言人（信使）；他原为月神，后来司掌计算与学术，他充当诸神的文书、译员；他还是太阳神拉在世间的代表；其形象多为隼首人身。透特神的神使之职，到希腊化时代一变而为希腊神话中的赫耳墨斯（Hermes），再变而为罗马神话中的墨丘利（Mercury，正是西文中水星的名字）。出生于约公元150年的克雷芒（Clement，亚历山大城的）曾记述了他那个时代的埃及宗教游行——这种仪式中保存着许多古老的成分，其中特别提到《神使之书》（他称为《赫耳墨斯之书》）和星占家：

> 首先是指挥者，手持两卷《赫耳墨斯之书》，其一为对诸神的赞美歌，其二为对王家官衙的指导。接着是一位"四卷 赫耳墨斯星占之书"的专家。再接着是一位宗教书记官，头戴羽饰，手持书册与尺，他被认为对于象形文字、宇宙学、地理学、日月和五大行星的顺序等学问都无所不知。

所谓"四卷 赫耳墨斯星占之书"，即指《神使之书》。在一些古代传说中，这部书有24卷，甚至有36525卷这样的夸诞之说。

《神使之书》中包含着宗教、几何、炼金术、天文、星占和许多其他方面的古老知识。这些知识在古埃及是属于禁秘的，只有最高贵的祭司阶层被允许接触它们。这种禁秘使得《神使之书》很难有完整的文本传世。古人曾猜测亚历山大大帝墓中有一部全本殉葬，但也无法证实。不过现在学者们已经能够知道，《神使之书》的星占学说包括好几个方面，如星占医学、旬星（我们在前面已经讨论过）、黄道上的行星，以及有星占学意义的各种度数。归于赫耳墨斯名下著作经常被后世的星占学引用。引用赫耳墨斯的星占家中较著名的有：安条克（Antiochus，雅典的）、萨拉皮翁（Sarapion，他是希腊大天文学-星占学家希巴恰斯的弟子），以及色拉西洛斯（Thrasyllus），他可能是罗马帝国时代最有影响的星占学家。

《神使之书》确实有一些内容流传至今，学者们相信，这些内容是从原初文本而来，经过希腊人的翻译保存；最后留下一个约公元5世纪时的拉丁文本（名为 *Liber Hermetis*，即《赫耳墨斯之书》），系从希腊文转译而来。这个文本中的内容基本上可归入生辰星占学范畴；书中特别引人注目的内容是将黄道十二宫与人体各部位一一对应，这种对应在后世西方星占学中被广泛采用（参看本书图1，其中星占家从头到脚盘踞着十二宫的神及兽，就是这种对应的具体表现）。关于这一文本中的星占学说，我们将在讨论罗马帝国时代的星占学时再详谈。

关于"大年"（Great year）的概念，据说渊源甚早。所谓"大年"，基本概念是：当世界开始存在的那一刻，五大行星全都位于白羊宫0°，也即黄经为零的位置上；当它们再次回归这一位置（指五颗行星又同时回到该处）时，就到了世界末日或黄金时代（golden age，指理想中的太平盛世）——这取决于星占学家是乐观主义者还是悲观主义者。其间经过的时间，就是一个"大年"。这和古代印度人的"劫波"（kalpa，为$432×10^7$年）颇有些相似之处，不过"大年"远没有"劫波"那么长。

一个"大年"，被认为是差一点到26000年，这个值恰好是春分点岁差运动（precession）的周期。这样看来，"大年"的概念起源就不会太早，似乎应该是希腊化时代或稍早一点的产物。然而，在星占学家那里，却要追溯到遥远的古代。一个"大年"又被按照黄道十二宫分成12个"时代"，比如"金牛时代"被定为始于公元前4139年，"白羊时代"始于公元前1953年，"双鱼时代"约开始于公元220年，而"宝瓶时代"则要到公元2375年那年才开始，如此等等。而两个"时代"转换时，也没有明确的分界点，据说转换时期可延长到两个世纪之久。

"大年"的概念据说也与埃及人有关。"白羊时代"开始的公元前1953年，正是埃及历史上对阿蒙神的崇拜如日中天的时代，而我们前面已经谈到，阿蒙神有时就是被表述为牡羊形象的。不过这也多属推测之辞。在星占学中，一些后世习用的概念或传说，起源情况往往是不甚明确的。

第三章　希腊和希腊化世界

第一节　染上"星占疾病"之前的希腊人

我们在前面已经提到过默里关于星占学进入希腊"如同一种新疾病降临于某个偏僻海岛上的居民"的著名说法,当这种"星占疾病"降临希腊时,也确实曾遭到古希腊有识之士的反对。这方面特别著名的例子是天文学家、数学家欧多克斯(Eudoxus,公元前408—前355年),他坚决反对迦勒底的生辰星占学,曾说:"对于那些依据人们出生日期来预言和判断他们一生的迦勒底人,不应给予任何信任。"另一位学者西奥弗拉斯托斯(Theophrastus,约公元前372—前287年),系亚里士多德的弟子,听说迦勒底星占家能够根据一个人出生的时刻来预言其人一生中的事件,如同天气预报那样,也大表惊异。然而,在另一方面,也应该看到,在古希腊自身的传统知识和思想中,并不是完全没有适宜星占学生长的土壤。这里姑举比较突出的两方面为例,略述如下。

一、择日之说

所谓择日,基本思想是:一年中的不同日子(或一月中的,或一日中的不同时刻),有好有坏,有吉有凶,有的宜做某些事而不宜做另一些事,因此行事时要先选择合适的日子和时刻。这种择日的思想和学说,在古代中国堪称源远流长,然而它在古希腊的历史还要早得多。

赫西俄德（Hesiod）是古希腊继荷马之后最早的诗人，他生活和创作的时代，根据现代学者的研究，约在公元前8世纪上半叶。赫西俄德有多部著作留存至今，其中最著名的一部为长诗《工作与时日》（*Erga kai Hemerai*）。这部长诗的最后部分（765至828行），竟全是讲择日的，非常详细，兹摘录若干如下：①

下述这些日子是无所不知的宙斯（Zeus）定下的，只要人们能不把它们搞错了。

首先，每月的第一、第四、第七天皆是神圣之日。……第八天、第九天——上旬里至少这两天是特别有利于人类劳动的。十一日和十二日两天都是好日子，无论用于剪羊毛，还是用来收获喜人的果实……

每月中旬的第六天非常不利于植物，但有利于男孩降世，虽然也不利于女孩出生，不利于姑娘出嫁。每月上旬的第六天不适宜女婴出世……这天适宜男孩降世。但是，那天出生的人将喜欢挖苦、说谎、狡辩和私通。

在伟大的第十二天，聪明人应该诞生，这样的人最有深谋远虑。每月第十天是男性降生的吉祥日，每月中旬的第四天是女性降生的吉祥日……

要躲过每月第五天，因为这些天艰难可怕。在某个月的第五天，据说厄里倪厄斯（Erinyes，复仇女神）曾帮助了誓约女神的降生，而誓约女神是厄利斯（斯特里夫 [Strife]，不和女神）生下来追究伪誓者的。

每月中旬第九天愈晚愈好，但上旬的第九天完全无害于人类，这天无论对男性还是女性都是出生的吉祥日……

以上说的这些日子对大地上的人类是一大恩典。其余日子捉摸不定，不那么吉利，不带来任何东西。……一个人能知道所有这些

---

① 赫西俄德：《工作与时日　神谱》，张竹明、蒋平译，商务印书馆（1991），第23—25页。

事情，做自己本分的工作，不冒犯永生的神灵，能识别鸟类的前兆和避免犯罪，这个人在这些日子里就能快乐，就能幸运。

这种择日的学说，在本质上与巴比伦的生辰星占学实有相同之处。在古代印度星占学中，择日之说发展得更为完备周密，而且印度古代的星占学-天文学与巴比伦及希腊都大有渊源。

二、天象迷信

亚里士多德是古希腊学术的代表人物，也可以说是古代世界最著名的百科全书式作者。在他流传下来的大量著作中，集中讨论天学的有《论天》(*De Caelo*)和《天象学》(*Meteorologica*，以前中文常译作《气象学》，不确)两种。还有一个短篇《论宇宙》中也谈到一些，这相传是他致亚历山大大帝的一封信——他是这位著名君王的老师；但通常认为该篇出于后人伪托，并非亚里士多德本人手笔。

在《天象学》中，亚里士多德用了不少篇幅谈论彗星。他认为彗星的构成性质类似火，因而彗星出现常常是干旱和大风的预兆：

> 当彗星很多，而且经常出现时，那些年份就明显是干旱的和多风的。……例如，当那块石头从气中落入埃戈斯河(Aigos potamoi)中时，它就是先被风刮上去，然后在白天落下的；在那时，有颗彗星也恰巧出现在西方。再有，在大彗星出现时，冬季干燥，北风凛冽，潮浪由于风而相对撞……再有，在尼科马可斯(Nikomakhos)统治时(公元前341—前340年)，一颗彗星在赤道圈周围出现了几天(这一次没有升起在西方)，这与科林斯(Korinthos)发生的风暴是一致的。①

---

① 亚里士多德：《天象学》，徐开来译，《亚里士多德全集》第二卷，中国人民大学出版社(1991)，第487页。

这种认为天象能够影响气象的思想，在古代是常见的，后来又由此演化为所谓"星占气象学"，专据星象以预言气候气象。这种古老的迷信前几年也曾在中国大地上又觅得一位传人，一时间招摇过市，着实热闹过一阵。当然，与古希腊学术大师亚里士多德相比，虽有许多现代的包装，却实在要等而下之了。因亚里士多德认为彗星是大气层中的产物，由此推论彗星会影响气象，在道理上还略有一点说得通之处。

但希腊人对于彗星天象的迷信还有更甚者。例如公元前372年出现的一颗彗星，亚里士多德曾描绘它有60°的彗尾，据我们前面几次提到的西西里人狄奥多罗斯的记载，这颗彗星被认为是斯巴达人衰落的预兆。又如公元前343年出现的一颗彗星，被视为战胜西西里人的吉兆，等等。当星占学在希腊化世界和欧洲流行之后，对于彗星的星占迷信当然更多，我们在后面还要谈到。

还有一件广为人知的著名故事不妨在这里一提，即吕底亚人（Lydians）和美地亚人（Medians）之间因一次日食而罢战言和，而这次日食曾由希腊哲学家泰勒斯（Thales，米利都的）做出预报。希罗多德《历史》中记其事云：①

> 吕底亚人和美地亚人之间就爆发了战争，这场战争继续了五年。……不过在第六个年头的一次会战中，战争正在进行时，发生了一件偶然的事件，即白天突然变成了黑夜。米利都人泰利士（即泰勒斯）曾向伊奥尼亚人（Ionians）预言了这个事件，他向他们预言在哪一年会有这样的事件发生，而实际上这话应验了。美地亚人和吕底亚人看到白天变成了黑夜，便停止了战争，而他们双方便都十分切望达成和平的协议了。……这两个民族像是希腊人一样地宣誓缔盟，此外，他们在宣誓时，在臂上割伤一块，并相互吸吮了对方的血。

---

① 《历史》，第37页。

根据天文学家用现代方法推算，这次对和平大有贡献的日食发生于公元前585年5月28日。泰勒斯由于成功地预言了这次日食而千古留名——知道他这件事的人远比知道他哲学学说的人要多。交战双方虽不是希腊人，却也可归入"希腊文化圈"之内，因日食而罢战言和，显然有天象迷信的成分，不过这一次迷信倒产生了好的结果。

第二节 星占学的"第一黄金时代"

一、从亚历山大大帝身世传奇说起

亚历山大大帝（公元前356—前323年）是马其顿国王菲利普二世（Philip II）之子，这是没有疑问的。然而在一些古代传说中，这位伟人的身世却充满传奇色彩，而且与星占学密切结合在一起。这里略述其梗概如下。

相传，亚历山大的真正父亲是末代埃及法老奈克塔内布（Nectanebus。亚历山大远征至埃及，被拥戴为法老，他去世后由其部将托勒密建立王国统治，"埃及艳后"克丽奥帕特拉是托勒密王朝的末代女王，他们都已不是正统的埃及人）。这位法老有类似"撒豆成兵"的法术，能凭空唤大军集结。但在公元前356年那年，天上的行星向他兆示：他的王国将被强敌征服，任他法术高深也无济于事。于是奈克塔内布化装成星占学家，前往马其顿，着意取悦菲利普二世的宫廷。终有一天被他候到一个良机，乘菲利普二世外出之时，他潜入王后的寝宫，伪装成阿蒙神下凡，使王后怀了孕。

等到分娩之日到来时，奈克塔内布又前往王后寝宫，在那里大施法术。他安置起一个星占用的金盘，外圈是埃及的36旬星，中圈是巴比伦的黄道十二宫，内圈是日、月；还有一些标识，用来表示行星位置。他要王后控制婴儿降生的时刻——在他据金盘排算出来的吉祥时刻才分娩，结果亚历山大果然降生于吉日良辰。但是，国王菲利普二世回宫之后，面对这一切既成事实作何反应，传奇故事中却并没有交代。

这个故事还未结束。亚历山大出生之后,奈克塔内布成了他的塾师,用的启蒙教材是一本名为《秘中之秘》(*The Secret of Secrets*)的书——据说是亚里士多德所撰,后来失传——当然都是天方夜谭式的传说。奈克塔内布向王子传授星占学,可是当王子长到12岁时,却将自己的生父兼恩师、星占学家、前埃及法老(从理论上说当时仍是法老)奈克塔内布扔下了悬崖,原因是要证明:这位星占学家并不能正确预言自己的死期。

上面这个摇曳生姿的传奇故事当然不是信史,但它向我们提示了值得注意的几点:

亚历山大大帝的远征是星占学在西方世界大扩散的最重要契机,难怪后世的星占学家要将星占学的传奇附会到他的身世上——他可算得上星占学史上的大功臣。

认为人的出生时刻决定一生祸福的观念,在这个传奇故事中得到生动反映。操控出生时刻以求避祸就福的想法,由此也就显得顺理成章了。

最后,还可以指出特别有趣的一点:上述故事中亚历山大将奈克塔内布扔下悬崖以证明他不能预言自身死期(问他自己何时死?只要答案不是"现在",就立刻杀他,即得证明)一节,为后世帝王与星占学家之间斗智斗勇提供了一个屡用不厌的题目。围绕这个题目,后世的帝王与星占学家各出新招,精彩纷呈,我们后面还要谈到一些例子。

二、生辰星占学风靡一时

据说,亚历山大东征过程中,就曾利用星占学以助成伟业,这虽未留下多少确切的证据,但如此雄才大略的君王,在几乎转瞬之间建立起地域辽阔、民族众多的空前大帝国,广泛借助各种力量以成其事业,应该是情理之中的事。

亚历山大大帝国转瞬间建立,又在他去世后转瞬分裂,成为迦勒底星占学向各处广泛传播的契机。关于著名的迦勒底星占学家贝罗索斯在希腊的活动，我们在前面已经谈过。这一时期还有一些这样的星占学活动家，比如活动于帕加玛（Pergamum）国王阿塔罗斯一世（Attalus I）宫廷中的星占家苏丁（Soudines），他曾编过一种月亮表，沿用了好几个世纪。当时很多希腊人接纳了新的天学理论，像伊壁琴尼（Epigenes）、阿波罗尼奥斯（Apollonius）、阿特米德罗斯（Artemidorus）等人都自夸曾受教于巴比伦的祭司-星占学家。又有基第纳斯（Kidenas）其人，可能与巴比伦的某些天文发现有关，他甚至可能曾是贝罗索斯的老师——从年代上推算他与后者在世时间的确相去不远。

在公历纪元开始前的几个世纪里，星占学引起了希腊社会中许多群体的强烈共鸣。其中不仅包括哲学家和科学家，也包括像"医学之父"希波克拉底（Hippocrates）这样的人物。希波克拉底向他的门徒传授星占学，以便让他们掌握病人的"凶日"（critical days，这与前面所谈赫西俄德《工作与时日》中的择日之说是一脉相传的）。他曾说："谁要是不理解星占学，那就不是医生而是白痴。"希波克拉底的这些观点后来成为欧洲医学界的悠久传统，也使"星占医学"这一脉日渐光大。继他之后的大医学家盖伦（Galen）也坚信星占学。一些希腊医生是根据星占学的象征和兆示来决定医疗措施的。

希腊上层人物对星占学的兴趣之大，在许多传世的典籍中都有反映。古希腊著名的喜剧大师阿里斯托芬（Aristophanes），在他的《云》一剧中嘲讽了雅典上流社会对星占学的迷恋。而当柏拉图（Plato）访问狄奥尼索斯（Dionysus）的学校时，就遇见两个学生在口讲手画地争论星占学问题。更有名的例证是希腊诗人阿拉图斯（Aratus）的《天象》（Phainomena）一书。阿拉图斯是贝罗索斯的同时代人，他在长诗《天象》中描述了行星、黄道、星座等天象，并附有气象预兆的结集，他对气象学家的告诫是：

期年探星空，

> 黄道十二宫,
> 气象非妄语,
> 成算在胸中。

这部长诗在希腊代代传诵,后来西塞罗又将它译成拉丁文。诗中的许多天学理论,据说都来自昔日欧多克斯的天文台。

当时风靡希腊世界的是生辰星占学,即根据一个人出生时刻日、月和五大行星在黄道十二宫中的不同位置,预言其人此后岁月中的一系列事件,包括生老病死,穷通祸福,以及此人在性格、体质等方面的特征。下面是几个具体例子,由此可见一斑:

生于12月14日(年份佚失):能做到代理总督之职,但会触怒上司,最终沦为囚犯,作采石苦役至死。

生于公元104年4月23日:手臂短。又一人:有病,在海上出逃不遂,但幸赖土星位置之仁慈,终可幸免于难。

生于公元114年11月10日:42岁上与一女子口角纠纷,大出其丑;两年后一奴隶横死,他的父亲陷于危险,性命交关;他本人(受到)"门第微贱""强奸"等指控。但他能得到朋友们的帮助和恩惠……

生于公元116年1月21日:女人气,且有难言的恶习——因为摩羯宫是淫荡好色的,而它的统治者(土星)又远在金牛宫……他看来将由于一些无法防止的意外事件,在军中高位上被人鸣鼓而攻,届时人们将无不惊奇。

这类预言之荒诞可笑自不待言,但由上引诸例可以看到,有时所预言之事如此具体,以致人们很容易加以证伪,真不知那些星占学家如何自圆其说。

三、五星与七政

在这个时代的星占学家心目中,尘世间各种事件与日、月、五大行星之间,有着密切的对应及互动关系。例如,太阳常与生命联系在一起;而且一天之中不同时刻的阳光有不同性质,据说这种观念来自埃及人。又如,火星在星占学家那里总是与战争联系在一起,金星对应爱情,水星对应速度和情报讯息,等等。同时,行星又与古代神话传说联系在一起,如土星和克洛诺斯(Cronos),木星与宙斯之类。关于这些联系的记载和说法,有不少一直流传至今。

关于五大行星的"性质"或"性格",又有一套说法。比如,木星和金星被认为是仁慈和善的,火星和土星会相冲相克,而水星则是中性的。行星与月亮的影响力,依据它们之于地球与太阳的相对位置而大小不同——金星、水星与月亮的影响力弱,火星为中等,木星与土星则为强。与此相对应,金星和月亮是"湿性"的,而湿性代表雌性、女性;木、土二星则代表雄性、男性;此外竟还有"雌雄兼性"(hermaphrodite)的水星。在这类玄虚荒诞的说法中,有一条是关于各行星的冷与热——离太阳越远的行星,被认为越冷,这一点倒与事实相符,不过恐怕应该视为古时星占家们"歪打正着"的结果。

这里不妨谈一下古代西方星占家对于"行星"一词的用法。古人只知道金、木、水、火、土五大行星,这在西方和中国都一样。西方人将此五个天体称为"行星",中国古代则称为"五星"或"五纬"(古代中国人将行星称为"纬星",恒星则称为"经星")。但西方古代星占家有时也将日、月两天体都包括在"行星"一词之内,这显然是因为这七大天体都是相对于恒星背景不断运动之故;与这一意义相对应的措辞,中国古代也有,即所谓"七政"。五星与七政,总是古代星占学家特别重视的对象。

可以看一下五大行星名称在西方古代星占学中的演变。先列表如次:

	金	木	水	火	土
迦勒底名	Ishtar	Marduk	Nebo	Ninib	Neragl
希腊名	Aphrodite	Zeus	Hermes	Ares	Cronos
罗马名	Venus	Jupiter	Mercury	Mars	Saturn

今日全世界通用的西文名称，就是上表中的最后一行，来源于罗马人的神话。表中所有的星名，其实都是三个民族神话中的神名，其中有些已在前文多次提到。而且，各民族神话虽不同，但各星对应的神却有着非常类似的身份和使命，比如马杜克、宙斯、朱庇特（Jupiter）在神话中都是众神之王，而伊什塔尔、阿佛洛狄忒（Aphrodite）、维纳斯（Venus）都是爱之女神，等等。

四、万事前定与否？

随着星占学理论的发展，它的内容也就更难单纯一致，相互对立的观念也逐渐各自登场。据说早在公元前3世纪，希腊化世界的星占学就有了不同的两派：一派主张，世间万事都是前定的（predetermined），而行星天象就是对后来必然要发生的事件的预告，可称之为"万事前定派"；另一派只承认人间万事中有一部分是前定的，还有一部分则未经前定，因此人们至少还有一些操控未来的余地。而这样的话，选择就显得非常重要了，如选择不当，在此时此地做某件事会招灾惹祸；选择得当，在彼时彼地做同一件事则会大吉大利。

这后面一派可以称为"非前定派"。由于这种非宿命论的观点，保留了人的主观努力的有效性，当然容易产生较为积极的人生观。因而大体上来说，"非前定派"的星占学理论更受欢迎一些。顺便指出，在古代中国，星占学家几乎从不持"万事前定"的观点。宿命论的观点在笃信"天人感应"的古代中国人那里很少有市场。

按照"非前定派"星占家的观点，则操控分娩过程、选择婴儿降生时刻就成为关系到这婴儿一生祸福的大事情了。前述亚历山大大帝身世传奇故事中就有这样的情节,这在那个时代可能是较为风行的做法。因此我们就可以知道,那时的星占学家并不仅仅依据别人告诉他的婴儿出生时刻去排算一份算命天宫图就算了事,往往还需要根据孕妇的预产期,事先排算好一系列的算命天宫图,由此来看哪些日子、哪些时辰分娩是吉利,哪些日子、哪些时辰分娩则大凶,再进而去指导产婆(有时很可能就是星占学家本人充任——不要忘记"医学之父"希波克拉底的教导,医生必须懂得星占学!),帮助产妇操控分娩过程,力求趋吉避凶,尽量接生一个一生幸运的婴孩。

不过,也不要以为,在这种降生时刻选择术面前——假定在选择的大吉时刻生下的婴孩后来果然一生幸福——"万事前定派"星占家会甘心认输。主张"万事前定"的人可以争辩说:产妇在分娩时能碰到这样一位星占学家,帮助她选择了大吉的分娩时刻,而产妇也恰好能在这一时刻将婴儿生出……这一切的一切,本身就都是前定的!对于伪科学来说,要想借用科学逻辑去驳倒它往往是很难的,更不必指望靠另一种伪科学去驳倒它了。

五、从希腊东行

随着希腊化世界与东方各民族的交往(特别是战争、贸易和政治联盟之类),希腊化世界的星占学也继续东行,影响到东方,与中亚伊朗高原的文化产生接触。下面就是一个有关的例子。

安条克一世(Antiochus Ⅰ,公元前1世纪,与塞琉古王朝的同名君主并非一人)是个小国之君,先前曾与庞培(Pompey)为敌,后来在庞培与安东尼(继恺撒之后成为"埃及艳后"克丽奥帕特拉的爱人)的内战中却成为前者的盟友,曾击退过安东尼的进攻。安条克一世虽只是一个不很著名的国王,却在海拔7000英尺(约2134米)的山巅中有一座巨大的陵墓。墓中有反映那个时代星占学信仰情况的精美浮雕。在这些动人心魄的浮雕艺术中,希腊与伊朗的诸神已合为一体:太阳神阿波罗(Apollo),即密特拉(Mithra,密特拉教所奉的主神),希腊的火星神阿瑞斯（Ares）则是赫拉克勒斯（Hercules），宙斯成了奥罗梅特斯（Oromazdes）。陵墓西侧高坛上另有一幅巨大浮雕，描绘出一只在星空中的雄狮——木星在头部，水星在中腰，火星则在狮尾。这浮雕被认为是一幅算命天宫图的图示，该天宫图的日期是公元前62年7月6日，这天正是安条克一世靠庞培之力重新复位加冕之日。

希腊化时代的星占学，又几乎被罗马人全盘继承。在罗马帝国时代，这种希腊-拉丁化的星占学又向波斯传播，而这在很大程度上与当时密特拉教（Mithraism）的僧侣有关。再稍后，亚历山大城的希腊化星占学又对印度产生了很大影响，黄道十二宫的概念就是这样传入印度的；印度星占家有时同时使用两套星座名称，一套是希腊语的音译，另一套则是梵文的意译。有人甚至猜测，希腊化的星占-天文学有可能在亚历山大大帝东征之后传入中国。尽管由于亚历山大远征的激励，希腊文化经过中亚、印度而传入中国确有其事（比如从佛像上反映出来的雕塑艺术就是一例），但就星占学而言，迄今为止却还未发现希腊影响中国的确切证据。

第三节　星占大师托勒密

前面谈希腊化时代的星占学，谈到现在，竟还几乎无一语及于这个时代最重要，也是对后世星占学影响最大的星占学大师托勒密。这其实并没有什么特殊的原因——只是由于此人和他的星占学著作实在太重要了，以致我们认为必须为这位伟大人物（因为他远远不止以一代星占大师载入史册）专门写一节。

一、托勒密的生平和著作

托勒密生卒年已无法详考，通常推断为公元100—170年。他祖上是希腊人，或希腊化了的某族人；他本人是埃及居民，拥有世袭的罗马公民权，这可能是由罗马皇帝克劳狄（Claudius）或尼禄（Nero）赠与他祖上的。关于托勒密的家庭和出生地,至今无法确定。他本人很可能终生都在埃及的亚历山大城生活和工作。该城当时早已在罗马帝国统治下,但仍是希腊文化的重镇。如果仅从政治权力的转移和继承着眼,托勒密可以算作罗马帝国时代的人物;然而从文化的演进着眼,则托勒密无疑仍是希腊化时代的人物。有些西方著作中,或把他归入希腊时代,或归入罗马时代,原因就在于此。

只要对托勒密其人、其书和他生活的时代稍有了解,就不难明白,说他是希腊文化最伟大的,也是最重要的代表人物之一,是绝对当之无愧的。他一生至少写了13部著作,流传至今的有10种,不妨列出如下,看一看那个时代的伟大学者是如何全面发展的:

《至大论》
《实用天文表》(Handy Tables)
《行星假说》(Planetary Hypotheses)
《恒星之象》(Phases of the Fixed Stars)
《四书》
《地理学》(Geography)
《光学》(Optics)
《日晷论》(Analemma)
《平球论》(Planisphaerium)
《谐和论》(Harmonics)

上列10种著作中,13卷的《至大论》名声最大,成为此后一千余年间拜占庭、阿拉伯和欧洲天文学的"圣经"。《地理学》和《光学》两书也各自成为这两门学科历史上最重要的著作之一。而与我们在本书中所讨论的主题关系最密切的,却是那部从书名看不出什么名堂的《四书》——此书在它问世后一千余年间一直是西方星占学的"圣经",有些学者认为它的影响在历史上可能比《至大论》还大。我们将在下面两小节中专门讨论《四书》。但在此之前，先要谈谈托勒密其他著作中涉及星占学的内容，以及伪托为托勒密的星占学著作。

托勒密在《至大论》中几乎未讨论星占学，只卷Ⅱ、卷Ⅵ等少数几处与星占学有间接关系。但在《恒星之象》和《谐和论》两书中，有些章节论及星占学。《恒星之象》两卷，仅第二卷存世。此书专论一些明亮恒星的偕日升与偕日落，这是《至大论》中未曾充分处理的课题。书中有星历表，列出一年中每天偕日升、落的若干亮星，并结合各种证据，列出这些星象对未来气候变化的预兆意义。这种把现代意义上的气象学与星占学结合在一起的传统，从古希腊一直持续到欧洲的文艺复兴时期。《谐和论》三卷，系数理乐律学著作，根据各个不同传统的希腊体系，讨论各种音调及其分类中的数学音程等问题。但此书中也谈到一些星占学概念，特别是卷Ⅲ的第16节，谈论各行星的星占学性质及属性之类。

托勒密在历史上既以星占大师著称，也就发生了一些后世的星占书伪托在他名下的现象。其中特别有名的例子是《金言百则》一书（拉丁文作*Centiloquium*），这是一部星占学格言集，共100则。本是一部较为通俗之作，没有什么数理内容。古时被归于托勒密名下流传，但学者们早已确认是出于伪托。

二、托勒密的《四书》

《四书》四卷，在西文中常作*Tetrabiblos*，系自希腊文转写而来，拉丁文作*Quadripartitum*，皆为"四卷书"之意。托勒密将此书视为《至大论》的姊妹篇，写作时间约为公元139—161年，在完成《至大论》之后若干年。经近代西方学者的考订校释，《四书》已有希腊文和英文的现代版本可供使用。

《四书》卷Ⅰ可视为星占学的预备知识，集中讲述日、月、五大行星运动以及恒星位置等数理天文学知识——这是任何一个入流的星占学家都必须掌握的。在卷Ⅱ中，托勒密设法为星占学确立一些理论基础和原则。例如他论证道：既然太阳、月亮可以通过季节变换、潮汐涨落来直接影响地球上的人类生活，那么五大行星也能影响尘世事务，应是无可置疑的事实。托勒密也谈到星占学可应用于两个领域：国家民族和个人；但对于前一领域，他主要是谈论水土、气候之类，只能算是"星占地理学"（astrological geography）和"星占气象学"（astrological meteorology），与巴比伦人的军国星占学无关。星占学之应用于个人，也即生辰星占学，则是《四书》后两卷全力探讨的内容。托勒密在这两卷（卷Ⅲ、卷Ⅳ）中集此前这方面学说之大成。

卷Ⅲ先谈到获取精确出生时刻的困难，而这是以后一切推算的基础。至于准确得知受孕时刻自然更为困难。确定这些时刻都要依靠天文观测，使用星盘和时计，被特别提到的是水钟（water clock），但托勒密认为精确程度不够，虽然受孕时刻和分娩时刻都应注意，但托勒密认为分娩时刻更重要：

> 受孕事实上只是精液导致了繁殖，而出生是人本身——因为婴儿在分娩的那一时刻，会获得许多在子宫里不能获得的特性。

这些所谓在出生时刻获得的特性，就是日、月、星辰对人的影响。

接下来详细论述算命天宫图的构成与排算。托勒密认为一个好的星占学家能够从中发现许多信息，这些信息中的一个重要组成部分是其人的体质特征。举两例如下：

当土星位于出生时刻天宫图东侧时，这个婴儿将来会是：

> 黄肤色、好体格、黑色卷发，宽阔而坚强的胸膛，常规眼睛，身材匀称，气质是湿与冷的混合。

而如果土星位于西侧，则是：

其人形象黑暗,瘦弱单薄,头发稀疏,身上无毛,体形悦目,眼睛为暗黑色,气质的主要成分是干和冷。

这类纯属算命看相之流的文字,出于曾写了《至大论》《地理学》《光学》这些不朽的数理科学著作的托勒密之手,而且还以认真的态度陈述着,在现代人看来真是难以想象,然而这在古代却是事实。

一生的疾病也能从天宫图中看出,但更玄妙的是对其人心灵、思想倾向和特征的预言。这类预言依据的重点是黄道十二宫的"主""定""移"三类宫(见本书第二章第三节二)的位置。例如"主宫"(白羊、巨蟹、天秤、摩羯四宫)的作用是:

通常倾向于使心灵对政治感兴趣,会使其人投身于公共事务或动乱;好大喜功;醉心于神学;同时,其人是机巧的、敏锐的、好奇的、别出心裁的、深思的;还会致力于研究星占学与占卜术。

关于四"定宫"(金牛、狮子、天蝎、宝瓶)和四"移宫"(双子、室女、人马、双鱼)的作用,也各有一番模式相同的说法。

当然,行星也对其人性格的形成起着巨大作用。例如,在算命天宫图中,土星与金星位置的意义有某些关联,如果该两星处于"贵格"(指土、金两星恰处于能"感应"的一宫之内),则此时降生者将是:

不好女色;有支配欲;喜好孤独,城府甚深;无视等级;对美丽无动于衷;忌刻善妒,不喜社交;见解卓越;酷好占卜、宗教和神秘主义,渴望神职,对宗教热忱盲信,恭敬有加;平日正襟危坐,虔恭沉静,醉心学问,信任友谊,禁欲自制,三省吾身,谨慎周密;小心对待来自女性的友谊。

相反，若是土星不能与金星相互配合，处于不好的位置上，它将使人：

> 肆无忌惮，淫荡好色，亲身参加粗鲁下流无耻之事，乃至淫猥有罪的性交；对妇女不忠诚……亵渎神灵，嘲骂圣洁的宗教礼仪。

这类话直到中世纪和文艺复兴时期的欧洲神秘主义著作中，仍时常可见。

在《四书》卷Ⅳ中，托勒密继续阐述算命天宫图的各个方面；辨识婴儿未来的健康状况；预言他的社会地位和职业；他或她未来的婚姻情况，乃至对于性的态度。例如，如果火星远离金星和土星，但同时又靠近木星的话，就会使此时降生的人"在性交时纯洁有礼，倾向于只着眼于此事的自然用途"——按照西方古代的禁欲主义学说，性交的"自然用途"是受孕育儿；若着眼于享受两性欢合时的愉悦，即为可耻有罪。这种观念在中世纪基督教会和公元10世纪以后的中国也都有一定的受众。又如，要是火星得到金星的"支持"，此时降生的人就很难救药了：

> 放荡邪侈，人欲横流，为填欲壑，不择手段。

诸如此类。虽然各种情况下的算命天宫图所"蕴含"的信息各有不同，但据此进行预言的模式则大致相似。

三、《四书》的历史影响

《四书》集希腊化时代星占学之大成，它在西方星占学史上的地位，确实可与《至大论》在西方天文学史上的地位并驾齐驱。托勒密曾从他的前辈、希腊天文学家希巴恰斯那里继承了许多宝贵遗产，他自己在《至大论》中也毫不讳言。希巴恰斯最重要的天文学遗产之一是那份恒星表，现今保留在《至大论》卷Ⅶ、卷Ⅷ中的恒星表，被认为就是希巴恰斯星表的改编版。而希巴恰斯，据说老普林尼（Pliny）经常援引他的著作，因为"没有任何人比他做了更多的工作来证明：人与星是有关系的，我们的灵魂是天的一部分"。似乎他也是一位大星占家，也确实有一篇古代论文，以几种手抄本的形式流传至今，文中专论黄道十二宫的星占学意义，而题为希巴恰斯撰，不过现代学者认为这只是伪托的。

《四书》在托勒密生活的时代即已产生广泛影响，而且这种影响在他身后持续了许多世纪。好些有名的星占学家，如希巴恰斯（底比斯的），保罗（Paul，亚历山大城的）以及尤里乌斯·菲尔米库斯（Julius Firmicus）等人，都引用《四书》，并将此书视为最基本的第一手星占学资料。

《四书》为此后1900年间的西方星占学的理论和实践提供了标准模式。这里我们分析一个例子，可以很生动地说明这一点：图8是《四书》中一幅算命天宫图实例，令人惊奇的是，直到1300年之后，欧洲的算命

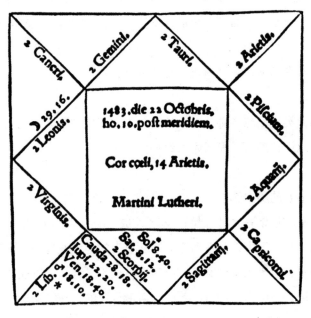

图8 《四书》中的算命天宫图

天宫图仍然遵用与此完全一样的标准形式——正方形，外圈标有黄道十二宫符号（这里12个符号与今日全球天文学界通用的符号几乎没有两样）；圈中的12个三角形即黄道十二宫，日、月和五大行星各在何宫几度，往往也在这里标出；中间的方形里，通常记载着天宫图主人的姓名及出生年月日期之类。

《四书》对西方星占学的影响之持久是惊人的——直到今天，仍有星占学家阅读此书，从中获取灵感并寻找理论根据。对于那些不甚务实而喜欢以神秘主义眼光看待事物的人来说，托勒密的《四书》或许显得有些枯燥，不那么才华横溢。但是，托勒密孜孜不倦追求的是简洁明快和确定性，这与他在《至大论》中的风格是相似的。况且，《四书》有不少章节，今日读起来仍颇有现代气息。

第四章　罗马帝国：围绕着皇冠的星占学

> 多少星占学家，在提前很久就预告了别人的死期之后，也已死去。
>
> ——古罗马皇帝马可·奥勒利乌斯（Marcus Aurelius）

第一节　星占学中的罗马人色彩

就星占学本身的发展而言，罗马人几乎没有做出过什么重要贡献。但是在世界性的罗马帝国中，星占学长期广泛流行，因而在西方星占学体系中，仍不可避免地留下了不少罗马人特有的色彩。

罗马人与其他古代民族一样，对于天球、星象、星神之类与星占学有关的事物，很早就感兴趣。公元前212年，古罗马统帅马尔赛鲁斯（Marcellus）征服叙拉古王国（Syracuse），他属下的士兵在破城时残暴杀害了著名数学家阿基米德（Archimedes）——当时后者正在演算一道题目，要求士兵等他算完再杀，这个故事尽人皆知。然而，马尔赛鲁斯本人却从这位遇害的数学家家里拿走一架天球仪，当作战利品带回罗马，而且还十分珍爱。不过，罗马人的主要兴趣仍在星占学的应用方面。

那种将黄道十二宫与人体各部位一一对应的方式，据说最早见于公元5世纪的一份拉丁文抄本上（这抄本被认为是从希腊文本转译而来）。本书图9的制作年代虽然晚得多，但仍完整地反映了这种对应。图9中的

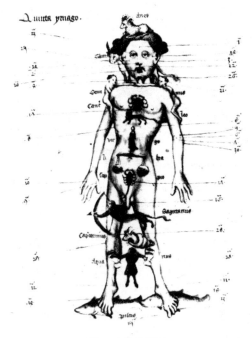

图9　人体黄道图

星占学家，从头至足依次为：白羊宫（头顶），金牛宫（右颈），双子宫（两肩），巨蟹宫（锁骨下），狮子宫（胸前），室女宫（腰带正中），天秤宫（腰带两侧），天蝎宫（右腹），人马宫（左腹），摩羯宫（右膝），宝瓶宫（右小腿上持瓶女子，瓶正向外倾水），双鱼宫（右脚上）。这种对应又很自然地与星占医学联系在一起，让十二宫各自"统治"该宫所在处的人体器官或内脏，比如天秤宫，它"统治"人的两肾，等等，其余可类推。

罗马人与古代埃及人、希腊人一样，喜欢将本民族神话中的神和英雄与天上的行星和星座对应起来。将五大行星与五位著名神祇对应，就是一个鲜明的例子，这五位神祇的拉丁名字至今仍是全世界天文学界通用的行星名称。当现代天文学又发现了另外三颗行星时，天文学家们决定遵循罗马人留下的先例，继续使用罗马神话中的神祇来命名。五大行星的拉丁名称及对应的神依次是：

水星：Mercury（墨丘利），旅客、商人，甚至盗贼的保护神，又是诸神的使者。

金星：Venus（维纳斯），众所周知的爱与美之女神。

火星：Mars（马尔斯），战神。

木星：Jupiter（朱庇特），众神之主，相当于希腊神话中的宙斯；同时还是光明之神、雷电之神、护军之神、胜利之神。

土星：Saturn（萨图恩），农耕之神；先前也曾经是罗马人的主神，后来让位给朱庇特。

后来发现的三颗行星，命名也循此例，顺便在此一并叙出：

天王星：Uranus（乌拉诺斯），此神是地球之神盖亚（Gaia）女神的丈夫，既与地球相对偶，中译名就定为"天王"。

海王星：Neptune（尼普顿），海神。

冥王星：Pluto（普路托），冥王，与中国人所熟悉的"阎王"相对等。

将自己民族的诸神与五大行星对应命名，当然不是为了好玩，而是出于星占学的考虑。因为这样一来，诸神的特长、司职、性格乃至性别，都可随着该神对应行星的运行而与尘世事务附会在一起，再由此参照、综合、平衡，星占学的花色就可大为丰富。对此，著名文化人类学家泰勒（E. B. Tylor）有很好的论述：

> 把著名的神的名字分配给各个行星，因此，诸行星就具有了与神同名的特性。例如，水星跟旅行、商业和盗窃发生了联系，金星跟爱情有联系，火星跟战争有关，木星与力量和"健爽"有联系……[1]

---

[1] 爱德华·泰勒：《原始文化》，连树声译，上海文艺出版社（1992），第139页。

我们从前面各章所引述的一些占辞实例，不难看到古代星占学家正是广泛运用这类联系来立论的。各民族的神祇及诸神的特性虽各异，但思路是非常相似的，不独罗马人如此。

以神话来丰富星占学是一方面，另一方面，罗马人也很热衷于用星占学去丰富、装饰他们的万神殿。流传至今的各种十二宫图形、星神雕像等实物，生动地说明了这一点。罗马神话中的诸神又与黄道十二宫一一对应，例如：朱庇特对应的是金牛宫，相邻的双子宫与维纳斯女神对应，而与室女宫对应的则是谷类女神刻瑞斯（Ceres），摩羯宫由握着三叉戟的海神尼普顿掌管……

罗马人使用的星占学，纯然属于生辰星占学一路，而且又特别注重从算命天宫图中推算、预言人的死期，其次是该人的权位极限（比如有无登基为帝之望），为此罗马星占家十分重视一个人出生时的"诞生之宫"（natal sign，或可译为"命宫"）。"诞生之宫"的定义是：当某人诞生的时刻，黄道十二宫中恰好在东方升上地平线的那一宫。在给定时刻之后，哪一宫在此时升上东方地平线，当然用不着依靠实际观测，只消由方位天文学的有关公式推算即可得知——我们已经知道，许多算命天宫图都是事后排算的。

在西方星占学发展史上，罗马人留下的色彩，比较明显和突出的就只有上述几点。他们最主要的表现，则是将星占学广泛用于无休无止的政治阴谋之中。

第二节　皇帝身边的星占家

一、伴君如伴虎

我们前面曾提到过，亚历山大大帝将星占家扔下悬崖，以证明星占家不能预言自己的死期，到了罗马帝国时代，这种君王与御前星占家之间性命交关的钩心斗角，又出新招。

提比略是罗马帝国第二个皇帝（公元14—37年在位），他登基之前，曾去罗得岛，遇到著名星占学家色拉西洛斯，向他学习了迦勒底星占学。名师出高徒，相传提比略也学得道行不浅。后来提比略登位为帝，他的这位星占学老师就长期充任御前星占学家，晚年位高权重，颇享尊荣。

不过，色拉西洛斯能在提比略这样一位皇帝身边安居数十年，绝不是一件容易事。既然这位皇帝自己也通晓星占学，想必不会不知道古时亚历山大大帝杀害自己星占学老师的传说，因此常喜欢做一种残忍的试验。提比略在一座高山上俯临大海的断崖处修建了一所密室，每当他想要考验一位星占学家的本领和忠诚时，就令一位身强力壮而又目不识丁的奴隶将星占学家带到那所密室中，然后与星占家谈话。如果星占家的对答不能使他满意，他就下令让那奴隶将星占家扔下大海处死。有一天，这样的试验也降临到色拉西洛斯头上。起先，色拉西洛斯对帝国和一些未来事件做了高妙的预言，使皇帝印象深刻。然而皇帝接下来就问，他是否为自己算过星命，吉凶如何？色拉西洛斯不愧为此道高手，一听就意识到皇帝可能已对自己动了杀心，他当时的反应，据著名的古罗马历史学家塔西佗的记载，是这样的：

> 特拉叙路斯（即色拉西洛斯）画了一个星位和星距的图之后，在开头停了一会儿，然后他就表现出了害怕的样子：他越是仔细地推算，他就越是感到惊恐、战栗。最后他就说一个虽未最后确定却又几乎是致命的危机逼临到他的身上来了。[①]

他这样的措辞，使皇帝息了杀念，立刻上去拥抱了他，称赞他既能预见危机，又能摆脱危机，确实有神明相助。色拉西洛斯从此大得皇帝的宠信。

上面这幕君臣间钩心斗角的场景，很容易使人联想到一千多年后，

---

① 塔西佗：《编年史》，王以铸、崔妙因译，商务印书馆（1981），第287—288页。

法王路易十一（Louis XI）和他的星占家之间的另一场同类较量，不妨也顺便略述于此。这位星占家曾预言法王宠幸的某贵妇人的死期，贵妇人届时真的去世，法王不悦，迁怒于星占家，想杀之以慰芳魂。于是传令星占家进宫，并令侍卫武士一听到号令，就上来将星占家捉住，塞入袋内，抛进河里。星占家进来时，法王问："你这位能干的先知，既能推断别人的命运，那请即刻告诉我，你自己还能活上几天？"法王的做法，从提问方式到处死星占家的手段，都明显是罗马皇帝提比略与色拉西洛斯之间故事的翻版。不料这位星占家的反击自卫更为明快，相传他当时立刻回奏说："天上的星象显示，我会比陛下早三天死亡。"法王一听，就没有发出令武士动手的号令，而且据说此后一直十分关心这位星占家的健康状况。

从常情常理来看，后面那个故事中的传说成分更多一些。但是在君臣百姓都相信星占学的古代，那位星占家的回答确实也有可能阻吓法王，使之回心转意。总的来说，古代这些供奉御前的宫廷星占学家，固然不乏权势和荣耀，但生命危险也时时伴之而来，正如中国的古语所说：伴君如伴虎。

二、皇位和皇帝死期的预言者

盛行于罗马帝国的星占学，成为无数宫廷政治阴谋中必不可少的工具，则当时的星占学特别注重预言如下两项内容也就全在情理之中了：当今皇帝何时"龙驭上宾"？谁有登上帝位之望？因为显然，这两项内容是围绕帝位继承的一切阴谋中最关键的。

奥古斯都（本名Octavius Caesar，即屋大维）在罗马共和国末期内外交争的局面中崛起，最终成为终身独裁者，由元老院上以尊号，称奥古斯都，后世将他作为罗马帝国的第一任皇帝。他年轻时，曾匿名造访当时的一位星占学家西奥吉恩（Theogenes）——权势人物匿名前去算命是古今中外都常见的，不料他刚把自己的出生时刻说出，西奥吉恩立即起身拜倒在地，因为他从来访者的算命天宫图中看到了罕见的大贵之格。这种传奇故事在古代中国也不乏同例，不过我们切不可就此轻易相信生辰星占学真有如此神奇。对于这些职业星占家来说，收集、打听当时权势人物、贵族名流的生辰时刻是他们业务成功的秘诀之一，因此当这类人匿名来访时，星占家可能早已知道其人真实身份，只是不去说破而已。然而对于历史上的名人，人们普遍有将某种神秘预言与之附会的倾向，我们在后文还将谈到著名天文学家开普勒——同时也是17世纪时驰名欧洲的大星占学家——为一位匿名贵族算命的事例，当时其实开普勒已经知道此人是谁。

上面那个故事还有余波：奥古斯都因为星占家这一拜，相信自己将要贵不可言，竟公布了自己的算命天宫图，想是企图昭示天下，自己终将登上大位。此举在当时是有点惊人的，因为在普遍笃信星占学的时代，人们通常不愿让太多的人知道自己的算命天宫图，以防别人预先知道自己的未来命运。不过据说奥古斯都公布天宫图时做了修改，将自己的命宫由摩羯宫改成了天秤宫。

到了卡利古拉（Caligula）皇帝即位时，他下令禁止星占学家查考和议论皇帝的算命天宫图。谁知竟有一位大胆的星占学家——来自埃及的阿波罗尼奥斯，非但不遵禁令，反而明确预告了皇帝去世的日期。皇帝闻之大怒，下令将星占学家逮捕押送罗马，并扬言要在他预言的皇帝去世之日将他处死。然而不知什么缘故，皇帝又下令将处死之日延期；但是更为令人惊奇的是，处死星占家的日期未到时，卡利古拉皇帝却在公元41年1月24日遇刺身亡——正是阿波罗尼奥斯预言的皇帝去世之日！

上面的故事，当然也可能是星占学家后来附会杜撰出来的。我们不必视之为信史，只从中看当时帝国宫廷中星占学盛行的情况即可。在无休无歇的阴谋中，皇帝和宫廷星占学家都常常处在"死"的阴影之下。下面一个事例更生动地展示了这一点。

星占学家曾预言，图密善（Domitian）皇帝将来必死于铁——意即不得善终，将死于刀剑之下。为此这位皇帝笃信各种星占原理和预言，力求能免祸善终。后来，出现了一个更为明确的预言：皇帝将死于公元96年9月18日。惊恐万状的皇帝从17日起就召集卫兵，严加戒备，等待着那个"月亮运行到宝瓶宫，沾上血污"的时刻到来，同时，皇帝将传播预言的星占学家唤来，问他能否知道他自己将会是什么样的死法。星占家回答说，他知道自己将被狗撕成碎片。皇帝下令将他处死，并用火焚烧尸体（偏让他换个死法）。谁知一场突如其来的雷雨烧灭了火堆，而一群狗却跑来将尸体大嚼。18日清晨，又一位与此事有关的星占家被用铁链锁押到皇帝面前，皇帝下令也将他处死，但立刻又下令死刑延期24小时执行，他要让星占家看到预言的破产——过了18日，他图密善皇帝仍然活着。

这一天对这位皇帝来说是不折不扣的度日如年，他不断地叫仆人去察看时辰是否已到，最后这个仆人不胜其烦，就报告说时辰已到，于是皇帝如释重负，前去洗澡。这时一个打算谋杀皇帝的阴谋者，问皇帝是否要在洗澡时听他朗读一些东西（休息时听人朗读是罗马贵族社会中流行的做法），皇帝接受了他的殷勤。结果这个阴谋者却拔出一把短剑，在浴室中刺入了皇帝的胸膛。图密善皇帝最终还是死在刀剑之下。

这类被记载下来的星占学预言，通常总是有着应验的结局，但我们同样不可就此相信星占学家真能洞见未来，因为历史上不应验的星占学预言肯定也很多，但人们对此就不一定有兴趣去记载了。这种情况在古代中西方都同样存在。塔西佗在他著名的史学著作中对待这类星占预言的记载，就是当时罗马人对这一问题所持态度的例证。这里再举其中两例，以见一斑。

加尔巴（Galba）晚年才登上罗马皇帝之位，但在位只有短短半年（公元68年6月—69年1月）。他年轻时，曾是提比略皇帝的部下。提比略曾对他说："加尔巴啊，总有一天，你也会尝到掌握统治大权的滋味的！"塔西佗认为这表明提比略已经预见到他将会登上帝位但又为时甚短，这是提比略皇帝自己也精通星占学的缘故。

尼禄（Nero）是古罗马著名的暴君，乖戾凶残，恶名昭著。他母亲阿格丽品娜（Agrippina）也是帝国历史上有名的惹是生非的女人。她曾请星占学家为其子尼禄算命，星占学家告诉她：尼禄可以当上皇帝，但他为帝之后，会弑母！据说阿格丽品娜当时表示："只要是能做皇帝，杀就杀吧。"后来她真的被尼禄下令杀死。

塔西佗之所以热衷于在他的著作中记载这些事情，主要是因为他本人十分相信星占预言，他曾写道：

> 大多数的人很难摆脱这样一种信念，即一个人的未来在他出生之时便被确定了。但是预言之有时不能应验，乃是由于不老实的预言者乱讲他并不理解的东西，这样预言的信用就被玷污了。实际上，在古代以及在现代，都有许多极突出的证据证明了预言的正确。①

他认为关于尼禄为帝及弑母的星占预言，就是这种"极突出的证据"之一。他所说的"现代"，则正是他本人所生活的罗马帝国时代。

三、干预皇位继承人选

阴谋家希望预知当今皇帝何时死去，以及谁有为帝之望；野心家除了同样关心上述问题外，还关心自己有无当上皇帝的命运。既然这些人都要借助于星占学，那么我们不难推想，在位的皇帝在考虑自己的继承人选时（罗马帝国的皇帝很少父子相传），很可能会听取星占学家的意见，以决定谁是合适人选。事实上正是如此。

提比略皇帝对于自己的继承人卡利古拉似乎不太满意，他一次又一次地与色拉西洛斯讨论继承人问题。而色拉西洛斯却早已被卡利古拉争取过去，成了他继承帝位的支持者。于是色拉西洛斯每次总是对提比略说：卡利古拉根本无须被立为皇位继承人——此人当皇帝的机会太多

---

① 《编年史》，第288—289页。

了，简直轻而易举。他就这样帮助卡利古拉保住了皇位继承人的地位，并最终真正当上皇帝。当然，卡利古拉后来的悲惨下场，我们就不知道他是否也曾预见到了。而那位提比略皇帝，自己在星占学上的造诣既已高到可以预见加尔巴未来短暂地为帝，在卡利古拉的问题上又何以拿不定主意？这些问题都不可去认真究诘——归根到底，星占学在本质上是一种伪科学，又何况古人的记载难免缺乏科学性。

哈德良（Hadrian）也是罗马帝国历史上比较著名的皇帝之一。他即位前受过良好教育，熟悉希腊和罗马文化，又自少年时代起就对星占学大感兴趣，本人也是一个够格的星占学家。而且星占学家曾预言他有朝一日必能登上皇帝之位。

在罗马帝国诸帝中，自身的算命天宫图被流传至今者，哈德良当是第一人。他的算命天宫图至今尚保存有几种抄本。由该图可知，他出生时，太阳、月亮和木星都在宝瓶宫，土星和水星在摩羯宫，金星和火星则在双鱼宫。这是有着力争上游、傲慢顽固、贤明公正、不拘常例等秉性的贵格。有趣的是，月亮在宝瓶宫这一点，按照星占学中的传统说法，正兆示着此人热衷于星占学。

相传哈德良皇帝星占学造诣之高，足可洞见未来各种事件。每年元旦那天，他都要将此后12个月中将会发生的大事（都是他洞烛机先预见到的）逐一写下来。他对自己死期的推算更是精确到小时。

公元136年，哈德良皇帝病将不起，当时皇位继承人选主要有两人：一个是韦鲁斯（A. Verus），他是已册立的法定继承人；另一个是富斯科（P. Fuscus），依据此人的生辰，星占学家也断言他有继承皇位之望。虽然韦鲁斯是个体弱多病之人，当他被册立时，连致答词的气力也没有，哈德良却一意要立他为皇位继承人，理由是他的算命天宫图表明他是长寿之人。当时有一位星占学家从旁指出，哈德良皇帝对韦鲁斯算命天宫图的推算有错误，但被皇帝斥退。然而，韦鲁斯最终却死在哈德良皇帝的前头。不过他死后，竞争对手富斯科并未能乘虚而进，反而被排除在候选人之外。皇帝转而立安东尼·庇护（Antoninus Pius）为继承人，但有一个条件，即庇护必须预先确立皇帝所指定的两个青年为下一任皇位继承人。这两青年中有一个就是后来著名的马可·奥勒利乌斯皇帝，我们后面还要谈到他。

在哈德良皇帝的继承人之争中，星占学家起的作用同样是极大的——特别是考虑到哈德良本人就是一个星占学家。这些事例都是当时罗马人普遍相信星占学对选择皇位继承人有指导作用的反映。类似的事例还有不少，比如在拥立内尔瓦（Nerva）皇帝即位时，罗马元老院的元老们就宣称，他们已经考察过内尔瓦的算命天宫图，确认他是合适的人选。又如前面提到过的奥古斯都公布自己的算命天宫图之事，显然也是出于同样的想法。

四、参与宫廷阴谋和叛乱

星占学家既被认为能够预知未来，断人生死吉凶，则在当时人们普遍相信星占学的时代氛围中，这些星占学家成为各种阴谋家、野心家罗致、咨询的对象，也就不奇怪了。另一方面，星占学家当然也希望能够借此牟取权势和富贵。双方的这种契合，使得星占学及星占学家都深深卷入罗马帝国的各种宫廷阴谋之中而难以自拔——即使这常常给双方带来杀身之祸也毫不顾忌。

在这些阴谋中，算命天宫图常成为焦点。塞维鲁（Severus）在皇位之争中获胜，登基为帝，在装饰他的新宫时，他下令将他本人的算命天宫图绘在寝宫室顶上，但又不准过于详细精确，以免泄露他的生辰时刻。他既要炫耀自己的算命天宫图以示"天命在兹"，又怕别人利用天宫图来谋害他。然而，任凭他这样谨小慎微，还是有许多反对他的密谋者。为此他先后下令处死过许多人，其中甚至包括他本人的朋友在内，罪名是：向星占学家去咨询什么时刻行刺皇帝最合适！

卡拉卡拉（Caracalla）是谋杀了自己的弟弟之后才争得皇位的，为免祸计，他也笃信星占学。一个又一个星占学家被招来，以备皇帝顾问。然而其中不少人竟说皇帝寿命不长，并预言说，一位罗马军队的司令官马克里努斯（Macrinus）将成为皇位继承人。对于这样的"妖言惑众"，皇帝当然不能容忍，这些星占学家被分别用不同的酷刑处死。令人稍感奇怪的是，当这些星占学家冒死直言的时候，他们身上似乎也泛出了某种"职业道德"的色彩。不过在皇帝看来，这正是星占学家与阴谋者串通一气的证据。

潘梅涅斯（Pammenes）是一个交游广泛的星占学家，即使在他获罪被流放后，依然门庭若市，不断有来自全国各地的使者前去拜访他，有一位失意贵族还每年定期送钱给他——意在请他常年提供星占咨询。潘梅涅斯的这些行止被另一个流放到当地的贵族注意到了。此人曾因写侮辱尼禄皇帝的下流诗篇而获罪，现在他急于通过告密而设法恢复宠信，为此他与那位星占学家结成朋友，然后从星占学家的文件夹中窃取了关于两位失意贵族的生辰和流年的星占计算资料，再向皇帝告密，说这两位贵族"有夺取帝国统治大权的阴谋，他们正在仔细占算他们自己的命运和皇帝的命运"。于是他立即被召回罗马，那两位失意贵族立刻大祸临头，"被认为不是受到控告，而是已经被判了罪"，分别被皇帝的使者迫令当场自杀。①

从上面这些例子可见，结交星占学家是一种非常危险的举动，随时都可能招来杀身之祸。如果政治上没什么野心，应该力避瓜李之嫌，尽可能不要与星占学家扯在一起才好。但是在当时的氛围中，几乎人人都或多或少相信星占学，想预知未来以求避祸求福的动机，又促使人们不断去听取星占学家的意见，在这一点上，政治阴谋家与其他人是一致的。执政官利博（S. Libo）想组织反对皇帝的事变，要去请教两位星占学家，结果三人一同被捕；而出身名门的一个贵族女子（她一度还是奥古斯都孙子的情人），仅仅因为对星占学感兴趣，去咨询了星占学家，结果也遭流放。这些人本想避祸求福，结果反而因此招祸。

在罗马帝国时代，篡弑频仍，皇冠和帝座上都沾满鲜血。皇帝们大

---

① 《编年史》，第576—577页。至于那位星占家潘梅涅斯的下场，想必也是十分不妙了。

都惊恐不安，在谋杀的阴影下度日，这使他们对星占学形成又爱又怕的心理。爱是因为要指望星占学预知危机，好防患于未然；或炫耀天命，让大家承认帝位理应归于自己。怕是因为几乎所有的阴谋家也以星占学为利器——利用大众对星占家的迷信，使预言成为阴谋活动的组成部分。比如前述星占学家对图密善皇帝死期的预言，他们很可能是知道刺杀皇帝的密谋的，后来皇帝也果然死于他们预言的日子，这显然会给人以"皇帝命中注定该死"的错觉，而这正是弑君者们希望看到的。所以皇帝处死这些星占学家，怀疑他们与阴谋者通同一气，在许多情况下可能并不算太冤枉他们。

如果说星占学家参与宫廷阴谋可以算是参与叛乱的话，那么更有甚者，是由星占学家亲自揭竿而起，发动叛乱。比如，早在帝国成立之前，就有攸努斯（Eunus）领导的西西里奴隶叛乱，此人被认为是一个星占预言家，由于据说他能预见未来，罗马当局镇压叛乱时还力图将他生擒活捉。稍后西西里又有阿塞尼奥（Athenio）领导的叛乱，此人更是一个职业星占学家，他宣称由行星天象揭示，他本人当成为西西里之王。这些叛乱（或被称为"起义"）都以失败告终。

第三节　星占学风靡上层社会

一、星占学的影响

相传罗马人自己最早的星占学家，当数菲古卢斯（P. N. Figulus）。他是一位贵族，曾做到执政官之职，被认为是罗马最早的星占学校的核心人物。后来当恺撒的权力崛起时，他遭到放逐。他的同事瓦罗（M. T. Varro）是罗马历史上的名人，也是一位醉心于星占学的作家，热衷于用星占学去解释历史。为此他专门为罗慕路斯（Romulus）（传说中罗马城的建造者）排算了算命天宫图。此举被认为是为历史人物排算天宫图的最早例子。又据西塞罗记载，塔鲁提乌斯（L. Tarutius）步瓦罗的后尘而又"出新裁"，为罗马城的诞生排算了天宫图，据说罗马城诞生的时刻，正值月亮位于天秤宫，"这一事实明确无误地预示了我们的命运"。不过这类天宫图的"降生时刻"只能依据神话传说，不会有确切的值。

在帝国确立的前夜，罗马共和国的上层人物已经广泛表现出对星占学的兴趣。瓦罗的《论学术》(De disciplinus) 一书中，有一章专论星占学。此书后来一再被罗马作家引用。雄才大略的恺撒虽然并不笃信星占学，却也喜欢谈论和利用之。他选用金牛图案作为自己军团的旗帜，被认为是着眼于星占学意义。他本人也写过《论星宿》这样的著作，不过未能传下来。

由于恺撒遇刺身亡时的奇异天象以及星占学家对此做出的种种预言（详见本章第三节二），使得奥古斯都认识到星占学家能够对谁获得政权施加相当的影响，而当时星占学家们又大都倾向于他的政敌安东尼，以致奥古斯都设法与他人合谋，下令驱逐罗马城中的星占学家和其他术士。这种事在罗马发生过不止一次，例如，在克劳狄皇帝在位的公元52年，元老院也曾发布过一道严峻法令，要将星占学家从罗马驱逐出去。不过这类法令大都没有实际效果，因为在那个时代，信奉星占学的罗马人实在太多了。

说到当时罗马上层社会对星占学的兴趣和信奉，人们可以开列出许多名传后世的罗马人物的名单，像维特鲁威（Vitruvius，著名建筑工程师，《建筑十书》的作者）、贺拉斯（Horace，著名诗人）、维吉尔（Virgil，著名诗人）、普洛佩提乌斯（Propertius，古罗马诗人，以爱情诗著称）、奥维德（Ovid，《变形记》和《爱经》的作者）等。

星占学对罗马上层社会的影响，还有一个方面，即星占学家们不仅卷入宫廷的权力之争，还对罗马贵族的公私事务施加影响，并尽力使自己跻身于罗马上层社会。这方面仍可以前面提到过的著名星占学家色拉西洛斯为例。在整个提比略皇帝在位期间，色拉西洛斯一直有着巨大的影响力，除了前述对皇位继承人选的左右之外，还对皇帝的施政产生影响。例如，在皇帝晚年离开罗马（直至去世未再返回）这件事上，色拉西洛斯就确实起了很大作用。此外，贵族们的私人事务，也会向他咨询。例如，皇帝的宠臣、执政官塞扬努斯（Sejanus），与皇帝的儿媳（德鲁苏斯［Drusus］之妻）坠入狂热的恋爱之中，据说这对恋人也曾为他们此举向色拉西洛斯请教吉凶。虽然色拉西洛斯是否插手此事难以确定，但德鲁苏斯早就对这位星占学家广泛的影响力感到妒火中烧。

星占学家虽然成为罗马贵族罗致、咨询的对象，并参与密谋，出入宫禁，但他们自己的身份，毕竟只是术士之流，相对来说是很低下的，与罗马贵族不可同日而语。但色拉西洛斯竭力设法跻身上层社会，他不但获得皇帝的宠信，也尽量讨好别的罗马贵族。他的长期努力最后终于收到成效，他和他的妻子被皇帝授予"罗马公民权"（Roman citizenship，对于帝国境内的归化之民来说，这是难得的殊荣），而他的两个女儿都嫁给了罗马骑士，这表明罗马贵族社会在一定程度上已接纳他为平起平坐之人。

二、天象迷信

天象迷信可以说是星占学的理论基础，两者通常都相伴出现。在星占学盛行的罗马帝国，天象迷信的事例也可以见到许多。

不妨仍从恺撒说起。在他遇刺身亡（公元前44年）之前，就有星占家对他做过预言忠告，不过他不大信这一套。但他遇刺之日，适有大彗星出现，连续七夜清晰可见，这为星占学大做文章提供了绝妙题目。出现各种说法，有的说此大彗星兆示恺撒之不朽；稍后的罗马著作家如普鲁塔克（Plutarch，《希腊罗马名人传》的作者）、卡修斯（Dio Cassius，公元2世纪的历史学家，《罗马史》的作者）等人则注意到星占学家事前的预言；而奥维德在《变形记》（Metamorphoses）中对此事的描述更是充满诗人的想象力：

> 维纳斯女神自苍穹飞降，立于元老院的人群中，但没人能看得见她。她从恺撒躯体内解救了灵魂，不让它飞散，而将它带上天界。但在向上飞升时，女神感到她所携灵魂化为一种神灵的质素焚

烧起来。她不得已只好任它逸出怀中,灵魂升至月球天之上,变为明星,在广袤的空间中拖着一束火焰样式的头发。

这类伟人去世时出现奇异天象的意境和传说,颇受著作家们的厚爱,也常被用来附会到别的大人物身上。比如,据卡修斯记载,当帝国的第一任皇帝奥古斯都去世时,适有一次日全食发生,还有火球炽炭自天而降,以及"若干凄惨的彗星"。这类记载的可信程度是大成问题的。

暴君尼禄,一生与星占学纠缠,结了不解缘。他出生时恰逢旭日东升,这被认为是大异之兆,他的算命天宫图也就成了禁秘之物,星占家据此做出预言,包括我们前面已经提到过的关于他将当上皇帝并弑母的预言。他自幼就受到星占学的教育,已知他的老师有三人:一位是来自亚历山大城的喀雷蒙(Chaeremon),一位是历史上著名的作家、斯多亚派哲学家、大名鼎鼎的塞涅卡(Seneca),还有一位就是一个星占学家。这三位"太傅"教到尼禄这样乖戾残暴的学生,算是倒霉透顶(塞涅卡后来就被尼禄处死)。

公元64年,正值尼禄在皇位上为所欲为的年头,又出现了一颗大彗星,引起风波,塔西佗记此事云:

> 这时在天空出现了一颗明亮的彗星。人们普遍认为这样的天象预示皇位将有变动。因此人们就开始议论谁将继位,就仿佛尼禄已经被废黜了似的。①

可想而知,尚在皇位上的暴君看到这种情况必定怒火中烧。他所宠信的星占学家巴尔比洛斯(据信即色拉西洛斯之子)也告诉他这是大为不吉的天象,将对皇帝不利,除非处死一些贵族,方才有望回转天心。这种说法正中尼禄下怀,于是他下令逮捕和处死贵族,加给他们的罪名

---

① 《编年史》,第471页。

是企图谋害皇帝,另立新君。塞涅卡也在被诬陷的人里,难逃一死。尼禄面对自己少年时的老师,只说念其旧日辛劳,赐他自尽,算是"皇恩浩大"了。

最后,还可以举一个反映对天象的迷信和畏惧广泛存在于罗马民众中的事例:一场兵变出人意料地因一次月食而平息。此事发生于公元14年冬天,也是塔西佗所记:

> 这一夜形势极为险恶,预示第二天将会发生血腥的屠杀,但是偶然的事件却带来了和平。原来月色在澄明的天空中突然变暗了。士兵们不知道这是什么原因,便认为这正是他们当前情况的朕兆:这个光辉暗淡下来的星球正是他们自身斗争的象征,如果月亮女神能重新恢复皎洁的光辉,那末他们目前走的这条路将使他们达到圆满的境地。为了使月亮重新得到光辉,他们敲起铜器,并且把各种号角全都吹了起来……最后云层把月亮完全遮住,大家就认为它永远沉没到黑暗之中去了。精神过分激动的人是很容易陷入迷信的,于是他们就哭泣起来,因为无穷的苦难在等待着他们,而他们所犯的罪过竟使得上天都不愿意再看他们了。①

上面的记载中,罗马士兵对天象迷信、敬畏的心理跃然纸上。顺便说一句,这则记载还颇有文化人类学的价值——士兵们在月食时为求月亮复明而敲打铜器和吹号的举动,无疑是一种禳祈巫术,而且与中国古代为月食所做的"禳救"仪式几乎完全一样。

第四节 对于星占学的怀疑

对星占学的怀疑,早在帝国确立之前,在罗马人统治的希腊化世

---

① 《编年史》,第25—26页。

界里就已出现。比较明显的例子可以举卡涅阿德斯（Carneades），他是希腊的怀疑派哲学家，还是柏拉图（Plato）学园的首脑之一，于公元前156年作为雅典派出的官方使者来到罗马。他对星占学理论提出了认真的怀疑，主要的看法是：首先，在婴儿诞生的那一时刻精确观测天象是很困难的，更不用说怀孕时刻了。不过我们必须承认，他在这一点上的批评其实是外行的——正如我们前面许多例子所反复揭示的，诞生时刻的天象常常是事后逆推的，当然也可以根据预产期预先推算，而这些推算所需要的数理天文学知识，迦勒底人和古希腊人早已掌握得相当好了。不过卡涅阿德斯的下一项理由就显得非常有力：许多降生于同一时刻的人却有着迥然不同的气质和命运，而许多相同遭遇的人却降生于不同时刻。这项问难直到今天仍被那些星占学的初级批评者所引用。当然，在星占学家方面，从古到今，对此不乏种种辩护解释之词。

古罗马著名的政论家、雄辩家西塞罗一直是对星占学持怀疑态度的。他曾去罗得岛，与信奉斯多亚派哲学的星占家波塞多尼奥斯（Poseidonius）交往（据说还成了此人的学生），又与我们前面说到的热衷于星占学的罗马执政官菲古卢斯友谊甚笃，但仍表示无法坚信星占学。西塞罗还在《论预言》（On divination）一文中对星占学提出八项具体的批评，其中包括"双生子"之类的老问题（双生子同一时刻降生而性格气质命运遭遇不同），以及一些新的疑问——在今天看来都不免幼稚。但此文仍被认为是早期罗马怀疑主义作品中特别冷静之作。

在罗马时代，许多对星占学的怀疑都是从哲学思考出发的。卢克莱修（Lucretius）在著名的长诗《物性论》（De rerum natura）中宣传自由意志和灵魂有死（与肉体一同死灭），认为来自天球的影响不可能有机会产生作用。而普鲁塔克则认为人类有一种强烈的天性，愿意接受各种神秘的观念，他坚决认为不存在宿命（immutable fate），因而星占学也在应予坚决摒斥之列。塞涅卡将维吉尔称为"这个自诩为熟悉天体的人"，他在引用了维吉尔《牧歌》中"寒冷的土星沿其走向运行，炎热的水星在其轨道上前进"的诗句后问道：

从这类知识中我们能得到什么呢？我是应当为土星与火星的对峙，或因在能完全看到土星的夜晚里却看不到水星而担忧呢，还是应当逐步懂得这些天体不论在什么位置都同样吉利，它们的位置是不会变更的呢？……如果是它们致使一切事件发生，那么仅仅熟悉一个不可改变的东西的过程又有什么帮助呢？如果它们能预示一切事件，那么预先知道自己无法逃脱的厄运又能怎样呢？[1]

按照斯多亚派的哲学，可以认为万事是前定的，塞涅卡上面的一系列疑问，也反映了这种观点。不过万事前定的观念，也是一柄双刃剑，它既可引申出"预知厄运也无法逃脱"这样否定星占学的理论，同时又可以如我们在前面谈到的那样直接引导到星占学理论中的"万事前定派"——只要认为厄运即使无法逃脱，能预知总比不知道好，星占学就仍然不会被排斥掉。

也有人从比较实际的角度批评星占学。例如法沃里努斯（Favorinus）就认为，星占学的预言通常总是宽泛不定、模棱两可，因而毫无意义（不过并不总是如此，由我们在前面举出的一些具体例子可见，有些星占学预言是极为明确的）。他还做过旗帜鲜明的反星占学演说，据记载，他的结论是：

星占学家所预言之事，非吉则凶。若预言你吉庆有余，你将被徒劳无益的企盼弄得可怜可笑；若预言你在劫难逃，你又将被徒劳无益的恐惧弄得可怜可笑。……所以无论如何你不应该与那些自诩能预知未来的人掺和在一起。

当然，这种雄辩式的批判，听起来似乎理直气壮，但并不足以说服

---

[1] 塞涅卡：《幸福而短促的人生——塞涅卡道德书简》，赵又春、张建军译，生活·读书·新知三联书店上海分店（1989），第185—186页。

星占学家和星占学的信奉者们。

最后,有的人虽然在理论上对星占学持怀疑态度,但行动上未必如此。比如前面提到的恺撒,一向不信星占学,但他选金牛座星象做军团旗帜,有人认为与星占学有关。此外,至少有两种为他排算的算命天宫图,都预言他一生和平幸福、安享高寿,而他实际上却在中年遇刺身亡;这固然说明星占学之谬,但同时也说明这样的天宫图不会是事后附会的(否则其中必有凶兆以示星占学之灵验),那么也就可以推测,恺撒本人生前至少也不反对让星占学家为他推天宫图,算未来吉凶。又如奥勒利乌斯皇帝,他本人是罗马时代最重要的斯多亚派哲学家之一,留下了著名的《沉思录》(*The Meditation*)一书。他也是主张万事前定的,认为万事既已前定,预知与否也就全无所谓,因此在位时也不大与星占学家交往。在《沉思录》中,他更是反复陈说宇宙永恒,人生如梦,富贵荣华都不过云烟过眼,这些话由一位皇帝嘴里说出来,自然再轻松不过。可是即使是这样一位哲人,却也未能免俗,还是让星占学家为他的两个儿子排算了算命天宫图,两子中一个夭亡,另一个继承了皇位。

第五节　星占学著作与作者

要说罗马帝国时代的星占学著作,最重要、最有名的当然要推托勒密的《四书》——我们已在前一章讨论希腊化世界的星占学时专门谈过了。除此之外,在罗马帝国时代还有一些星占学著作及其作者值得一提。

安条克的瓦林斯(V. Valens),是公元2世纪后期著名的星占学家。与他的许多同行不一样的是,他可以说是不求闻达,淡泊名利;避免卷入政治,也不追逐时髦。他有一段时间似乎是通过开设星占学校来谋生。瓦林斯注意搜集各种人物的算命天宫图,在他的著作《精华录》(*Anthologiae*)中,发表了100幅天宫图,并有对图的释读和分析,指明七政对人的命运的影响和作用,也可以说就是100例生辰星占学的个案分析实例，非常准确、实用。这部书据记载共九卷，但现已佚失，只知道它被遵用了好几个世纪，直到公元8世纪仍有人在著作中引用它。与集大成式的《四书》相比，《精华录》更为普及易懂，加之瓦林斯又常与自己同行中的竞争对手以及反对星占学的人士论战，因而在当时影响颇大。

还有一些普及型的星占学著作采用韵文形式写成，这类作品的作者有阿斯脱伦帕苏吉斯（Astrampsychus）、西顿的多罗西斯（Dorotheus）、曼内托（Manetho）、埃及人安努毕奥（Anubio）等人。阿斯脱伦帕苏吉斯留下了101则星占学格言，依照字母顺序排列。安努毕奥的著作在以后几个世纪中曾被好些星占学家引用。这些人中最有名的当推多罗西斯，他留下了星占学著作《五书》（*Pentateuch*），共五卷，专讲生辰时刻、天宫图的排算以及由此对人一生事件的预言之类。这部书从命名形式到内容安排都有着步托勒密《四书》后尘之意。

"星占医学"也在这一时期进一步发展起来。著名的医生盖伦曾在科林斯（Corinth）和亚历山大城学习，最后来到罗马，成了奥勒利乌斯皇帝及其后两朝皇帝的御医。他特别注意病人得病的时间，还要仔细考虑为病人施术时天狼星的位置。在他的一篇医学论文中，讨论了月亮和行星在黄道十二宫不同位置时对疾病及治疗的不同影响。在这方面另一位医生安提柯（Antigonus）走得更远，他发表了一部"医学天宫图"（medical horoscope）的集子，至少被后来的医生们在治病时沿用了两个世纪。

第五章　基督教会：对星占学的矛盾态度

大凡宗教，总不免要借助一些神秘主义的东西以打动人心，吸引信徒。星占学就是这类东西中的首选对象之一。有些宗教，比如佛教，特别是后起的密宗，对此采纳甚多。而基督教从兴起到逐步壮大的历程，正伴随着罗马帝国江河日下直至土崩瓦解、"古典世界"的废墟上蛮族王国林立、最终欧洲进入中世纪这样一番巨变。在古代，当社会剧烈动荡的时代，一般来说星占学本身的水准不易有什么提高（因为这需要像托勒密之在亚历山大城那样的安定悠闲环境），但它的传播及运用却常常会很广泛——在战乱动荡的年代，人命如朝露，谁能把握未来？这正是生辰星占学的大好用武之地。在这样的时代氛围中，基督教会中人对星占学持宽容乃至利用的态度，本不足怪。

然而，星占学那套仰窥天意、预卜未来的学说，却又难免与"万能的主"之类的观念不相吻合，因而星占学也不断招致某些教会人士的拒斥和批判。从总的情况来看，教会未曾将这个问题看得特别严重，基本上是两派观点共存。况且，赞成星占学的教会著作家，也很容易采用灵活手段，将星占学说与基本教义调和起来。

第一节　从"三王来拜"说起

"三王来拜"是历史上欧洲画家们屡画不厌的题材：来自"东方"

的三位国王(有时也作"博士""贤人"等)因见到了奇异星象,知道"救世主"已经降生人世,乃赶去朝拜,结果发现是耶稣降生于马厩之中。这故事详细记载在《新约全书·马太福音》的第二章开头:

> 当希律王的时候,耶稣生在犹太的伯利恒。有几个博士从东方来到耶路撒冷,说:那生下来做犹太人之王的在哪里?我们在东方看见他的星,特来拜他。
>
> 希律王听见了,就心里不安;耶路撒冷合城的人,也都不安。他就召齐了祭司长和民间的文士,问他们说:基督当生在何处?他们回答说:在犹太的伯利恒。因为有先知记着说:犹太地的伯利恒啊,你在犹太诸城中,并不是最小的,因为将来有一位君王,要从你那里出来,牧养我以色列民。
>
> 当下希律暗暗地召了博士来,细问那星是什么时候出现的,就差他们往伯利恒去,说:你们去仔细寻访那小孩子,寻到了,就来报信,我也好去拜他。他们听见王的话,就去了。
>
> 在东方所看见的那星,忽然在他们前头行,直行到小孩子的地方,就在上头停住了。他们看见那星,就大大地欢喜。进了房子,看见小孩子和他母亲马利亚,就俯伏拜那小孩子,揭开宝盒,拿黄金乳香没药为礼物献给他。博士因为在梦中被主指示:不要回去见希律!就从别的路回本地去了。

对于这段在西方家喻户晓的故事,人们当然可以见仁见智。画家们通常驰骋其艺术想象力,去表现圣母、耶稣和东方来的朝拜者,而星占学家和历史学家则从中看到了星占学与早期基督教的渊源。有的西方学者不无道理地指出:上引《圣经》中所说的几个从东方来的博士,可以认为正是几位星占学家。当然,不能排除他们拥有其他身份(比如国王)的可能,但从他们的行事来看,作为星占学家似乎是很够格的了。

"三王来拜"故事的真实性,就如关于耶稣降生的一系列其他故事一样,很难从字面上去究诘。有人颇为认真地去考证诸如东方来的博士究竟是几个(《圣经》中未记明是几个)、他们从何处来(候选的地方有阿拉伯、波斯、迦勒底、印度等处)、他们所见的天象究竟是什么(有人认为是木星与土星恰处在"合"的状况,光芒相重合,所以分外明亮——当然都只是推测之辞)等等,虽然作为"学术操练"固然无可非议,但总不免令人有舍本逐末之感。其实在这个故事中,最有意义的恐怕只是表明了:星占学与早期基督教曾有过相当密切的关系。

第二节　两种态度共存

星占学与基督教神学之间,其实没有什么难以调和的冲突。因此关于星占学可信与否的争论,并未成为教会中第一等的"大是大非"问题,这样双方就不缺乏各抒己见的余地,也不至于闹到人头落地的地步。

主张接纳星占学的教会人士,当然要将星占学与基督教神学教义调和附会。比如有一位叙利亚教士巴尔德撒纳斯(Bardesanes,公元154—222年),写过一部《关于命运的对话》(*The Dialogue Concerning Fate*)。这部书在很大程度上反映了早期基督教会对待星占学的一般态度。书中采取一种颇富实用主义色彩的观点:认为行星确实有着明显的左右尘世事物的能力,但这种能力是服从上帝意志的,是受到上帝制约的;而这制约体现在人类自由意志与自然力两方面的作用。又如,为了强调星占学及其预言与《圣经》并无冲突,一些星占图被画得充满了基督教色彩。一些著作家争论说:上帝没有什么理由不能去统辖整个黄道十二宫。再如基督教早期的异端派别之一,称为诺斯替(Gnostics)派的,则认为耶稣受难升天之后,就改变了行星对尘世的影响,甚至改变了行星的运动;因而诸行星对灵魂的塑造、对受孕成胎过程的控制,乃至对人一生的影响,都已服从上帝意志的安排了。

另一方面,教会中反对星占学的,也大有人在。其中有人所持反对理由颇为奇怪。比如公元1世纪初生活在亚历山大城的一位叫尤第乌斯（P. Judaeus）的，强烈反对那种认为行星能操控人生的星占学观点，抨击那些主张人的一生都是由天象运行所安排的星占家；而他的理由却是：他相信天上星辰都是美丽、神圣、智慧的生物，这样的生物是不会作恶，也无力作恶的，因此星辰不会像人那样去降灾于别人。

教会的卫道之士中，反对星占学的人主要有两种类型：一种是为了批判、驳斥而会去研读星占学著作；还有一种则被称为"走捷径"，即仅满足于通过阅读那些批判星占学的著作去间接了解星占学，然后去撰写自己的著作。后面这种人无疑占多数。

在早期基督教会中，反对星占学的首要人物是著名的圣奥古斯丁（St. Augustine），生活于公元354—430年。他是被称为"教父"那类人的代表和典范，又是古代基督教主要作家之一，与中世纪的托马斯·阿奎那（Thomas Aquinas）同为基督教神学的两大师。这两人都被教会封为"圣徒"。圣奥古斯丁之反对星占学，可以说坚决之至，立场鲜明，不做任何调和的尝试。在他所作三部非常著名的书《基督教义》（Christian Doctrine，又译《教义手册》）、《上帝之城》（The City of God，又译《天城》）、《忏悔录》（Confessiones）中，他都抨击了星占学。其中尤以《忏悔录》一书所论最为生动。

圣奥古斯丁早年曾信奉摩尼教，至33岁那年才痛下决心，皈依基督教会，从此成为忠实信徒。他在《忏悔录》中，以内心独白、向上帝倾诉的形式，痛陈自己早年如何误入歧途，迷信异教。其中多处谈到他先前也曾相信星占学，受其蛊惑，至皈依基督之后，方始深悟其非，转而坚决拒斥星占学。他描述自己早年时情形说：[①]

> 为此，我继续向当时名为算术家的星士请教，因为他们的推演星命似乎并不举行什么祭祀，也不作什么通神的祝告。……

[①] 奥古斯丁：《忏悔录》四卷三章，周士良译，商务印书馆（1963），第53页。

> 这些星士们都竭力抹杀你的告诫，对我说："你的犯罪是出于天命，是不可避免的"；"是金星，或土星、火星所主的"。这不过为卸脱一团血肉、一个臭皮囊的人的罪责，而归罪于天地日月星辰的创造者与管理者。

接着又谈到他自己在此事上转变态度的契机和过程：①

> 当时有一位具有卓见之士（按：此人即文提齐亚努斯[Vindicianus]，当时的名医），并且也精于医道，在医学上负有盛名……
> ……他从我的谈话中知道我在研究星命的书籍，便以父执的态度谆谆告诫我，教我抛开这些书本，不要以精神耗于这种无益之事……他说他也研究过星命之学，而且年轻时，曾想以此为终生的职业。……他的所以捐弃此道而从事医道，是由于已经觑破星命术数的虚妄，像他这样严肃的人，不愿作骗人的生涯。

然而当时圣奥古斯丁对星占学还迷恋不止，这位长者和一些其他人的劝告，他还听不进去，原因是那些星占学著作的作者权威实在太大，而且他觉得"还没有找到我所要求的一种可靠的证据，能确无可疑地证明，这些星命家的话所以应验是出于偶然，而不是出于推演星辰"。

这样的证据，后来似乎终于被圣奥古斯丁找到，他对此谈得颇为详细：②

> 我得到一个非常可靠的结论：观察星辰而作出肯定的预言，并

---

① 《忏悔录》四卷三章，第53—54页。
② 《忏悔录》七卷六章，第120—121页。

非出于真才实学，而是出于偶然；如果预言错误，也不是学问的不够，而仅是被偶然所玩弄。

……我便注意到孪生的孩子，脱离母胎往往只相隔极短时间，这短短时间，不论人们推说在自然界有多大影响，但这已不属于推算范围之内，星命家的观察绝对不能用什么星宿分别推演，作为预言未来的根据。这种预言本不足信，因为根据同一时辰星宿而推算，则对以扫和雅各应作同样的预言，可是两人的遭遇截然不同，故知预言属于虚妄。如果确实，则根据同样的时辰星宿，应作出不同的预言。所以预言的应验，不凭学问，而是出于偶然。

这里的"以扫（Esau）和雅各（Jacob）"，是《圣经》中的人物，他们是一对孪生兄弟。这种用来质疑生辰星占学的"孪生兄弟问题"，即使在当时，也已经是老掉牙了——这根本无法驳倒生辰星占学家的理论，因为星占学家从不认为人诞生时刻的算命天宫图可以决定人一生中的一切事件，所以有着完全相同的算命天宫图的（换句话说，出生于同一时刻的）两个人，哪怕是孪生兄弟，也完全可以有很不相同的遭遇。由于圣奥古斯丁在这个问题上显得颇为"外行"，后人不免怀疑，他到底有没有真正读过星占学的著作。比如，人们认为他至少没有读过托勒密的《四书》——当时最权威的星占学著作，因为《四书》中针对人们对生辰星占学的批评和诘难，做了人量振振有词的辩解，像"孪生兄弟问题"这类肤浅的诘难，根本不足以对星占学理论造成伤害。而对星占学缺乏直接了解的圣奥古斯丁却抓住了这一点就满心以为胜券在握，可以一举驳倒星占学了。接下去他就诉诸宗教热情：

那些骄傲的人，即使他们嗜奇而专精，能计算星辰与沙砾的数字，度量天体，窥测星辰运行的轨道，却找不到你（指上帝）。[①]

---

① 《忏悔录》五卷三章，第73页。

> 主啊，你是万有最公正的管理者，你的神机默运不是占卜星命的术人所能窥见的。求你使那些推求命运的人懂得应该依照每人灵魂的功过听候你深邃公正的裁夺。①

然而，尽管遭到圣奥古斯丁这样的神学权威的断然拒斥，星占学在基督教会中仍是大有市场。不少教会思想家都将星占学视为对上帝所创造的宇宙的一种展现。关于星占学及星占学家被教会容纳的例证，特别可以提到一位名叫马泰纳斯（J. F. Maternus）的著作家。此人是圣奥古斯丁的同时代人，他似乎曾读过后者的著作，但在他自己的著作中，却努力为星占学辩护。

马泰纳斯虽然接受了人类有自由意志的观点，但他强烈指出，那种认为星辰仅仅是天幕上的装潢点缀的看法，是荒唐可笑的。他在著作中构造了一条又一条的反星占学论证，然后再心平气和地逐条加以否定。他向读者表明：所有这些批评与诘难，都远远未能对星占学的基本原理构成威胁。在保存有大量前代文献的准确引文的同类著作中，他的著作可能是最主要的。他的著作本身也经常被后世两类著作家援引，一类是教会星占学家，另一类人则是想尽力减轻世俗群众因某些教会人士宣称星占学有罪而产生的忧虑，这后一类人还往往是神学家。

确实，在一些流传至今的著名古籍中——这些古籍出自基督教会的高级神职人员之手，我们可以看到不少与星占学有关的记载。这类记载足以表明，至少这些古籍的作者本人对于星占学是持接纳态度的。比如，由"加洛林文艺复兴的后起之秀"艾因哈德（Einhard）于公元830—840年写成的《查理大帝传》（*Early Lives of Charlemagne*）中，谈到通常所说的查理曼（Charlemagne，公元768—814年在位）临终前的种种不祥之兆，有如下段落：

---

① 《忏悔录》七卷六章，第121页。

> 许多怪异的现象预示着他的末日临近,他和别人都了解这种警告的意义。他在世的最后三年经常发生月蚀和日蚀,连续七天之内,太阳上出现了黑斑。……当他最后一次在萨克森进行远征……要在日出以前开始进军,他忽然见到一颗流星掠空而过,从右向左横扫晴空,光亮异常。大家正在诧异这个朕兆作何解释,他所乘的那匹马突然头朝下跌倒了,猛然把他摔在地上……①

作者将日食和月食、太阳黑子、流星等天象都视为查理曼将要不久于人世的朕兆,这正是星占学家常用的论占之法。

又如,由都尔(Tours)的主教格列高利(Gregory)撰写的《法兰克人史》(The History of the Franks,成书于公元6世纪末)中,经常记述所谓的"朕兆与异事",举两例如下:

> 正月间,暴雨闪电交加,雷声大作,树木开花。我在前面称之为彗星的那颗星呈现出以下的现象:它的周围环绕着一大圈黑色,它好像是装在一个洞穴当中,透过黑暗向外照耀,闪烁发光,光线四射。它又冒出一根非常粗大的尾巴,远远望去,好似一团火焰的浓烟。它在夜间第一时出现于天空的西方。……这一年,一场严重的瘟疫在人民中间大肆流行,大批的人由于感染各种恶性病症被夺去了生命。②

> 当时,葡萄茎上出现了新枝,上面结出了畸形的葡萄,树上见到花朵,黎明之前,有一道像烽火似的巨大亮光横扫天空,照彻大地。天空中也出现许多的光。北方呈现一道火柱,存在了两个小时之久,犹如从天上垂挂下来一般,它的上方还有一颗巨星。在昂热地区发生了地震。另外还出现了许多其他朕兆,我相信,这

---

① 艾因哈德、圣高尔修道院僧侣:《查理大帝传》,A. J. 格兰特英译,戚国淦译,商务印书馆(1979),第33页。
② 格列高利:《法兰克人史》,寿纪瑜、戚国淦译,商务印书馆(1981),第298页。

都在预示着贡多瓦尔德（Gundovald，当时一位自称"王子"的人）的死亡。①

这种将奇异天象视为灾祸或某个人物死亡先兆的观念，显然在艾因哈德和格列高利两位教会著作家笔下呈现出完全相同的形式，顺便还可以提到，这位格列高利主教估计是懂得星占学的，因为他曾写过一册《教会祈祷仪式》，这是一本专门讨论如何根据星辰运行位置以确定晨祷和夜祷时刻的书。

要说到星占学在基督教会中最大的支持者，恐怕只能推"圣徒"托马斯·阿奎那——他的神学学说被罗马教廷宣布为钦定学说，而在他那规模宏大的神学体系中，生辰星占学赫然占有一席之地。下面引录中国著名教会学者方豪对阿奎那这方面学说的概述：

> 惟渠分星占学为真伪二者，渠以为天空星宿乃天神（亦作天使）所驾御，天主借星宿之力间接发出一切地球上之需要。故天上星宿对人类肉体及人类性格，发生生克之力，因人之性格乃以人身情形为基础者。人之行动，多顺从其性格与资禀，如此，则人类行动亦间接受天上星宿之影响而转移。此种星宿对人类之影响，在人诞生时尤其重大。因此，据人之生辰八字表（按：此处意指人的出生日期及时刻，"八字表"只是借用的称呼），即可大致预断其一生未来所走之路线。譬如在火星当权时诞生者，可以预言其未来必为一战士或一倔强之人……然一人生命中之趋向，得之生辰八字者，仅系一种约略之估计，而非百无一失者。其故有二：一因星宿能力对人类发生之影响，亦与人类感受性强弱有关，故有同时受胎而产生性别不同之双生子，及同时出生之婴儿，而有不同之性格，其理由即在此。其次，则因人类有自由意志，故

---

① 《法兰克人史》，第347—348页。

人类亦能克服星宿之影响,而不受气化之牢笼。古语谓:哲人主宰星辰,此之谓也。[1]

这里特别值得注意的要点之一,是阿奎那对"孪生兄弟问题"的回击,轻而易举就使得当年圣奥古斯丁在这个问题上对星占学的攻击归于无效。这两位"圣徒"都是基督教会的神学权威,在教会神学史上堪称双峰并峙,却在星占学问题上如此针锋相对,实在耐人寻味。以两"圣徒"之权威,叫人们听谁的好呢?难怪教会对星占学的态度只能是暧昧含糊,信还是不信,大约由各人自己去看着办了。

不能小看了教会在星占学问题上的态度,正是这种态度为星占学提供了相对宽松的环境,使得对星占学——也是对天文学的研究有较好的条件在西方传承不绝,直至度过中世纪的寒夜,迎来文艺复兴和科学革命的春晓。反过来设想,如果圣奥古斯丁对星占学坚持拒斥的主张后来获得统治地位的话,那在漫长的中世纪,星占学–天文学的火炬在欧洲恐怕要微弱得多(即使不熄灭的话)。这样,人类天文学的历史,说不定会需要大大改写呢。

---

[1] 方豪:《中西交通史》,岳麓书社(1987),第1022—1023页。

第六章 走出中世纪:欧洲

> 原来星宿注明人的生死,比明镜还照得清楚,只消人们能观察出来。古来多少圣贤豪杰,都由星象预定吉凶。不过人们的聪明不够,未能完全了解罢了。
>
> ——乔叟(Geoffrey Chaucer,公元1340—1400年)

"中世纪"一词,在西方历史学家笔下是一个含义很不一致的时间段,有人将它定义为公元300—1300年,例如汤普森(J. W. Thompson);也有人定义为公元500—1500年,例如霍利斯德(C. W. Hollister);还有人认为它仅仅表示自公元800年之后的400年时间……学者们观察历史各有自己的角度和风格,见仁见智,在所难免。特别是所谓"中世纪后期"和通常所说的"早期文艺复兴时代",本来就没有判然可分的鸿沟——当西方近现代文明的"长子"意大利已处在文艺复兴的盛世之时,欧洲有些地方却还未从中世纪走出来。因此在本章的讨论中,我们将不拘泥于具体的起讫年代,只是大致从西罗马帝国的覆亡(公元476年)开始。

以前不少著作家常喜欢说"黑暗的中世纪",似乎这一时期是文明火炬奄奄将熄,一切都倒退到黑暗深渊中的浩劫年代。然而近年西方学者的各方面研究都表明,实际情况并非如此。在中世纪,文明的火炬仍在散布于欧洲大陆的各处修道院中薪火相传,知识的积累仍在慢慢地进行。而在同时，新崛起的阿拉伯人继承了早先希腊人的丰厚遗产，又辅之以自身的新创造，在科学文化上大放异彩。最后，随着中世纪晚期的大翻译运动，希腊-阿拉伯的遗产重又回到欧洲；在与欧洲中世纪知识体系交会、碰撞、整合之后，最终为文艺复兴时代的全面到来做好了准备。

当我们追踪星占-天文学——古代科学文化中非常显赫的一个分支——在中世纪的历史足迹时，就不难从一个侧面去感受和把握上面所说的历史脉络。由于星占-天文学自身的特殊性，它又与医学、文学、政治、宗教等活动密切相关。而阿拉伯人在星占-天文学方面的贡献，更是中世纪一抹耀眼的亮色。

第一节 星占学的进一步传播与发展

一、从波伊提乌到乔叟

罗马人对于星占学的迷恋，已见前一章所述。随着他们的世界帝国的崛起，罗马人也将星占学传播到了日耳曼、法兰西、不列颠……传播到欧洲各地。

西罗马帝国崩溃之后，意大利本土归入蛮族建立的东哥特王国版图之中。在狄奥多里克（Theodoric）王的统治下，罗马文明看来得到相当程度的延续。在东哥特王国的宫廷中，出了公元6世纪欧洲文化史上最重要的人物之一波伊提乌（Boethius）。他身为大臣，又是元老院议员，但是晚岁被国王监禁，后来被处决。在狱中，他写下了传世之作《哲学的慰藉》（*The Consolation of Philosophy*）。此书以对话体写成，对话的双方是波伊提乌本人和"哲学"，他自己的话用散文，"哲学"发言则用诗体。这本书名声很大，被誉为"宝典"，波伊提乌本人也常被世人推崇为虔诚的基督徒，甚至视为类似教父那样的人物；还有一些论述"三位一体"之类的神学著作也被归于他的名下（皆为伪托）。但是《哲学的慰藉》一书的基调却是"非基督教的"，里面有着泛神论之类的思想。

在那个时代大部分学者看来,星占学是整个知识体系中的一个重要成分,波伊提乌在《哲学的慰藉》中也不例外。他认为行星的运行是由"不朽的神意"所操控的,而从恒星的天球运动中,可以演绎出尘世的事务。他还赞同柏拉图的见解,认为每个行星有着自己对应的音阶,构成"天球的音乐",显示出宇宙的和谐。书中也有一些推算天球运行的细节,绘有一些在星占书中常见的示意图——不过这些内容并未为天文学增加任何新知识。这部有着星占学内容的哲学著作后来由公元9世纪末的英国国王阿尔弗列德(Alfred)译成(我想多半只是这位国王下令让别人来译)盎格鲁-撒克逊语言,后来又由14世纪时英国大文学家乔叟译成古英语——乔叟同时还是一个醉心于星占学的学者,我们后面专门要谈到他和他的有关著作。

从公元800年前后开始,正当阿拉伯帝国如日中天,阿拉伯文化大放异彩之时,欧洲的文化确实陷入了沉寂的低谷,要过几百年才会重显活力。那时欧洲人虽然相信星占学是天地间的大学问,论其高远之旨,可以仰知上天的奥秘,其下焉者,也可以用来指导医学、天气预报、农业生产之类,但真正精通这一套的人并不多。这一时期产生的星占学著作不是没有,但大多失传,只是在后人著作的引文中保存下一点吉光片羽,影响自然也就不会像传世之作那样大了。

公元8世纪初,开始出现一些关于星占学家个人情况的记载。比如奥尔德海姆(Aldhelm),一位教师,他留下了星占学方面的论文,还有逻辑和算术方面的论文,看来都是给学生们作为教材的。又有阿尔昆(Alcuin,有时拼作Ealhwine),在一所学校里长期执教,后来成为查理曼(Charlemagne)大帝的朋友和顾问。据他自称,他曾学习了"天空的和谐——制驭着日月五星和恒星升降出没的规律",意思是说他掌握了一些数理天文学知识,这当然是星占学家的必修课。再如,公元9世纪留下了两部路易国王(外号"笃信者")的传记,其中被历史学家认为较好的那一部,作者是一个佚名人物,只留下一个绰号叫"天文学家"。此人得到这一绰号是因为路易国王曾向他垂询过公元838年那年出现的彗星——那正是著名的哈雷彗星的一次回归，我们后面马上就要详细谈到。这位绰号"天文学家"的人物，毫无疑问也是一位星占学家。

非常巧合的是，公元1066年那年诺曼（Norman）公爵威廉（William）渡海征服英国时，又值哈雷彗星出现，人们认为正是这颗彗星"引导着公爵取得胜利"。威廉自己也是笃信星占学的人，他渡海远征时带着他自己的宫廷星占学家，星占学家为他择定了加冕为英国国王这一仪式的吉时——公元1066年圣诞日中午，这一时刻被认为非比寻常，它正可为英格兰择定一张新的算命天宫图。这种话头其实和中国历史上把新王朝建立谀称为"乾坤再造"之类完全一样。自诺曼王朝（公元1066—1154年）在英国建立之后，欧洲大陆上流行的星占学说大举输入英国，在伦敦、牛津、剑桥和一些大城市，都有了星占学文献的流传以及星占学的研究者。一些建筑中也增添了星占学色彩，最常见的方法是在天花板等处绘制黄道十二宫的标志和神像。

还有一部大史书值得在此一提，即《盎格鲁-撒克逊编年史》（*Anglo-Saxon Chronicle*）。此书被誉为早期英国史学中的不朽之作，费时数百年之久，在几个不同地方的修道院中陆续编撰，直到公元12世纪方才完成。通过这部成于众手的史书，也可略略窥知星占学在欧洲中世纪知识体系中的地位。书中记载了大量日月交食、彗星出现以及与行星有关的天象。这些天象总是被解释成各种人间事变的预兆，例如，公元664年5月10日的交食被认为是肯特（Kent）国王之死和时疫的预兆；而14年后8月间出现的彗星则是威尔夫里德（Wilfrid）主教失位的预兆；公元729年那年的彗星更是大凶之兆，一众名人如圣埃格伯特（St. Egbert）、奥斯沃特（A. Osward）、国王奥斯里克（Osric）等接踵逝去。

顺便可以提到，我们在前一章谈到过的《圣经》中"三王来拜"的故事，在上面这部《编年史》中也记述了。学者们注意到其中的措辞，不是"三王"或"三贤人"，而是直截了当的"三位星占学家"。

当中世纪最黑暗的年代熬过之后，阿拉伯文明的新鲜血液也渐次注入（这个问题我们在后面还要谈到），欧洲文化开始呈现出复兴的端倪，星占学也渐趋繁荣。13世纪初期最重要的星占学家之一斯科特（Michael Scot），就是这一时期有代表性的人物。他是神圣罗马帝国弗里德里希二世（Frederick Ⅱ）皇帝的宫廷星占学家，于公元1230年左右去世。关于他如何被皇帝选中，有一段有趣的传说。相传弗里德里希二世皇帝将一些候选的星占学家叫来，要他们各自运用星占之术预言皇帝今日将从哪个城门出城。斯科特写好答案后封呈皇帝，请他出城后再展阅。谁知皇帝有心要让星占学家们出丑——他叫人临时在城墙上挖一个洞，他从这洞中出城，他想这一招出人意料，不会有谁算得中了。但当他出城后打开斯科特的答案，却见上面写着："皇帝陛下今天将从一条新路离城"。皇帝大为叹服，就录用了他。

斯科特写了一部多卷本的《星占学纲要》（Introduction to Astrology），其中对许多星占学的理论问题进行了探讨（参见下一小节）。他的著作在他去世前后就已风行全欧洲。他本人则成了"箭垛"式的神奇人物，许多奇异传说都附会到他身上。民间相传他骑在一个状如黑马的邪魔身上，来去无踪。他的死亡也有些戏剧性，据说他自己早已预知他必死于头部受到重击，为此他总是戴着钢盔；有一天他和皇帝一起去教堂，不得不脱帽致敬，哪知钢盔刚一离首，就有一块小石头从高处落下，正打中他顶心，他竟然就一命呜呼、魂归天国了。

稍后的星占学家中可以提到一个哈利法克斯（Halifax）地方的霍利伍德（John Holywood），他在牛津受教育，约公元1230年时定居巴黎。霍利伍德姓名的拉丁化拼法变异颇大，被拼成Johannes de Sacro Bosco。他之所以能青史留名，是因为写了一本小册子《天球论》（Tractatus de sphaera）。这本小册子一问世就有洛阳纸贵的势头，各种抄本、译本层出不穷，一个世纪中竟至少再版了40次。还有许多渊博学者为之撰写评注，于是书中不少天文学知识方面的错误都被指出来了。

要说13世纪时最重要的拉丁文星占学著作，当推《天文书》（Liber astronomicus）。此书的作者波拿第（Guido Bonatti），也可算这一世纪中最负盛名的星占学家。他挟其星占之术，靠为君主们充当顾问为生。他有一段时间受雇于蒙太费尔特罗的圭多（Guido de Montefeltro），每逢这位君主与敌军作战，他就登上城堡观察敌情，发号施令，摇铃第一通，战士们穿妥盔甲；第二通，上马；第三通，战士们冲向敌阵开战。据当时的一位历史学家维拉尼（F. Villani）的说法，这位君主的许多战役都是靠波拿第的星占预卜之术指导才获胜的。

波拿第在《天文书》中，对星占学极尽推崇之能事。他自豪地宣称：星占学家对于星辰所知之多，远胜于神学家对上帝之所知。针对一些教会人士对星占学的批评，他又将《圣经》一些语句自作解释，来为星占学辩护。照他的说法，亚伯拉罕（Abraham）也曾从埃及人那里学习星占学，而耶稣本人也曾使用（或至少允许别人使用）星占之术以选择吉日良辰。他认为星占学不仅是一门科学，同时还是一门艺术；而星占学家则是学究天人，能够知晓过去、未来和现在的大智者：

> 星占学家知道万事万物。所有过去曾经发生的事，所有未来将要发生的事——一切事情都无法对他隐匿，因为他知道天体运动在过去、现在、未来所发生的作用，还知道这些作用在什么时刻发生，以及这些作用会产生何种后果。①

《天文书》中还列举了各种问题，借助星占学，波拿第认为这些问题都可以得到解答。这些问题中包括诸如一个人能否升任主教、修道院院长、红衣主教，乃至教皇。按理一个牧师不应该提这类问题，但波拿第表示，许多人确实提了，因此星占学家有责任给出"公正的答复"。又如建造教堂、住宅、城堡乃至建设一座城市，什么时刻破土动工才能吉祥顺利？这也是星占学的用武之地——这倒和中国古代的"择吉之术"如出一辙了。

又有意大利人彼得（Peter，阿尔巴诺［Albano］地方的），生于公

---

① 转引自 *A History of Astrology*, p. 103。

元1250年，年轻时游踪甚广，到过欧洲许多国家，还曾在巴黎大学活动过一段时间。后来返回意大利，曾与从中国西返的马可·波罗（Marco Polo）有过接触。最后成了帕多瓦（Padua）大学的高薪教授，死在任上，时为公元1316年，这在当时要算高寿了。彼得将星占学家与医生这两种职业一身而二任——这在那时是相当常见的事。他曾任教皇的御医，医名颇盛，得到名流的推崇。他最著名的著作是《安抚者》（Conciliator）一书，主要是论述医学的，但书中列举了反对星占学的论点，然后逐一加以驳斥。彼得强调指出，星占学是一门科学，尽管星占学家有时推算错误，但那是情有可原的。

稍后的阿斯科利（Cecco d'Ascoli），因为是唯一一个被罗马教廷的宗教裁判所判处火刑的星占学家而著称于世。他曾两次受到审判，第一次是1324年，在波隆那（Bologna），他被判决禁止教授星占学，并被剥夺教授席位和医生资格。不知他怎么竟再次犯忌，于是三年后在佛罗伦萨第二次受审，这次难逃一死，被判火刑，并焚毁他的著作。他的星占学著作其实颇为平庸，只是一种对我们前面谈到过的霍利伍德《天球论》一书的评注。不过由于被宗教裁判所下令焚毁，这书反而变得有名起来。书中所持的星占学说，实际上与大阿尔伯特（Albertus Magnus）和阿奎那师徒俩所持的并无不同，然而后两人一个被教廷宣称为"有福者"，一个更被宣称为"圣徒"（而且是在阿斯科利被处火刑之前4年！），前者却被送上火刑堆，遭遇之不同，不啻霄壤，令人感慨不已。

在本章所论时代，最后一位大名鼎鼎的星占学家，或许可推英国文豪乔叟以当之。乔叟之享大名，首先自然是由于他那部流芳百世的《坎特伯雷故事》（Canterbury Tales）；但不太为人所知的是，他在星占学方面也大有造诣，留下的星占学著作有《论星盘》（Treatise on the Astrolabe）一书。据说此书是为他儿子所作。书中参考援引了一些前人的著作，已知至少有两种：一为马沙·安拉（Māshā Allāh）所著的《托勒密评注》（约成书于公元800年），另一种就是上文提到的霍利伍德的《天球论》。在《论星盘》，乔叟对那种预言未来天下大势的军国星占学持完全排拒的态度。同时，他当然赞成生辰星占学，他称之为"自然星占学"（拉丁文作astrologia naturalis）。他认为行星确实会对人生境遇产生影响。

二、星占学理论的探讨与发展

西方的生辰星占学理论，其总体格局，大致已在希腊化时代确定下来。在中世纪，基本上是继承前代，但是由于有三大新背景的出现，当然也就有一些新的探讨与发展出现于星占学理论中。这三大新背景，第

图10　乔叟

一是蛮族王国的兴起和拉丁化，第二是基督教会成为几乎唯一的文化保存者和发展者，第三是阿拉伯文明的兴起及其对欧洲的影响。

公元11世纪中下叶的英国星占学家阿德拉德（Adelard，又拼作Aethelhard），曾留下一些有关著作。有一篇论文归于他名下，里面引征了托勒密、阿波罗尼奥斯、特里斯美吉斯佗（H. Trismegistus）等不少古代权威的论述，来为星占学壮大声势。其中也有一些充满宗教色彩的新奇想法，例如他将不同民族与日月行星相附会：

犹太民族：土星
阿拉伯民族：火星、金星
信奉基督教的诸民族：太阳、木星

这些民族由不同的天体"统治"。当然，基督教的信奉者是凌驾于"异教徒"之上的，因为太阳象征着正直、公平和胜利；而木星则象征着和平、平衡与和谐。阿德拉德还认为犹太教徒、穆斯林以及基督徒之间无休无止的战争是由于火星和土星始终无法与木星保持"友好关系"。

著名的斯科特在他的《星占学纲要》一书中，对星占学理论也有许多探讨。他认为，通过行星可以发现上帝对于人类事务的计划，而星占学的理论和实践，其目的就在于做出这种发现。他又认为，恒星也只能显示而不能造成"这个速朽的尘世中那些涉及每个人的真实事件"——这些事件当然只有上帝才有能力来"造成"。换句话说，斯科特认为只有上帝的意愿才是人间事变的原因，而各种天象只是这些事变的结果，只是上帝意愿的显示而已。这种信念与古埃及人和迦勒底人那类星神崇拜的思想显然是不同的。

斯科特还认为，在生辰星占学的实践中，妇女受孕时刻的重要性远远超过分娩时刻，因为他相信，"妇女总是倾向于注意性交的准确时刻"。而正是在妇女受孕那一时刻的星象，能够揭示那婴孩（严格来说只是受精卵）未来的祸福。进而还有如何判断孕妇所怀婴孩是男是女，方法是请孕妇伸出手给你，如果她伸出右手，怀的就是男孩；如果伸出左手，则所怀必为女孩。此外，斯科特还研究过妇女月经与天上月相（新月、残月、满月等）之间的关系之类的问题。

从中世纪中期开始，有一套将黄道十二宫与日月及五大行星相互对应附会的学说，似乎日益流行起来。在当时许多著作、绘画中都可以见到这套学说的表现和影响。这里先列表显示如下：

行星	强效之宫（+）	强效之宫（-）
土	宝瓶	摩羯
木	人马	双鱼
火	白羊	天蝎
金	天秤	金牛
水	双子	室女

对于日、月而言，各只有一个强效之宫：

月 巨蟹

日 狮子

这样，黄道十二宫恰好与七政对应完毕。所谓"强效之宫"，意思是当该行星运行至这一宫时，该行星的作用力就会特别强劲显著。例如，当木星运行至人马、双鱼两宫时，其作用力就达到极致；火星则在白羊与天蝎两宫时大显神威；月亮则在巨蟹宫时大行其道……其余皆可类推。有时，星占家们也将强效之宫说成是该行星所"统治"，例如说成"金星统治金牛、天秤两宫"，等等。

由上面这套学说出发，又可以附会出许多名堂来。比如，日月和五大行星常在一些星占图册中被绘成人形，他们手中所持的器物也往往有一定之规：

日：老年王者，手持书册与权杖。

月：裸体女性，手持号角与火把。

水星：男子，手持囊袋和两条缠在一起的蛇。
金星：裸体美女，手持镜子与花卉，有时还头饰花冠。
火星：赳赳武士，顶盔披甲，手持军旗和利剑。
木星：常作猎人状，手持箭矢和杖。
土星：男子，有时还拄着拐杖，手中的镰刀是其特征。

在这类图形中，月与金星两女像是裸体的，其余各像则裸体或穿衣无一定，手持之物也可有些变动（参见图11）。而七位星神的强效之宫，总是用这些宫的固定图形符号绘在星神脚下。

由日月五星的形象，又附会出它们所对应的"德"（这里借用了中国古代的用法——"德"可以包括美德或恶德）。例如，在中世纪著名阿拉伯星占学家阿尔布马扎（Albumasar）的《大会合论》（*De Magnus Conjunctionibus*）一书中，木星被绘成一位学者模样，他所管的美德是"智慧"与"哲学"；而火星照例被绘成全身披甲、手持剑和盾的武士，他所管的美德，不出所料正是"坚定"与"勇敢"。

在中世纪星占学理论中，又有所谓"幸运车轮"之说。此说的实例见图11，该图出于一部公元1490年左右的抄本。图中从位于最高处的持剑武士开始，依顺时针方向旋转，依次代表日、月和五大行星：

火星：持剑披甲武士，
木星：持树枝的男子，
土星：持镰刀的男子，
月亮：持月裸女，
水星：持蛇者，
金星：持矢裸女，
太阳：捧日戴冠者。

图中最下方那个正在转动摇柄的带翼人，当然代表天使——他秉承上帝的旨意转动着宇宙间的幸运车轮。

图11 中世纪的"幸运车轮"

按照"幸运车轮"的学说,七政星神"当值"于不同的时间,星占学家的能事就在于指导人们捕捉幸运的吉时,加以利用,则无往而不顺遂如意。这种想法其实与古代希腊、埃及、中国等处的"择吉之术"一脉相通,只是表现形式各异而已。至于婴儿降生时刻(或妇女受孕时刻)与此人未来一生的祸福穷通,当然也可以与"幸运车轮"联系起来。

在中世纪星占学理论中,有两个方面颇受重视:一是星占学与医学的关系,可名之曰"星占医学";二是星占学与气象学的关系,可名之曰"星占气象学"。这两者都渊源久远,并不自中世纪始,但在中世纪中后期得到很大发展,直到进入文艺复兴时期,仍长期盛行不衰——事实上它们直至今日仍未绝响。对此将在本章以后几节中再论。

三、预言种种

我们在本书导论中就着重指出星占学两大类型的主要区别——军国星占学预言国家大事,生辰星占学预言个人祸福。后者在西方占据统治地位,成为主流;但是从中世纪晚期开始,前者也找到更多机会得以有所表现。此外,沟通这两者的桥梁也不是没有,因为显然,对于帝王重臣个人命运的预言,在很大程度上也就是对国家大事的预言。

各种各样预言的满天飞舞,构成中世纪欧洲星占学活动的景观之一。首先自然是关于帝王个人的,比如利奥·希伯鲁斯(Leo Hebreus)做了关于两位罗马教皇本尼狄克十二世(Benedict Ⅻ)和克雷芒六世(Clement Ⅵ)的预言;而星占学家穆尔斯(John de Murs)还为后一位教皇排算了"星占年历"(astrological calendar)。这种"年历"实际上是一份预言编年表,由星占学家根据其人出生时刻的算命天宫图,推算出此人今后逐年的祸福、健康、奇遇、注意事项等,有时可以长达数百页。有一种比较流行的看法,认为如果星占学家为某人所排算的星占年历有多少年,就意味着此人能活多少岁,不多也不少——在此人死后的年份中,当然也就没有什么关于此人的祸福可言。例如,相传开普勒为华伦斯坦(A. E. W. von Wallenstein)所排算的星占年历到51岁为止,而华伦斯坦竟恰在他51岁这年遇刺身亡(详见本书第八章)。

中世纪末期,英、法两国之间的"百年战争"(1337—1453年)也为星占学家提供了施展空间。关于某次战役的胜负、某某国王的死期、某某王位继承人的命运(这场战争的直接起因就是关于法国王位继承的争执)等,各种预言层出不穷。这些预言当然失败和成功者皆有之;而即使是成功的预言,有时也是星占学家表述预言时用的模棱两可的技巧,或者"事后诸葛亮"式的附会所致。

另一方面,我们也绝不应该忽视,在这样的一片预言声中还有某些以准确的数理天文学计算为基础的预言,这些预言确实有着天文学意义。这方面可以举埃斯钦丹(John Eschenden)为例,他是一位英格兰星占学家,著述甚丰,写过不少星占学著作。在他的著作中预言了1345

年3月20日的月全食,还有同年发生的火星、土星、木星这三颗外行星的"合"(此时三星处于天球上同一方位,光芒叠加,极为明亮,是不常见的天象)等。这些预言当然必须以准确的数理天文学计算为基础才行。不过,这位埃斯钦丹毕竟是星占学家,他推算这些天象,最终目的是预言人间的事务。他所预言的事包括人与兽的疾病、死亡、战争、严寒、雨雪、狂风、庄稼虫害、寒暑无常、伟人的降生、教会的腐败等。这就很有一点军国星占学的味道了。

要论中世纪关于人类国家大事的预言,其中最重大的,或许当数星占学家们对于那场席卷全欧洲、几乎像世界末日来临的黑死病的预言。这要到本章关于"星占医学"那一节中再详论。

总之,直至公元14世纪末,欧洲各国的宫廷仍在相当大的程度上依赖星占学家而运作。法兰西、不列颠、德意志、波希米亚等,各地的宫廷无不如此。君主们需要星占学家的智慧(许多星占学家的确是有大智慧之人)和预言,他们让星占学家提供咨询,充当顾问,甚至直接参与机要,委以重任。与希腊化时代和罗马帝国时代相比,星占学家和他们的星占学,在政治上、社会上和知识体系中的地位,都没有下降,甚至还颇有上升。

第二节 星占学与天文学及气象学之关系

一、纯天文学研究的端倪

我们在前面说过,古代的天文学和星占学始终是一家——即使古希腊原来的天文学算是一个例外,它也随着迦勒底星占学的传入而"失身"于后者了。在中世纪,这两者分道而行,"划清界限"的时代尚未到来。但是这方面似乎已显露出某种端倪,值得稍加注意。

孔什(Conches)地方的星占学家威廉(William),活动于公元12世纪中叶,早年广泛游历各地,后来进入宫廷做王子的太傅——他的学生就是后来的英格兰国王亨利二世(Henry Ⅱ)。据有些研究者认为,这位威廉是第一个试图确定天文学与星占学两者之间区别的学者。他援引被他视为权威的某些说法，认为行星的运行有着三种状态：神话的、星占学的、天文学的。第一种状态，只能求之于希腊神话中，可存而不论。他对星占学与天文学所做的区分是：星占学家关心的是天象所兆示的未来（"将要如何"），而不在乎天象的精确程度如何；天文学家关心和研究的是天象的现状（"此刻如何"），而不在乎天象此后的变化。

这位威廉毕竟是个星占学家，他对星占学家关心对象的陈述是内行的；但是对天文学家——那时有没有这种人还大成问题——关心对象的陈述，现在看来当然是大大外行了。其实预先推算未来天象，对天文学家来说更为重要，因为这是检验、修正理论模型的唯一可行途径。如果预推结果与实际观测不符，说明模型尚需改进；反之，若两者相符，则说明模型成功。这从托勒密到哥白尼，再往后到开普勒、伽利略，乃至牛顿，无不如此。这一层思路，在威廉的时代当然无从领悟，我们也不能苛求于他。

但是，威廉还有过某些几乎可以说是略带天体物理学味道的想法，似乎更可注意。例如，他相信行星确实控制着自然界和人体的状况，理由是：天体（行星——包括太阳和月亮在内，我们在前几章已谈到过这种西方古代的习惯用法）加热了地球上的大气层，后者又转而加热了水，而这对所有生物都会产生影响。如果考虑到威廉所说的"天体"中包括太阳在内的话，那他可以说已经稍稍接触到真理的边缘了。当然，在这方面他同样还有许多荒谬无稽的说法。

威廉的上述一些想法，在那个时代虽然也未必是绝无仅有的，但至少是不多见的。此时距离现代天文学的确立尚有几个世纪，离天体物理学的时代更远。总的来说，天文学仍和星占学走在同一条路上，不分彼此。

二、星盘与天体测量

星盘是西方古代最基本的天体测量仪器之一，同时也是星占学家手中不可或缺的器物。这种仪器在中世纪广泛流行于西方各国,阿拉伯人制造的星盘尤为著名。

可以肯定,星盘是古希腊人的发明创造。传说中的发明者有希巴恰斯、阿波罗尼奥斯等人,但缺乏足够的证据。最早留下关于星盘的记载,可能要数托勒密的《至大论》,他在其中用了整整一节篇幅,专门详细描述了星盘的构造和使用方法。[①] 他并未明确表示这是前人的创造还是他本人的发明。但是他描述的星盘构造,已与后世所见实物非常吻合。

关于现存古代星盘实物中,哪一具年代最早,西方学者有一些不同说法。有人认为现在收藏于牛津大学科学史博物馆中的一具,制造年代为公元984年,可算有确切年代的星盘中最早的实物。[②]这具星盘出于阿拉伯人之手,系由艾哈迈德(Ahmad)和马尔穆特(Malmud)二人制造,此二人皆为伊斯法罕的易卜拉欣(Ibrahim)之子。但也有人指出,有一具由奈斯图鲁(Nastulus)其人于公元927—928年间制造的星盘,应属年代最早的实物。[③]

中世纪欧洲星盘制造者中,特别可以提到吉尔伯特(Gerbert)其人。他被认为是公元10世纪时最著名的学者,博览群书,又在西班牙——当时基督教世界与阿拉伯伊斯兰世界的交汇融合重镇——度过许多时光,因而非常熟悉阿拉伯文化。他还做过一任罗马教皇,即西尔维斯特二世(Sylvester Ⅱ)(公元999—1003年在位)。这位博学的教皇对天文星占和数学有着特别浓厚的兴趣,而且特别以擅长制作星盘和其他天文仪器驰誉当时。在佛罗伦萨保存着的一具星盘,相传就是他制作或使用的(盘上选定的地理纬度是罗马的)。

自西尔维斯特二世之后,星盘制造似乎渐呈高潮。制造于公元11和12世纪的星盘,实物留存至今的就有近40具。此后也盛行不衰,例如,

---

[①] *Almagest*, V, 1.
[②] *A History of Astrology*, p. 85.
[③] O. Gingerich: "Islamic Astronomy", *Scientific American*, April (1986).

仅牛津大学的默顿（Merton）学院，就收藏有5具公元14世纪时的星盘。

论述星盘的著作也层出不穷。这方面最早的阿拉伯论著，出自阿斯图拉比（'Alī ibn 'Īsā al-Asturlābī，意为"星盘制造家"）之手，他在公元9世纪初，服务于阿拔斯王朝（即中国史书中提到的"黑衣大食"）著名的哈里发麦蒙（Ma'mūn）的宫廷中。稍后又有著名阿拉伯天文星占学家法格哈尼（Farghānī）论述星盘的著作。再接下来就要数前文提到过的马沙·安拉《托勒密评注》一书了，此书流传广泛，抄本繁多。但也有人认为此书实际上出于别人之手。至公元14世纪末，重要的星盘论著就是乔叟的《论星盘》一书了，我们在前面已经谈到过。顺便可以谈到的是，《论星盘》一书出现在英格兰并非偶然，在公元13—14世纪中，英格兰正是将星盘之类阿拉伯人擅长的学问从西班牙介绍到西欧基督教诸国的首选途径。

至于星盘的结构及用途，我们这里结合一具传世实物，略加介绍。公元14世纪欧洲制造的一具星盘，现藏于牛津大学默顿学院，保存完好，其结构则可以作为星盘的典型代表。这具星盘的结构示意图，被摹绘如图12。

星盘的主体，由盘面和一个铜环组成。上层那个灰色的环称为"网环"（拉丁文rete，源于阿拉伯语"蛛网"），它可以以北天极为轴，在下层的盘面之上旋转。标杆也以北天极为轴，可以在星盘平面上任意旋转。利用几何投影法，将地平坐标网投影在星盘盘面上。特别要注意的是地平坐标网中天顶位置的确定——天顶与北天极的角距离（或者说北天极在星盘地平坐标网中的位置）是因当地地理纬度不同而变化的。换句话说，任何一具这种星盘，都只能在某一特定的地理纬度上使用，方能获得准确的数据。那些弯曲而尖的星标，则用来指示那些比较特殊的恒星（比如特别明亮的，或是有着特殊星占学意义的那些恒星）。

星盘虽不大，结构也不算太复杂，但不能不承认这确实是一种非常巧妙的仪器——它可以有很多用途，比如：

演示当地所见恒星的周日视运动。这只需转动网环即可，环上那些

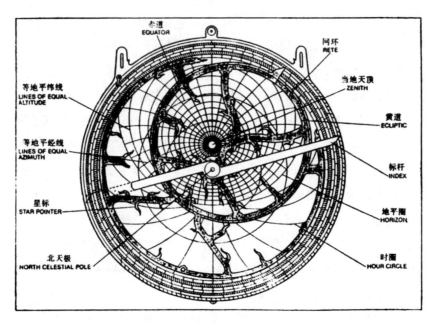

图12　典型星盘的结构示意图，据藏牛津大学默顿（Merton）学院的一具公元14世纪的星盘实物摹绘

尖尖的星标就指示了这些恒星在当地地平坐标网中做周日运动所划出的轨迹。

测定时间。将星盘垂直悬挂，先测得太阳的地平纬度；然后将当日太阳在黄道上的位置旋转至观测到的地平纬度圈上，令两者交于一点；再利用标杆将此点与北天极的连线延伸至时圈，其交点即指示出观测的时刻。运用此法时，也可用某颗恒星来代替太阳，故昼夜皆可施行。

星盘作为一种星占仪器，固然有其使用功能，但它还常被视为一种工艺品。即使到了今天，我们也不难想象，一具制作精良、装饰华美的星盘，既可用来测量，又充满神秘色彩，它对于一位古代星占学家或星占学爱好者（后一种人在古代贵族中比比皆是）来说，会具有多么巨大的魅力。倘若再与某些历史名人发生联系（比方说，是罗马教皇西尔维斯特二世亲手所制，或生前使用过之类），那就更是魅力无穷，会世代相传成为珍贵藏品。

三、彗星

彗星在中世纪的欧洲，是迷信的对象，是谣言的契机，是恐怖的来源，是"世界末日"的宣示者……然而正是由于它在人们心目中是如此神秘可怕，才使星占家们怀着战战兢兢的敬畏之心，非常详细地记录、描述了彗星的出现，从而为现代天文学研究留下了许多珍贵的历史资料和数据。比如著名的哈雷彗星，以前人们经常称道它在历史上的32次回归都可在中国古籍中找到记载，令人叹为观止。其实在西方古籍中，也记载了它的30次回归（从公元前465年起，共32次，公元前391年与公元前315年2次缺失）。

我们前面曾提到一位绰号"天文学家"的作者为法国国王路易一世所写的传记，这位作者获得"天文学家"的绰号是因为路易一世向他垂询了公元838年出现的彗星——这颗彗星正是哈雷彗星的回归。这位"天文学家"在他的《笃信者路易传》中记述了这次彗星出现和法王的惊恐：

> 在复活节的圣日里，一个通常是灾祸的朕兆出现了。国王平时就很留心这类天象，一见这颗星，立刻失却安宁。他对我说：这是要改朝换代，君主升天了！他召集大主教们来，征求他们的意见，有人告诉他应该多多祈祷上苍，并建造礼拜堂和修道院。国王采纳了这些建议并付诸实行，但是三年后仍然龙驭上宾了。

这位"天文学家"对这次彗星的记述，被法国学者认为是法国历史上对哈雷彗星的首次记载。

公元1066年，诺曼公爵威廉渡海征服英国时，哈雷彗星恰恰又回归出现。这颗彗星被认为是引导诺曼公爵进军的胜利之星，而对于战败失国的英国国王哈罗德（Harold）来说，则是一颗不折不扣的大灾星。相传诺曼公爵的夫人专门为此织了一块挂毡，即著名的"巴耶城挂毡"（Bayeux Tapestry），至今仍保存在博物馆中。挂毡全貌如图13所示。图

图13 "巴耶城挂毡",相传出于诺曼公爵威廉的夫人之手,描绘公元1066年哈雷彗星来时,众人的惊愕不安

上方中部,就是那颗彗星,正在向哈罗德国王的城堡而去。图左侧,臣民们因目睹这颗彗星而大为惊讶;右侧是哈罗德国王在他的城堡里,正聆听星占学家向他陈述这一不吉的天象,以及由此而来的灾祸——国王显得惊恐不安,忧惧无计。

彗星的出现几乎总是被人们将之与各种历史事件(特别是不幸事件)联系起来,彗星也因此而得到较为细致的记录和描述。例如,先后于公元1315、1337年出现的两颗彗星,被认为与黑死病的流行肆虐有关。而公元1456年那年的哈雷彗星回归,被认为是上天为基督教的大灾难而表现出的愤怒。这大灾难已发生于三年之前:土耳其大军于1453年5月29日攻陷君士坦丁堡(Constantinople)——信奉基督教的拜占庭帝国的首都。末帝君士坦丁十三世(Constantinus XIII)死于乱军之中,拜占庭帝国从此灭亡。这座号称"不朽之城"的千年古都,自从君士坦丁大帝(Constantinus I the Great)于公元330年定都于此,经历了80位君主,共1123年之久的辉煌历史,至此宣告终结。当1456年5月27日大彗星出现时,因君士坦丁堡陷落而产生的种种谣言正在欧洲风传,引起巨大的惊恐。传说圣索菲亚（St. Sophia）大教堂已被改为清真寺，而所有的基督徒都已被绞死或遭奴役，等等。这时哈雷彗星的出现进一步加剧了恐惧。据记载，当时它的彗尾之长，竟横亘了黄道上两宫之广（即长60°）；整个彗星金光灿烂，状如烈焰。人们认为这体现了天神的愤怒，担心战争就要临近了。当时的罗马教皇号召一切信奉基督教的君主合力共御伊斯兰教的侵略，并要求所有的信徒热烈祈祷。

出于星占学的考虑，而对彗星予以特殊的重视，这种传统源远流长。中世纪结束之后，这一传统仍在欧洲保持了很长时间。现代天文学的成长和确立，也从这一古老传统中受赐良多。

四、星占学与气象学

古代"星占气象学"的思想，源远流长。我们在前面谈古希腊星占学时，曾提到阿拉图斯的长诗《天象》和亚里士多德的著作《天象学》，两书中就有这种学说。在中世纪晚期，这种学说进一步精湛起来。对气候、气象进行预测和预报，成了星占学非常重要的用途之一。

由于气象预报与农业生产有直接的关系，被视为与国计民生有关的大事，因此引起一些学者的重视，进而出现了所谓"星占气象学家"。据研究，英格兰最早的星占气象学家之一是约克的罗伯特（Robert），生活于14世纪上半叶——他可能于1345年死于那场可怕的黑死病。罗伯特在1325年出版了一部预测气候、气象的书。在书中，他从古希腊"四元素"之类的学说出发，通过它们的相互关系及对地球气候的影响，推论出一些气象预报的法则。他预测预报的对象有雨、霜、雹、雪、雷、风、潮汐，还有地震、时疫，乃至战争、叛乱等。

莫利（William Merlee，有时拼作Morley），是牛津大学默顿学院的学者，死于1347年。他不仅是一位星占气象学家，还被认为是首次做了详细天气记录的英国人。他做这种记录长达七年，利用这些记录，他编纂了一部包括12章内容的气象学著作，其中还辅以他从农夫、水手等处获得的气象资料。这类著作当时在欧洲大陆上也有出现，比如乌尔茨堡的恩诺（Enno），也出版过一部与莫利作品十分相似的著作，里面预测大雪、狂风之类的气象。

这种"星占气象学"的思想和著作，到了文艺复兴时期仍有延续，我们在后面还可以看到有关的例子。

第三节　星占医学

星占医学（astrological medicine）可以说是星占学的一个分支。在一定程度上，也可以说是医学历史上的一种流派。由于它有着相对的独立性——特别是从星占学的运用角度来看时更是如此，又在中世纪十分盛行，因此我们安排在本节对它做一概述。关于星占医学在中世纪之前、之后的有关情况，也在本节中一并叙述了。

一、星占医学的历史线索

我们从前面的讨论已经知道，美索不达米亚是西方世界的星占学源头。星占医学这种思想，也可以从古老的两河流域找到它的萌芽。这萌芽与古人认为周期、季节和星辰能影响人生，以及那种以太阳神话为基础的早期宗教都有密切关系。

美索不达米亚最古的医神是月神辛，她掌管药草的生长，因此有些药被认为不能见日光。一些用来调制春药的植物，必须在月光下采集才被认为有效。这类思想在其他古代民族中也有，可以看作星占医学最原始的思想源头——星占医学归根结底只是一套"在什么时刻应该干什么"的时间选择学说，时间正是由天象的变动来体现的。

在后期，美索不达米亚医学主要是以魔术和符咒来治病。还有许多与医学有关的神。有一组神共八位，每位能治一种病。又有"众医神之长"尼努尔塔（Ninurta），以及"众医之王"医神尼纳苏（Ninazu）等。医学与各种对星象及星占预言的迷信结合在一起。据当代一些医学史专家的看法，美索不达米亚地区在亚述和巴比伦时代，"医学的性质主要是魔术的和经验的"(卡斯蒂利奥内[A. Castiglioni]语),当时的人们认为,人的生老病死、健康与否等,都依赖于天上星辰的玄妙力量。同时,人体之内的体液(生命就存在于其中),也被认为是受星辰运行的影响,好比星辰之影响自然力或月相盈亏之影响大海潮汐一样。

在古代希腊和罗马人那里,星占医学得到很大发展。这方面最重要的代表人物就是"医学之父"希波克拉底和在整个中世纪都享有极高声誉的盖伦。关于这两个人我们已经在前面谈过了(本书第三、四章)。自从希腊、罗马时代之后,一个医生必须懂得一些星占学知识,就已确立为世人公认的准则了。

到了中世纪,星占医学这一支似乎并不寂寞,而且还呈名家辈出之势。比如公元9—10世纪之交,有尤第乌斯(Isaac Judaeus)其人,大约是一位阿拉伯化的学者,写的关于星占医学的著作流传了几个世纪。又如阿非利加努斯(Constantinus Africanus),生活于11世纪,曾翻译、编纂了一些先前的医学文献,自己也写过一部《论自然命运》(*De Humana Natura*),他也研究过星占医学。再如我们前面提到过的阿德拉德,他的著作中也主张医生必须研究星占学,以便在医学中使用星占学,否则就将只是一个"狭隘的医人"。

中世纪比较重要的星占医学理论家,首先是意大利人彼得。在公元13世纪下半叶,他也算得上一位名医了——我们前面曾谈到,他担任过教皇的御医。他的《安抚者》一书,是中世纪星占医学的重要文献之一。他认为,关于天体运行的知识,对于医学而言是非常有用的,甚至是"根本的"(essential)。每一次给出服药建议,都应该在研究了日、月和五大行星的位置之后再进行。彼得特别重视所谓"临界日"(critical days,亦可译成"危险期")的理论,尤其是它们与月相之间的关系。月相可以分成四个阶段:

1. 新月至上弦之间
2. 上弦至满月之间

3. 满月至下弦之间
4. 下弦至新月之间

彼得用了不少篇幅讨论放血——古代西方最重要的治疗方法之一——应该在上述四阶段中的哪一阶段进行。

有不少学者对于星占医学表现出特殊的研究兴趣，创作的相关著作卷帙浩繁。这些人中有一位福利尼奥（Gentile de Foligno），他著有各个方面的医学著作，但他更多的注意力都集中在黑死病与天象的关系上——他自己最终也死于这场可怕的大传染病流行期间（1348年）。还有一位比较重要的星占医学理论家是内格罗（Andalò di Negro），他主张研究如何从行星位置预测病人能否康复，以及病因何在；至于什么时刻施行治疗、采取什么措施（例如，是放血还是外科手术），也都要在研究行星位置之后方能决定。他甚至还讨论如何依据天象去推测医生是否经验丰富、是否医德良好之类。此外，他还认为，在进行上面这些活动时，病人的算命天宫图并无太大的用处，因为出生时刻很难确定得足够准确。

笃信星占医学学说的医生们既然事事都要研究行星位置之类的天象之后才能定夺，专为这一需要服务的仪器也就应运而生了。有一种专供医生使用的星盘，据认为制造于1450—1500年间。星盘周围刻有黄道十二宫和昼夜二十四时刻度；一套能够各自绕共同的中心轴旋转的圆盘，根据各自的指针所向，可以指示出太阳、月亮、五大行星的位置所在，俯视星盘，从顶端往下（圆盘直径由小至大），各盘指针上依次标明着：

月亮（第2盘）
太阳（第3盘）
水星（第4盘）
金星（第5盘）

火星（第6盘）

木星（第7盘）

土星（第8盘）

这样，医生施治时所要了解的天象内容，就可以一目了然。这种星盘风行一时，以致就如听诊器一样成了医生的必备用品。

最后我们必须谈到文艺复兴时代一位周游列国、恃才傲物、到处树敌的畸人——大名鼎鼎的帕拉塞尔苏斯（Paracelsus，1493—1541年）。他完全算得上文艺复兴时代的伟人之一，但是因他言行乖戾，又几乎藐视一切权威，成了一个令人难以理解的人物。即使是在他已辞世400余年的今天，西方学者仍认为他"是一个不解之谜"。帕拉塞尔苏斯是著名的医生、炼金术士和自然哲学家，他对星占医学的大力提倡并身体力行，使他在很大程度上可以被视为星占医学发展的压轴人物。他在这方面的论述，主要集中于两部著作中：《评论书》（*Paragranum*）和《误医迷宫》（*Labyrinthus medicorum errantium*）。

帕拉塞尔苏斯强调，医生必须"通过星辰获取苍穹的判断"，以此来解释病症、病因、病理等。若一个医生不具备这种用星占学进行解释的技艺，那就将只是一个"冒牌货"。因为在他看来，无论是病因、诊断、预测、治疗，还是疾病分类学、药理学、制药学，乃至各种日常意外伤病的治疗方法等，无不直接与星占学有密切关系。他要求所有的医生都能够根据星占学去"了解好运和厄运的起因"，倘若不能做到这一点，"那就趁早离开医学这个行当"。

他热衷于研究"天人对应"的理论，他特别自鸣得意的是所谓"星辰在体内"理论——按照人体是一个小宇宙的观念，他把苍穹对应移置于人体之内，谓之"体内星辰"或"体内星群"；这些"星群"虽与天空中的星座并不完全一致，但随着个人的诞生，而与天空中他的"运星"或"命宫"一同出现。论述这种理论的文字，在他的各种著作中比比皆是。例如在《评论书》中他说：

医生有必要认识行星的星位、会合、升起等现象，有必要理解和知道所有的星座。如果他从外部了解了天父体内的这些内容，他随即就可以了解寓于人体之中的这些内容，即使人不计其数也无妨；以及了解在哪里才可找到天人一致，找到健康、疾病，在哪里才能找到初始、终结和死亡。

　　天即是人，人即是天。所有的人只构成一个天，而天仅仅是一个人。

不过这种思想显然并非帕拉塞尔苏斯一人的独得之秘。这种"天人对应"的思想在中世纪的欧洲广泛流行，实际上构成了星占医学的理论基础。

即使在经过了文艺复兴时代之后，星占医学仍在欧洲流行了约两个世纪之久。而按照某些夸张的说法，星占医学的思想至今仍未死亡——这也是非常可能的，因为至少星占学至今仍有很多人相信。

二、星占医学的理论

星占医学最主要的理论基础之一是天上黄道十二宫与人体各部位的对应。表现这种对应的图画，在西方古代星占文献中十分常见。这种被称为"人体黄道带"的图，是医生诊所中的常备之物，医生们据此推知不同治疗手段在不同时刻的宜忌。

在西方古代传统的疗法中，放血是非常令人困惑的名堂。千年相传，每病必用——无论什么病，给病人放掉一点血，被认为会有助于病情的好转。而由今天的医学常识可知，在很多情况下这样做对病症毫无作用，甚至还会雪上加霜。幸好由于星占学与放血的密切关系，才在很大程度上减轻了放血疗法的危害，因为放血必须依据黄道十二宫的天象来决定可行与否。图14就是一张用星占学做解释的放血用人体图，人体从头至脚盘踞着各种神像，表明黄道十二宫与人体的一一对应。图中还注明了相应各宫的宜忌。而当太阳运行在如下各宫时，不能放血：

金牛宫

双子宫

狮子宫

室女宫

摩羯宫

对人体的不同部分施行不同的治疗及手术时,也要参照图14中所对应的天象或时刻(时刻就是通过天象的变迁反映出来的),加以选择后方能定夺。

前面提到过的所谓"危险期"理论,也与"人体黄道带"的思想结合在一起,形成对医生的指导原则。例如,在杰弗里(Geoffrey)的著作中,可以看到如下类型的告诫:

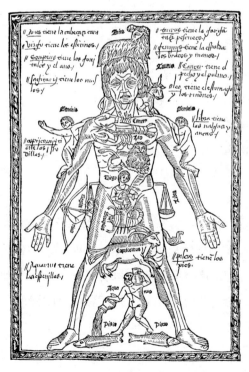

图14 指导放血用的"人体黄道带"

> 月亮运行至金牛宫，则颈上之伤必危险！

这在今天看来，简直毫无道理。但是我们也不应否认古人在借助迷信、魔法、巫术等方式苦苦摸索时，会有"歪打正着"之处。比如放血，假如本属有害，但因迷信太阳在某某宫时不能放，结果未放，倒反而有利于病人了；警告颈上之伤危险，也是有益无害。

日、月和五大行星，也可以与人体各种器官对应，这同样为医生们提供指导原则。例如在帕拉塞尔苏斯的《评论书》中，可以看到如下的具体论述：

> 医学在于星辰的意志之中，它被星辰所引导和指点：
> 属于大脑的东西被月亮引向大脑；
> 属于脾脏的东西被土星引向脾脏；
> 属于心脏的东西被太阳引向心脏；
> 同理：
> 水星将属于肾脏的东西引向肾脏；
> 木星将属于肝脏的东西引向肝脏；
> 火星将属于胆汁的东西引向胆汁。
> 不仅这些器官的情况是如此，所有无法在此提及的器官也尽皆如此。

黄道十二宫、日、月和五大行星，除了与人体器官等对应外，也在星占草药学中与各种植物相对应。有十二种与黄道各宫相对应的草药，还有三十六种分配给炼金术和星占学的植物。一些药物则与日、月、五大行星相联系，特定药物被认为必须在特定的日子和时辰采集，方才有效，例如：

> 星期日：榛树、油橄榄树；

星期一：芸香、三叶草、芍药、苣荬菜；

星期二：马鞭草；

星期三：长春花；

星期四：马鞭草、长春花、芍药、金链花、委陵菜；

星期五：苣荬菜、曼德拉草、马鞭草；

星期六：草花、车前草。

以上种种与星占医学有关的理论，都曾在中世纪及以后一段时期流行于欧洲。

三、星占学与14世纪的黑死病

在欧洲历史上，黑死病（Black Death，有时亦用plague一词）令人闻之色变，惊恐万状。这是一种传染极快的鼠疫，关于其症状之可怖，中世纪末期的文献留下了许多记载，这里仅举圣方济各修会会士皮亚扎（M. Piazza）所记，描述1347年此病肆虐于威尼斯城的情景为例：

> 因为这种恶疾是借助呼吸道传染的，故当人们交谈时，即从一人传染至另一人。所有患者皆感觉剧痛难忍，有的人浑身颤抖；结果臂部及股部皆会呈现豆核状脓疱，它们感染并贯穿至体内，致使患者猛烈吐血。此种可怖症状医治无效，持续三日后即告死亡。不仅与患者交谈可招致死神，就是从患者那里买到、接触到、拿到任何东西，都能受传染而死。①

据研究，黑死病最初大约在1333年发生于亚洲内地，然后迅速向西传播，十余年间席卷全欧，西亚、印度、英伦三岛等处也未能幸免；直至1353年之后，势头才逐渐衰减下去。

---

① A. Castiglioni: *A History of Medicine*, New York (1947), p. 355.

如此一件惊天动地的大事，当然是星占学家和星占医学家"责无旁贷"的研究题目。他们的研究、讨论对于那场黑死病本身当然不会有任何作用，但在今天看来则不失其文化史史料的价值。星占学家们的主要兴趣，在于对黑死病的先兆进行讨论，并对疫情做出星占学的解释。谈论先兆时，当然免不了许多"事后诸葛亮"式的说法，但也有被承认为事先就预言了黑死病的——这其实并不奇怪，我们在前面已经谈到过，"时疫""疾病"之类，原是星占学家经常预言的项目。

生活在莫城（Meaux）的杰弗里，就是被认为预言了黑死病大流行的星占学家之一。据说他依据的朕兆是1315年和1337年先后出现的彗星，以及1325年出现的木星与土星之合（conjunction）。杰弗里是经历过黑死病灾难的人，劫后余生，自然免不了大做文章，对黑死病之劫做星占学解释。他曾在牛津工作过一段时间，在那里写下了一些讨论黑死病的论著。据他说，是由于黄道十二宫中宝瓶宫界内亮星较少，所以死于黑死病的下层民众较多而贵族较少（其实多半是因为贵族的生活卫生条件较好，不易受感染之故）；他又表示，1337年出现的彗星（黑死病的先兆之一），是火星与土星在双子宫中所生——这种认为彗星可以由行星"生"出来的观念，倒与古代中国一些星占学家的看法不谋而合。

然而在当时，更多的人似乎相信1345年发生的一次奇异天象才是黑死病的征兆——其时黑死病已开始席卷欧洲，故与其说是先兆不如说是象征。这年3月24日发生了三颗外行星的"合"，即火星、木星、土星运行到同一方位，三大行星的光芒叠加，看起来异常明亮耀眼，这确实是不大常见的天象。当时的星占学家，如埃斯钦丹、肖利亚克（Guy de Chauliac）等人，都在他们的著作中提到了这一天象。

也有一些学者在丧生于黑死病病魔之前，根据自己耳闻目睹的情景，写下了有关作品。星占医学家福利尼奥就是这样的例子之一。当黑死病袭击意大利佩鲁贾城（Perugia）时，他奉佩鲁贾大学之命撰写有关黑死病的论文。他认为这场浩劫与前不久发生的日月交食和土星与火星之合有关。1348年他自己也死于黑死病。这些星占学家和星占医学家的著作，对于当时人们抵抗病魔虽然很少有直接帮助，但他们根据亲身经历和耳闻目睹留下的记载和描述，对于医学界来说却是异常珍贵的历史资料——这种可怕的大传染病毕竟不是经常可见的。（幸而如此！）

第四节　著名学者与文学家笔下的星占学

一、知识界代表人物之星占学观

说到中世纪欧洲知识界的代表人物，无论如何总离不开教会人士。对于教会人士特别是两位"圣徒"圣奥古斯丁和圣阿奎那对待星占学的矛盾意见，我们在本书第五章中已经谈到一些。但为了叙述起来完整和方便，在这里也将补充一些有关内容。

前面说过，教会人士对于星占学的态度一直有两派，而教廷对此也不做什么明确的裁决，使得神学家们对于星占学究竟是排斥还是接受，长期处于两可之境。这一状况，在大约13世纪末14世纪初发生了重大转折。这主要是罗马教廷决定采用大阿尔伯特和圣阿奎那师徒所构建的神学体系作为教会钦定的官方哲学带来的结果。以1323年宣布阿奎那为"圣徒"为标志，星占学正式在教会的官方神学体系中占有了一席之地。为此，有的西方学者认为，13世纪是星占学史的大转折，因为教会此后不再排斥星占学，这种说法虽然不无根据，但未免有点夸大其词——不要忘记，坚决排斥星占学的奥古斯丁至今仍是教会的"圣徒"，他的学说也从未受到教会官方的否定。其实这种现象丝毫不奇怪，古往今来，那些诉诸权威、迷信手段以令群众信从的权力集团，他们的理论在历史面前，总是这样捉襟见肘、难以自圆其说的。

"圣徒"之师、被教会宣布为"有福者"的大阿尔伯特（1193—1280），几乎没有写过什么专门谈星占学的著作，他对星占学的态度，主要见于他的神学论著中。他和许多人一样，相信日、月和五大行星的运行会影响人间事务，这一观点在他的著作中，以间接的或直接的方式反复出现。他也承认人有自由意志，但他断定，一个受过良好训练的星占学家，可以根据降生时刻日、月、五大行星在黄道上的位置，预言这个婴孩的一生——不过是在上帝允许的范围内。他还断言，一旦一个星占学家预言了某人的生平祸福，事实往往真会如预言所说的那样，这是因为不仅日、月和五星对此人的影响有其特殊之处（已由星占预言揭示），还会使此人克服某些由其双亲所赋予但得不到星辰支持的气质。

当时一些星占学家发现，对星占学的威胁不是来自教会，而是来自那些将星占学说成与基督教神学相冲突的论点——如果这种论点广泛传播，教会就可能改变对星占学的接纳态度。有一本名为《天文瞭望》（*Speculum astronomiae*）的书，约出版于1277年，被归于大阿尔伯特名下，就是特别致力于驳斥上述论点，而力证星占学与神学相容相洽的。书中列举了很多作者不赞同的观点，再加以答辩，其中有一条颇为有趣：当日、月、五大行星重新回到它们在宇宙诞生那一刻的初始位置时，世界就要重新开始——相当于世界经历末日后再获重生；这倒是与中国古代历法中"天地开辟"时的"上元"思想不谋而合，在"上元"那一时刻，日、月、五大行星也被设想为正处在同一位置（就像已定好不同跑道的赛跑者处在同一起跑线上那样）。

大阿尔伯特的高足阿奎那对于星占学的看法，前面已经谈过，这里再补充一段他在《神学大全》（他最重要、最系统的神学著作）中的论述：

> 大部分人……受他们自身情绪的支配，这与他们肉体的欲望有关；而在这里，星辰的影响清晰可见。只有极少数智者确实能够抵御他们自身的肉欲。星占学家们通常能够预见人一生过程中的主要事实，特别是当他们负责进行星占预言时，确实能做到这一点。在有些星占预言中，星占学家无法达到确定的论断，这是因为，没有任何（外来的力量）能够在一个人与他自身的劣根性作抗争时将他

救拔。所以星占学家们常说"哲人主宰星辰",从表面上看,这是说他能够制驭自身的情绪。①

这段话中有几处转折,不加说明或许不易完全理解。按照星占学的说法,人诞生时刻的星辰天象影响他的禀性和体质,禀性体质会影响他的欲望,欲望影响情绪,情绪影响言行,言行影响他一生的穷通祸福。"哲人"若要与星辰的影响抗争,没有外力可以帮助他,只能依靠自身的自由意志和努力,即古人所谓的"自胜之谓强"。故所谓"哲人主宰星辰",表面上看是他能控制、驾驭自身的情绪,实际上则是他在与星辰的影响抗争。

除了教会高级学者之外,世俗学者也普遍接受星占学。比如R.培根(Roger Bacon,公元1214—1294年),对于今天的读者而言,他比后来的F.培根(Francis Bacon)名声要小,但在当时也是大有名望的哲学家。他完全接受前面所说的圣阿奎那师徒的星占学观,而又试图有所发展。他主张,行星能够对人的品格产生好的或坏的影响,而这种影响又可以因人的自由意志而有所修正。

R.培根曾花了很多时间去研究行星与基督教的关系。例如,他探讨水星与基督教的关系:水星"统治"的两个黄道宫之一是室女宫,因此,室女座(我们前面曾指出过,"宫"与"座"不是完全等同的)与水星的偏心轨道的相似之处,就与基督教信仰的神秘起因有关……他这些异想天开的星占魔术,在当时似乎颇为他招来浮名,连罗马教皇都闻知了。在他那个时代,即使本人不是教会的神职人员,但一涉及学术,几乎没有不与教会联系在一起的,作为哲学家当然特别是如此,要不后人怎么会有"在中世纪,哲学是神学的婢女"这句名言呢?

稍后可举布雷德沃丁(Thomas Bradwardine)为例,此人号称"渊博者",曾任牛津大学的校长及别的大学的教授,最后出任坎特伯雷大

---

① *A History of Astrology*, p. 94.

主教，不过才到任一月就去见上帝了（1349年）。虽然他倡导了对圣奥古斯丁的研究，使之得以复兴，但是在他的著作中对于星占学却也大加提倡。他认为，了解并考虑行星对人的性格的影响，是一个基督徒应有的责任——目的是尽力戒除那些坏的，保持那些好的。他举了一个他曾遇到的商人为例：那商人诞生时刻的行星天象表明，此人后来会有男性同性恋的欲望，但由于商人虔心向善，最终克服了那邪恶的欲望。因此T. 布雷德沃丁的结论是：所有的神学家都应该研究星占学，"关于天体的科学是所有科学中最贴近上帝的"。

二、文学作品中的星占学

文学作品中出现的星占学描述，因有文学家笔下的艺术加工，偶尔一两条，很难引为直接的星占学史料（在科学史研究中，这种情况偶亦有之，但必定是结合广泛的历史文化背景进行严密分析方可）。然而，如将若干材料综合起来看，则至少能从一个侧面反映出星占学在当时的流行状况，以及大众在心目中是如何看待星占学的，因而仍不失其史料价值。

中世纪西欧的骑士传奇文学有三大系统，其中最主要的一个系统是关于亚瑟王（King Arthur）的。亚瑟实有其人，是公元6世纪时不列颠岛上凯尔特族的领袖，因率众抵抗盎格鲁-撒克逊人的入侵而得到人们长久的怀念。久而久之，成为民间传说中的神奇人物，由军队统帅变成国王；而且相传他已获得永生，与天地同寿；他依旧在这世界的某一块神秘土地上公正贤明地统治着他的王国——那是一片世外桃源、人间仙境。到公元12世纪，英国蒙默思（Monmouth）地方的传奇作家、历史学家杰弗里（Geoffrey）写了一部《不列颠诸王史》（*Historia regum Britanniae*），用全书五分之二的篇幅记述亚瑟王的故事。这部书问世（约在1137年）之后，引起了一系列相同题材的传奇与史诗作品出现。在这部书中，杰弗里曾描述了亚瑟王宫廷中的星占学家们：

在学院中有两百位（！）哲学家，研究着星占学和别的科学；他们特别受命观测星辰的运行，并根据这些观测向国王预言未来的事件。

这番情景，其实只是公元12世纪欧洲各国宫廷中常见景象的翻版；那"两百位哲学家"之数，自然是文学夸张了。

接着再谈一个名声相对而言不那么大的例子。B. 西尔韦斯特（Bernard Silvester）是1150年左右的"畅销书作者"，他写过三种与星占学直接有关的书，其《星占家》（*Mathematicus*）一书是诗体小说，还被认为是古代纯以星占学构造情节的小说中年代最早的。书中故事梗概如下：

一位罗马骑士和他的夫人婚后无子。夫人咨询于星占学家，星占学家乃预言：她命中有子，且是天才人物，最终还会成为罗马的统治者；只是有一样不好——此子注定有一天要弑父。夫人将此事告诉丈夫。后来夫人怀孕，丈夫下令将婴儿杀死。结果夫人果然产下一子，夫人不忍心杀子，就将婴儿送去远方，骗丈夫说孩子已死。此子（骑士曾给他起名巴特里西达［Patricida］——意为"弑父者"）后来长大，生性聪慧，又精通星占之学，"洞悉星辰运行的轨道，以及人类的命运是如何处在星辰影响之下"；其他知识也极渊博，成为一名出色的迦太基骑士。不久随军攻克罗马，因才德兼美，迦太基王乃禅位于他，他果然成为罗马的统治者。其母知悉一切，深恐他弑父之日就要来临，就将往事向丈夫和盘托出。骑士乃往见新王，告之一切往事始末，坦言自己曾下令将他杀死，"但是天上星辰阻止了此事"；而星辰既能阻止此事，则它们也必然会使弑父成为现实，那将如何是好？巴特里西达不忍弑父，沉思之下，决定用自杀来保全双方。于是他召集罗马众骑士，迫使他们答应听从自己的任何要求；接着他宣布他的要求，却是"让自己死去"……

故事到这里就中断了，给读者留下丰富的想象空间，可以各自去尝试构造下面的情节和故事的结局。这里有一项暗含的逻辑：既然命中注定巴特里西达必然弑父，那么他实行弑父之前必然"命不该绝"，因此自杀也死不了；但他既然不惜一死以求免于弑父，这精诚能否感动上天，收回成命呢？

B. 西尔韦斯特的另一部星占学书籍也可以在此顺便一提。《实证》（*Experimentarius*）一书是他从别的文字转译而成的，专讲一种称为"星占地卜"（astrological geomancy）的学问。所谓"星占地卜"，是将一把粒状物（比如沙子之类）随意丢撒在地，再将这些随机分布在地的粒子用线连起来，根据这些连线所构成的图形，再结合星座星表之类加以附会，以此预卜吉凶。这种占卜术直到现代有时仍在印度等地使用。

再接下来又要谈一个名声特别大的例子，那就是但丁（Dante Alighieri，公元1265—1321年）和他的《神曲》（*Divina Commedia*）。在《神曲》的《地狱篇》（*Inferno*）中，著名星占学家被打入地狱的第八圈第四断层。在这里，作者描述他见到的这样一群人：

> 当我更向下细看他们时，
> 就看到他们每一个从下颚
> 到胸膛的顶端都是奇怪地歪扭着：
> 因为脸孔是向着背腰转过去；
> 而且他们不得不退着走，
> 因为他们是不许往前看的。①

在这群像《封神演义》中申公豹（他因屡屡倒行逆施，受罚使脸永向背面）那样的人中，有两位中世纪负有盛名的星占学家——就是我们在前面谈到过的斯科特和波拿第，对于前者，但丁还不忘加上一句"他熟悉用妖术来行骗的方法"。由此看来，但丁对于星占学似乎没有什么好感。

---

① 但丁：《神曲·地狱篇》，朱维基译，上海译文出版社（1984），第140页。

但丁虽对星占学持贬斥态度（至少在《神曲》中是如此），但是他的"天"的结构的知识，却依旧未出中世纪星占学家们的常规。在《神曲》的《天堂篇》(*Paradiso*) 中，有着关于"天"的安排与结构，还常被现代人引作中世纪欧洲人对宇宙结构认识的例子。据霍姆斯（G. Holmes）的归纳，可将《天堂篇》中"天"——也就是那时人们所知道的宇宙——列表表示如下：

天层	基本论题
最高天	天堂
水晶天	天使
恒星天	神学的美德
土星天	沉思的生活
木星天	正义
火星天	但丁生平
日天	创造与智慧
金星天	星辰之作用
水星天	罗马帝国
月天	月球阴影

在这一同心宇宙结构中，地球毫无疑问正在中心位置。

最后，我们无论如何不能不谈一谈身兼星占学家和大文学家两重身份的乔叟和他的《坎特伯雷故事》。关于他在星占学方面的造诣和著作，我们在前面已经谈过了。不难想象，这样一位通晓星占学的作家，他在自己的文学作品中也难免会因手痒而忍不住将星占学穿插进去的——不懂星占学的作家都还常要这么做呢。事实正是如此，《坎特伯雷故事》中，多次谈到星占学，我们举几个例子来看。

在《武士的故事》一篇中，谈到爱神维纳斯（金星）与战神马尔斯（火星）为了凡间的武士起了争执，于是到年高德劭的萨图恩（土星）

那里寻求仲裁，萨图恩先大大卖弄了一通自己的道行，再安慰爱神：①

"亲爱的维娜丝，我的女孩，"他道，"我的辖区极广，谁也难于了解我的威权有多大。诸如在幽晦的海水中淹没，在黑暗的茅舍里囚禁，脖子伸进套索，私语、呻吟，恶汉的反叛，暗中下毒，哪一件不在我的统辖之下。我居住狮子星座时，我已施行报复与惩罚。高厦的荒废，塔墙倒塌在掘壕者和木匠身上，也都是我的事。参孙（Samson）摇倒大柱时，就是我把他致死。我还管辖着冷酷的病、暗杀和一贯的阴谋；我的目光一射，瘟疫就盛行。你现在不要哭泣了……"

这一段土星自白，纯是星占学中对土星司职的说法的文学性改写，而且完全游离于故事情节之外，只能是乔叟的卖弄。

在《律师的故事》一篇中，乔叟用夹叙夹议之法，又加入与故事情节没有多少关系的大段星占学咏叹：②

可能在天上以星宿缮述的巨书上，已注定了他此生要死于爱情！原来星宿注明人的生死比明镜还照得清楚，只消人们能观察出来。古来多少圣贤豪杰，都由星象预定吉凶。不过人们的聪明不够，未能完全了解罢了。

……

啊，残酷的原动天体，你在自转中永远推动着万象，由东而西地急转着，依照自然的运转，就该转变方向，免得在这不幸的出行时候，让歹星挫折这段婚姻。在不祥的盘旋扶摇中，那首座转进了最暗的十二天庭。呀，恶毒的星！呀，微弱的月，你的轨道落入了

---

① 乔叟：《坎特伯雷故事》，方重译，上海译文出版社（1983），第49—50页。
② 《坎特伯雷故事》，第93—95页。

厄运！你联结之处，无从接应；你应得庇护之时，却又远避。啊，轻率的罗马国王！你全城竟没有一个星象学者么？难道除却这个凶日就没有一个婚期了么？上路的日子就不能另订吗？尤其在你这高贵的人家，本人的出世星象，应已了然？啊，人们太愚蠢了，太疏懒了！

在《巴斯妇的故事》一篇中，巴斯妇自述自己早年的放荡生活，就引用自己降生时的算命天宫图来为自己开脱：

上帝助我！我很健旺、长得不坏、有钱、年轻、得意；的确，我的丈夫们都说过，我是一个最好的宝贝。无疑的，我的情肠属维娜丝（金星），我的心田属马尔斯（火星）。维娜丝使我放荡，马尔斯使我坚忍；我出生时火星高照金牛宫座。啊，爱情何尝是罪恶！我一向依从着我的星宿；因此我的闺房抵不住任何好男子。同时我的脸上和腰间都印有马尔斯的胎记。……①

她的意思是说，她降生之时天上的星象就注定她要成为一个放荡的女人，因此怪不得她本人。这是下层民众的观点，与前述那些教会作家所主张的虔心向善、制驭情欲、"哲人主宰星辰"之类观点，自然大相径庭。

关于星占医学，乔叟也没有忘记在书中谈一谈，他在"总引"中依次介绍以下各篇出场的人物（故事的讲述者），关于医生有如下一段：

同我们一起的有一个医生；全世界没有人敌得过他在医药外科上的才能。他看好了时辰，在吉星高照的当儿为病人诊治，原来他

---

① 《坎特伯雷故事》，第121页。

的星象学是很有根底的。①

这段描写反映了那时一种普遍情形。

上面这些例子,连同那时许多书籍中常见的十二宫星神装饰画之类,都从不同角度反映出星占学在中世纪欧洲的广泛流行。

---

① 《坎特伯雷故事》,第10页。

第七章　中世纪阿拉伯的星占学与天文学

> 阿拉伯天文学家把他们辛勤劳动的、永垂不朽的成绩保存在天上，我们看一看一个普通天球仪上所记载的星宿名称，就可以很容易地看到这些成绩。
>
> ——希提（P. K. Hitti）

著名的阿拉伯史专家希提说：

> 在各种欧洲语言中，大多数星宿的名称都来源于阿拉伯语……而且有大量的天文学术语，如azimuth（*al-sumut*，地平经度）、nadir（*nazir*，天底）、zenith（*al-samt*，天顶）等，也同样来源于阿拉伯语。由此可以证明，伊斯兰教给基督教欧洲留下多么丰富的遗产。①

如今全世界通用的星名中，源于阿拉伯的例子有很多，艾伦（R. H. Allen）在1899年出版的《星名及其意义》（*Star-Names and their Meanings*）一书中有详细讨论。

星宿名称虽然只是一个侧面，却是一个能同时反映星占学与天文学

---

① 希提：《阿拉伯通史》，马坚译，商务印书馆（1979），第685页。

发展的切入点——当然这多半是用现代的眼光来看。在古代阿拉伯天学家那里,天文学知识和有关的工作很大程度上仍是为星占学服务的。阿拉伯人对待星占学的态度,可以从《古兰经》中看出一些端倪,请看如下段落:①

> 他是天狼星的主。(第53章)
>
> 临近的事件,已经临近了;除真主外,没有能揭示它的。(第53章)
>
> 誓以有宫分的穹苍,和所警告的日子,以及能证的和所证的日子……真主是见证万物的。(第85章)
>
> 以穹苍和启明星盟誓,你怎能知道启明星是什么?是那灿烂的明星。每个人,都有一个保护者。(第86章)

《古兰经》中虽没有直接明确论述星占学或天文学的章节,但从上述引文来看,星占学在伊斯兰知识体系中无疑占有重要的一席之地。事实也正是如此。

伊斯兰星占学是一种几乎令人难以置信的大融合——来自希腊、罗马、埃及、巴比伦、印度、中国、波斯等古代文明的星占学–天文学知识,放入同一个神奇的器皿中,调和而成。其中来自希腊的成分最为重要。

一、巴格达

历史名城巴格达是阿拔斯(Abbasside)王朝的首都。城中相传有着由哈里发哈伦·赖世德(Harun al-Rashid)和麦蒙(Ma'mūn)建造的"智慧宫"——在传说中,这里面有巨大的图书馆、观象台、研究院;

---

① 《古兰经》,马坚译,中国社会科学出版社(1981),第410—411、470—471页。

来自世界各地的学者，在贤明爱才的哈里发麦蒙的慷慨资助下，过着无忧无虑的学术生活，整日以思考、讨论各种各样的学术问题为务。虽然这番令人神往的盛况可能有所夸张，而且代代相传不免会有后人的想象和猜测附会，但哈里发麦蒙之热心鼓励学术，应属可信的事实。在这样的背景之下，繁荣的伊斯兰天学从此处率先绽放花朵，形成后人所谓的"巴格达学派"，此后中亚、开罗、西班牙等处也相继各现异彩。

据一些西方阿拉伯天学史专家的看法，伊斯兰教关于天学的研究，发端于印度天学著作的影响。一部印度的《悉檀多》(*Siddhānta*，即"历数书"，恰与中国古代历法相似，各种《悉檀多》也是数理天文学知识的汇合）于公元771年传入巴格达，由易卜拉欣·法扎里（Ibrāhīm Fazāri）译成阿拉伯文，成为后代学者的范本。不久之后，波斯萨珊（Sānsānid）王朝时代编集的《帕拉维历表》(*Pahlawi zik*）也被译成阿拉伯文，附在《悉檀多》之后，称为《积尺》(*Zīj*，即"历数书"）。这《悉檀多》和《积尺》两名，都是中国古籍中就已采用的译名。

希腊古典天文学的成分进入阿拉伯天学体系虽然较印度、波斯晚，但是很快成为最重要的成分。这是通过将托勒密《至大论》译为阿拉伯文而实现的。在公元9世纪期间，就先后出现了两种《至大论》的阿拉伯文译本。这期间阿拉伯天学家也开始使用精确的仪器进行正规的天文观测。哈里发麦蒙先后在巴格达城和大马士革城外建立了两座观象台，台上装备着象限仪、日晷、天球仪、星盘等仪器。哈里发的宫廷天学家们利用这些仪器进行精确的测量，校验并修订了《至大论》中的一系列基本数据，如黄赤交角、春分点岁差、回归年长度等。

约去世于公元777年的易卜拉欣·法扎利被认为是第一个制造星盘的阿拉伯人。起先阿拉伯人是仿制希腊星盘，但是看来他们很快就青出于蓝而胜于蓝了。此后阿拉伯星盘长期驰誉欧洲，反而成为后来欧洲人仿造的对象。图15是一具典型的阿拉伯星盘，它的有关情况我们已在专谈星盘的那一小节中介绍过了。

早期阿拉伯星占学家中有马沙·安拉（Māshā Allāh），约在公元

762—815年活动于巴格达。他是犹太人,也是将萨珊波斯星占学翻译介绍到阿拉伯来的阿拔斯王朝星占学家之一。相传他参与了建立巴格达城的决定——我们知道卜时、择地建立都城这种重大决策,往往是古代星占学家的用武之地。马沙·安拉的著作几乎涉及星占学的所有方面,天文学史专家们对他的著作有着特殊兴趣。

接下来应该谈到一位名声很大的阿拉伯星占学家阿尔布马扎(Abū Mashar——他更为人熟知的名字是拉丁化了的Albumasar),公元787年

图15 惠普尔博物馆收藏的一具伊斯兰网状星盘,指示了天空中重要恒星的方位

图16 惠普尔博物馆收藏的伊斯兰星盘正面和反面

出生于伊朗的呼罗珊，起先以"哈迪斯"（hadīth）方面的专家开始其生涯；所谓"哈迪斯"，是关于伊斯兰教创立者穆罕默德（Muhammad）及追随他的那些创业者的传说，因此阿尔布马扎又精通伊斯兰教创立之前的阿拉伯历法和早期哈里发的年代学。但是对后世影响最大的则是他的星占学论著，以及他为星占学所做的哲学论证。《星占学之建立》（*Kitāb ithbat ilm al-nujum*）一书是他惨淡经营的代表作，书中对星占学的有效性进行哲学论证，很大程度上是亚里士多德式的，不过这部著作已经佚失。他的其他一些著作则得以流传至今。在基督教的中世纪，他是被人引征最多的权威学者之一，在公元12世纪就有四部他的著作被译成拉丁文，阿尔布马扎这个拉丁名字在欧洲不胫而走。在一些欧洲人笔下，他成为一位先知。他向欧洲人介绍了他那种关于星辰能影响万物生死祸福的信仰，他还特别重视星占学与人类自由意志之间的关系，他也将月亮出没能影响潮汐的学说输入欧洲。他于公元886年辞世时，已成为欧洲文化史上的一位名人。

再往后，则是最伟大的伊斯兰天学家之一巴塔尼（Battāni）登场。他在中世纪通用的拉丁化名字是Albatenius。在他生活的时代中（约公元858—929年），他被视为阿拉伯天学家的冠冕。其父是一位有名的星占-天文仪器制造者，家学渊源，巴塔尼也能自己制作观测仪器。关于他的生平，留下的史料甚少，其中有些史料说他是贵族出身，甚至当过叙利亚的国王，但无法证实。

巴塔尼最重要的著作是《历数书》。此书的名称比较混乱。此书的阿拉伯原文就有不止一种写法，较通行的一种是*Kitāb alZij*，直译出来是《积尺之书》，而我们前面已谈到过，"积尺"即"历数书"之意。但此书原文还有一种写法是*al-Zij al-Sābi*，1899年那列诺（C. A. Nallino）在罗马出版此书阿拉伯文原版时就用这个名称，这个名称的后面一词原是巴塔尼冗长的阿拉伯文全名中的最后一项，其渊源可能是因他早年曾为萨比（Sabp）教徒，后来才皈依伊斯兰教的。因这第二种书名后来被此书的英译者采纳，此书遂得名《萨比历数书》（*The Sabian Zij*），这倒也不错。但还有些书籍中将此书称为《天文论著》《论星的科学》等，与原文的出入就太大了。

《历数书》中集中了巴塔尼所有重要的天学成就。他最著名的贡献是发现太阳远地点（实际是当地球运行到远日点时所见到的太阳位置）的进动（precessional motion）。太阳远地点原先由古希腊天学家希巴恰斯测定，托勒密以为它是不会变动的，后来在《至大论》中因袭其坐标值，还据此推演出"日环食不可能发生"的结论。巴塔尼根据自己的观测，指出太阳远地点已较希巴恰斯所测增大近17°，可知该点以66年/1°的速度进动，并进而论证了日环食的可能。他还重新测算了一系列天学基本数据，如回归年长度（他测定为365日5时46分24秒）、黄赤交角（他测得当时之值为23°35′，与现代推算值相吻合）等。

在古代世界中，著名的大天学家不从事星占学研究几乎是不可能的，巴塔尼自然也不例外。他写了《黄道十二宫之上升》（*Kitāb Matāli' al-Burūj*），专论星占学必须涉及的太阳远地点及行星远日点的方位计算；又写了《星占学之应用》（*Kitāb Aqdār al-Ittisālāt*），是对托勒密《四书》的评注。此外，他至少还有三种已佚著作涉及星占学。

二、中亚及波斯

接下来是比鲁尼（Bīrūnī）的时代。他公元973年出生于花拉子模的比鲁尼（今为乌兹别克斯坦一城市），即以出生地得名。他被认为是"伊斯兰教在自然科学领域中所产生的最富于创造性而且学识最渊博的学者"（希提语），生平撰写了约146部著作，手稿当有13000页左右，流传下来的著作有22部。他长期活动于中亚诸王国，接受王室的资助和供养，从事研究和写作，直至1050年后才去世。自述80岁后失聪失明，仍在助手协助下写作不止。

比鲁尼的大部分著作都是关于星占学及天文学的。1030年他写了《天文学与星占学原理》（*al-Qānūn al-Mas'ūdi al-Hay'ah w-al-Nujūm*）一书，是对整个天学体系的综述。同年又写成《星占学入门解答》(al-Tafhīm il-Awā'iL Sinā 'at al-Tanjīm)，这是关于星占、天文、算术、几何的简明问答。

他还写过一部有名的《古代遗迹》(al-Athār al-Baqiyah'an al-Qurūn al-Khāliyah)，主要讨论古代各国的历法和纪元，颇受后人重视。但是他的《印度》(India) 一书价值更大，这是他去印度游历后写成的，书中详细介绍了印度文化，成为古代世界东西方文化交流不可多得的著作。

中世纪的伊斯兰世界，与其他古代文明一样，也出现了一些百科全书式的学者。这里我们略举其中与天学关系较密切的两位为例。一是昂沙·迈阿里（Onsor al-Ma'āli，约公元1021—1101年），他是一位王子，有的史料说他本人也曾在中亚山区当过小国之君。他是一个博学多才的人物，通晓宗教、星占、历史、文学等各科知识，以及贵族子弟应知应会的骑射、格斗、狩猎、礼仪等事。晚年时他写下一部教子之书《卡布斯教诲录》(Qābūs Nāmeh)，有"伊斯兰文明的百科全书"之誉（当然未免有些夸张）。书中全面论述了一个王子应该具备的学养以及为君之道，堪称苦口婆心，循循善诱。星占学被列为应该通晓的重要常识之一，在书中有不少论述，摘引几则如下：

> 天文的内容十分丰富。它对未来的预测总是正确无误的。而这一点，任何人都难以做到。总之，学习天文的目的是预卜凶吉。研究历法也出于同一目的。
>
> 必须首先熟悉星辰的运行情况，才能从中观察到某人的出世，和预测人事祸福。应去了解：吉凶、吉凶程度、吉凶所属……那些与吉凶祸福、黄道带有关联的星辰；能确定行星和恒星运行轨道的星辰；以及福星的亮度、灾星的暗度；天空中沟壑的深度、屏障的高度；太阳光的灿烂程度，以及它在运行时的变化。
>
> 可以通过观测月球和星辰，了解吉兆与凶兆，以及它们之间的

联系。……从这些星球的变化,可以了解到人的生命存在的情况及其生命的长短。不论生命的延长缩短,都会从天体的运行中反映出来。

但是当谈论人们的诞辰时——据我的老师说——不应看从母体分开的时间,而应看种子出现的时间,即卵子受精的时间。……穆圣先知(愿他有福和安息)曾说道:"幸福者是因在母腹中得福,不幸者是因在母腹中得祸。"

这与欧洲流行的生辰星占学没有什么两样。正如我们在前面所说,阿拉伯星占学-天文学最主要的来源是希腊,因此它与欧洲人的星占学是同出一脉的。

我们要谈的下一位多才多艺而又与天学关系密切的伊斯兰学者名声更大。欧玛尔·海亚姆(Omar Khayyam,约公元1048—1131年),出生于呼罗珊,他出生时西亚正归属在塞尔柱(Seljuk)突厥人庞大而松散的军事帝国版图之内。他早年为人做家庭教师,生活清苦,但热衷于研究天文历算。虽在战乱之中,仍写了几种关于算术及音乐的小册子。1070年左右,他时来运转,先是受到撒马尔罕(Samarkand,今属乌兹别克斯坦)当地统治者的庇护,写了代数学著作《还原与对消问题之论证》(*Risā la fi'l-barāhīn 'alā masā'il al-jabr wa' l-muqābal*),流传至今。接着应塞尔柱苏丹(塞尔柱帝国的最高统治者)之邀,前往领导伊斯法罕(Isfahan,今属伊朗)的天文台,并负责进行历法改革。他在那里工作达18年之久,度过了他一生中最安逸的一段岁月。后来苏丹去世,新君继位,对于资助学者、推进学术不感兴趣,欧玛尔·海亚姆说服无效,只得带领门徒离开天文台。

波斯地区自古使用纯阳历,萨珊王朝将阳历定为官方历法。自阿拉伯人征服此地后,又推行伊斯兰教的纯阴历。塞尔柱苏丹希望将阳历改造,以便得到一种更精确的历法。欧玛尔负责改历后,提出平年365天、每33年中安排8个闰日的方案;从理论上说,这个方案中的回归年长度

图17　1505年的波斯星盘，藏于牛津博物馆

比现行的公历还要精确。但是随着苏丹的去世，改历之事也夭折了。

欧玛尔在伊斯法罕还主持编算了一部《历数书》（*Zīj Malikshāhī*，系以塞尔柱苏丹之名命名，故亦有译作《马利克沙天文表》的），如今只传下一小部分，包括黄道坐标表、100颗最亮星表等。此外他还研究了开高次方根、用圆锥曲线解三次方程等问题；并研究《几何原本》，尝试对"平行公设"（即"第五公设"）加以证明——当然没有成功。这些内容保存在他传世的代数学著作中。

但是使欧玛尔·海亚姆的名字在后世几乎传遍全世界的，既不是历法改革，也不是代数研究，却是他的"四行诗"。这是一种抒情短诗，优美异常，在他身后不久就享有盛名。剑桥大学图书馆藏有年代最早的手抄本（1208年），共252首；而归在他名下的波斯文诗集则多达1069首。据现代学者考证，真正出于欧玛尔之手的不过百余首。1859年，英国诗人菲茨杰拉德（E. F. Gerald）将其中75首译成英文，取名《四行诗集》（*Rubáiyát of Omar Khayyam*），立刻风行全世界，迄今已有数以百计的版本。他的诗已被公认为世界文学的瑰宝，成为古代波斯文学的骄傲。他的诗集在中国以《鲁拜集》（郭沫若译本，1923年）和《柔巴依集》（黄杲炘译本，1982年）的名称广为人知，这两种译本都是据杰拉尔德英译本转译的。在这些优美动人的四行诗中，我们可以看到，诗人作为一位专业的天学家，免不了要谈到星占算命之类的话题：

你想，在这门前便有日夜交替，
已经凋敝破败的队商客栈里，
一个个苏丹如何在荣华之中
守到他命定的时辰，就此别离。①

诗人也没有忘记咏叹那次他负责进行的历法改革工作：

啊，可人们不是在说，我的演算
重排了岁月，使历法简化完善？
啊，不，这只是从历书中勾销了
未生的明天，以及已死的昨天。②

这些短诗为欧玛尔带来巨大声誉，以致将他当时的天学成就掩蔽得少有人知了。

三、开罗

定都巴格达的阿拔斯王朝度过它的极盛时代不久，公元909年在北非也出现了一个伊斯兰王朝——法蒂玛（Fātimid，先知穆罕默德之女的名字）王朝，中国古籍中称为"绿衣大食"，西方文献中则习称为

---

① 奥马尔·哈亚姆：《柔巴依集》，黄杲炘译，上海译文出版社（1982），第6页。
② 《柔巴依集》，第19页。

"南萨拉森帝国"。法蒂玛王朝定都开罗，一度成为当时最强盛的哈里发王朝，一些哈里发也热心鼓励学术，开罗城中也聚集了四方学者，成为阿拉伯世界的又一文化中心。

法蒂玛王朝的哈里发哈基姆（Hakim）在开罗也建起类似"智慧宫"那样的学术机构，收集图书，招纳学者。他还在一座山上建起观象台。他本人就是星占学爱好者，常在黎明前骑着灰驴前往台上观星。据当时人的记载，观象台上装备着巨大的铜质星盘。

聚集在开罗的天学家形成所谓"开罗学派"，其中最重要有两人。一是优努斯（Ali ibn Yūnus, ?—1009），他在公元977—1003年间，做了长达26年的天文观测，在这基础上编成以哈里发哈基姆命名的《历数书》（*Zij*）。书凡81章，内容浩瀚。其中汇编了大量观测记录，并论述了许多计算理论及方法，如根据太阳地平高度计算时刻、太阳地平坐标的计算、黄道与赤道坐标的换算、日月距离的测量计算、恒星岁差等。书中还采用正射投影和极射投影方法，解决了许多球面三角问题。据说此后300年间，阿拉伯世界的《历数书》皆以此书作为工作的基础和蓝本。

哈基姆宫廷的另一位天学家是海萨姆（Ibn al-Haytham），名声更大，在中世纪晚期及文艺复兴时代，他的拉丁化名字海桑（Alhazen）在欧洲广为人知。这主要是他的光学著作《光学书》（*Kitāb al-Manāzir*）风行欧洲的缘故，伴随着此书的拉丁文译本《光学宝鉴》（*Opticoae thesaurus*），海桑声名鹊起。人们在R. 培根、达·芬奇（Lionardo da Vinci）以及开普勒的著作中，都看到了此书的影响。同时，海萨姆也是一位百科全书式的人物，相传他关于天文星占、数学、医学、哲学等方面的著作不下百种。

海萨姆不离当时阿拉伯天学界的风气，参与了重新设计太阳、月亮、五大行星运行模式的课题——在托勒密的本轮-均轮体系上进行修改、增添，甚至另辟蹊径。海萨姆也设想了一种方案，在每个本轮上增添一些球，稍后也产生了相当影响。

四、伊儿汗王朝与帖木儿王朝

这是以伊朗地区为中心先后建立起来的两个蒙古人王朝。蒙古人一般对各种宗教持宽容态度；伊儿汗王朝在立国40余年后又改宗伊斯兰教；特别是，经过阿拉伯倭马亚（Umayyad，亦译作"伍麦叶"）王朝（中国古籍中称作"白衣大食"）、阿拔斯王朝的持续征战，阿拉伯人在公元9世纪中期就已完成了对中亚地区的"伊斯兰征服"，因而此后中亚蒙古王朝的天文学–星占学进展，仍不妨归于伊斯兰天学的大范畴内叙述。

公元13世纪中叶，持续了500余年的阿拔斯王朝已经风雨飘摇，蒙古人大举西进，首领旭烈兀（Hūlāgū，有时也拼作Hülegü，成吉思汗之孙）于1258年攻陷巴格达，建立起伊儿汗（Il-Khān）王朝。这旭烈兀热衷天学，敬重学者，在西征途中访到了一位大贤——当时正在隐居著述的突斯人纳绥尔丁（Tūsī, Nasir al-Dīn, 1201—1274年），这是伊斯兰世界又一位百科全书式的人物，通晓天文星占、数学、矿物学、逻辑学、伦理学、哲学等（皆有他传下的著作为证）。旭烈兀以高薪将他聘为朝中顾问，大加礼敬，并任命他为新朝的首席天学家，于1259年开始在马拉盖（Marāgha，今伊朗西北部大不里士城南）建设大型天文台，由此掀开世界天学史上动人的新页。

因有新兴王朝充裕的财力支持，加之广招贤才，马拉盖天文台建成了当时最先进的天文台。台上装备精良，有大型的墙象限仪（mural quadrant）、装置着五个环和一个照准仪的复杂浑仪、具有两个象限仪的平径环仪、星位角尺等。天文台还附设一所藏书丰富的图书馆，号称藏有"所有科学的书籍"。天文台还吸纳各国学者来此工作，现代研究者们相信，来此工作的学者中有一个中国人，可惜至今仍未能考定其姓名身世。马拉盖天文台一度成了当时伊斯兰世界的学术中心（此时巴格达、开罗等处都已随着王朝更替而式微了）。

这里不妨对墙象限仪稍微多说几句。这是一种阿拉伯风格非常浓郁的天学观测仪器，主体是一堵位于子午面中的墙（即垂直于当地地平，而且竖立在正南北方向的墙）；墙的南端上方安置有一个轴，这轴同时还作照准用的准星；一根很长的照准杆，一端固定在轴上，可以在墙面上转动，这样它的另一端的轨迹就可以在墙上划出四分之一的圆周（此仪名称即由此而得：quadrant即拉丁文"四分之一"之意；今解析几何将一圆划分为四个象限，也是由此得名）；在这段圆周上，刻画上精确的刻度。使用此仪，可以直接测读出各种天体经过当地子午面时的地平高度，由此可以推算出一系列有关数据，因此是星占学–天文学家非常得力的仪器之一。在望远镜发明之前的时代，欲求观天仪器读数精确，最容易想到的途径就是增大仪器的尺寸，这样圆周会更大更长，其上的刻度就可以划分得更细。在这一点上墙象限仪得天独厚，因其主体是一面墙，结构简单牢靠，建造相对容易。因此伊斯兰天学家竞相建造巨大的墙象限仪，其流风余韵，至文艺复兴时代在欧洲仍未止歇。巨大的墙象限仪往往成为星占学家形象后面的重要背景。

马拉盖天文台在纳绥尔丁主持下，编写了一批天学论著，其中最重要的是《伊儿汗历数书》（*Zīj Il-Khānī*），这是在该天文台十余年观测的基础上编算而成的。此书原用波斯文写成，后译为阿拉伯文，其中一部分于1650年被译成拉丁文。用今天的眼光看来，书中最重要的贡献，是测定岁差常数为51″/年。

纳绥尔丁又著有《天文宝库》（*Tadhkirah*）一书。他在书中表达了对托勒密的行星小轮模型的不满意，试图另出新意。他主张一种由许多大小不等的球相互内切或外切组成的体系，各球以不同的方向和速度旋转。他对此颇为自负，认为是前人未得之秘。为了建立这种几何体系，他在《天文宝库》第13章中证明了一个直观上不太容易想象的定理：

> 若一动圆在一定圆内沿定圆圆周滚动，动圆直径为定圆的一半；则动圆圆周上任一点的轨迹是一条直线，而且就是定圆的直径。

他将这一定理应用于他的行星运动模型中，以此解释行星的视运动。纳绥尔丁的模型被认为是中世纪唯一的行星运动新模型，据说还可能对哥白尼天文学理论的创建产生过影响。还有的西方学者则指出，纳绥尔丁的模型在一定程度上受到了我们前面谈到过的海萨姆有关理论的影响。

纳绥尔丁还为托勒密《至大论》写过评注（一千多年间，西方天学家为这本名著写过无数评注），并将阿拉罕·索非（Abd al-Rahān al-Sūfī）所著的《恒星图像》（Suwar al-Kawākib）一书由阿拉伯文译为波斯文，他还写过有关星盘等方面的专题论著。

除此而外，这里还必须提到，马拉盖天文台上的仪器、书籍、人员（甚至可能包括纳绥尔丁本人）都曾和元朝统治下的中国本土发生过关系。这些情况我们留待以后详谈。

马拉盖天文台虽然一度盛况空前，无奈伊儿汗王朝国祚太短。1370年，在原伊儿汗王朝的版图上，帖木儿王朝代之而兴；王朝的创始人帖木儿（Timur）出身突厥化的蒙古贵族，凶残勇猛，血火开道，相传他杀人如麻，喜用人头骨垒造金字塔；他攻灭伊儿汗王朝，马拉盖的学术中心也跟着覆灭了。但是新朝传位到帖木儿之孙乌鲁伯格（Ulūgh Beg，1394—1449年），情形却又大变。乌鲁伯格本人就是一位有很高水准的星占学—天文学家，他又追慕前朝马拉盖学术中心的盛况，乃仿之而行，在他的首都撒马尔罕建起天文台，自己亲自主持工作，在台上观天测星（自1420年起）。

撒马尔罕天文台规模也不小，高达三层，台上装备着巨型墙象限仪，据说圆周半径达40米，其上刻度1毫米对应角度5″。这座由国王亲自主持的天文台，经过多年观测，编算出一部《历数书》，西方人常称之为《乌鲁伯格天文表》。书中包括行星星历表、几乎所有穆斯林东方城市的地理坐标表等；但最受人重视的是一份包含1018颗恒星的星表——对西方世界而言，这是自希巴恰斯–托勒密星表以后千余年间第一份独立观测而得的星表（此前各种星表皆以托勒密《至大论》中所载星表为基础,故不独立)。据有的苏联学者指出,这部《历数书》原是用塔吉克语写成的,后来才译成阿拉伯语。

乌鲁伯格以星占学名世,却也以星占学丧生。他自己既是完全够格的星占学家,多半笃信星占之学,而根据星占预言,他注定后来要被儿子所杀。为此他将其子放逐,以求自保,不料此举引起儿子怨恨,真的将父王谋杀了。尽管此事可能与宗教斗争有关,但星占学在其中起了重要作用是无疑的。在世界历史上,这种"预言孩子将弑父—放逐或下令杀死此子—孩子活下来长大并果真弑父"模式的故事有很多,在这种事中,最先的那个预言起着"心理暗示"的作用,不知不觉中操纵着当事人走向预言的结局,下令放逐或杀子就是受此种暗示操纵的表现。

正当伊儿汗与帖木儿两王朝改朝换代之际,在大马士革一座清真寺中,还有一位值得注意的阿拉伯天学家伊本·舍德(Ibn al-Shātir,约1305—1375年)在工作着。他也加入了当时阿拉伯天学家们探讨行星运动新几何模型的行列,提出了他自己的一种模型。本来他的工作久已被人们忘怀,但到了20世纪50年代末期,被阿拉伯天学史的权威学者肯尼迪(E. S. Kennedy)重新发现,公布之后,引起许多学者的注意,并纷纷猜测他的工作与哥白尼天文学革命之间的关系。伊本·舍德抛弃了托勒密的"对点"(equant)假设,而代之以一种"双本轮体系"(double epicycle system),即在本轮上再加一个小轮,以此来描述行星运动中的变数(参见图18)。这被认为与哥白尼所采用的方案非常相似,于是产生了哥白尼是否受过舍德的影响之类的猜测。不过这些猜测迄今并未获得证实。

五、西班牙:交流的孔道

阿拉伯人早在公元8世纪初就已征服了西班牙半岛。公元750年改朝换代,阿拔斯王朝的屠刀下,有一个倭马亚王室的后裔历经千辛万苦,侥幸逃脱了性命,远涉重洋到达西班牙,他在那里得到倭马亚王朝旧臣

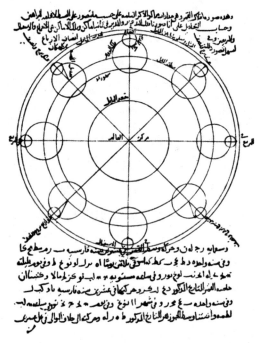

图18 伊体·舍德的双本轮体系，与哥白尼（Copernicus）的方案非常相似

的拥戴，建立起后倭马亚王朝。等到统治逐渐稳固之后，这里的哈里发们也没有忘记偃武修文，鼓励学术，天文星占之学也就在这里形成所谓"西阿拉伯学派"。

西班牙的伊斯兰星占学家们，在理论上一般都追随巴格达的阿尔布马扎（我们前面已经谈到过）。和在别处的星占学家一样，为了能准确掌握星辰运行的规律，他们自然会致力于编算《历数书》《天文表》之类的文献，同时也很自然会致力于探索新的行星运动几何模型——当然，对于探索精神和客观条件相对不足的星占学家而言，他只消在这两方面掌握前人的成果，也就可以敷用了。中世纪许多欧洲星占学家就是如此，在这样的星占学家身上，"天文学"的味道就几乎完全没有了。但是阿拉伯世界的星占学家们，却普遍表现出相当强的探索精神。

后倭马亚王朝著名的天学家萨迦里（Zarqāli），与一些伊斯兰及犹太教的天学家合作，进行观测和研究，在此基础上编成著名的《托莱多天文表》(*Toletan Tables*)，自1080年编成之后，在欧洲被长期行用，垂二百年之久。萨迦里还著有《论太阳运动》，书中记载他通过二十五年的长期观测，测定太阳远地点在黄道上的运动为1°/229年；《星盘》，专论星盘的结构及使用之法；《论行星天层》，设计出另一种与《至大论》不同的行星运动几何模型。此外他还设计过一种被称为Safhah的改良观象仪。

我们在前面曾谈到过，设计与托勒密不同的行星运动几何模型，是伊斯兰天学界的时尚，而且东西千万里，持续数百年，成为一种传统。西班牙的伊斯兰天学也不例外，萨迦里之后，许多人都追随这一传统，可以提到的有阿布拉（Jābir ibn-Ablah，拉丁文名Geber flius Afflae）、比脱鲁杰（al-Bitrūji，拉丁文名Alpetragius）二人。此二人都著有一部《天文书》(*Kitāb al-Hay'ah*)，前者激烈批评托勒密，后者则试图将早已废弃不用、在托勒密之前由古希腊天学家欧多克斯确立的同心天球模型加以复活。

西班牙半岛上"西阿拉伯学派"特殊的重要性在于，当伊斯兰天学在此处繁荣之时，正值欧洲基督教国家的势力进入西班牙的前夜。当基督教与伊斯兰两个阵营、两种文明在这里短兵相接、相互对峙时，这里就成了古希腊科学和阿拉伯科学输入西方的主要孔道。希蒂对此有很好的概述：

> 拉丁的西方，正是通过西班牙，最后发现了东方在天文学和占星学方面的启示。主要的穆斯林天文学著作，是在西班牙被译成拉丁语的……[①]

在中世纪，阿拉伯人无可争议地成为古希腊学术遗产的主要继

[①] 《阿拉伯通史》，第682页。

承者,现在,他们要在这里向望见文艺复兴曙光的欧洲人转交这些遗产——其中当然永远地保留着他们自己的智慧、创造和色彩。

六、翻译运动

中世纪的翻译运动,是世界学术史上潮流转换的大关节,而在这场持续数百年的运动中,阿拉伯人一直扮演着主角——星占学的历史在这里完全不例外。

翻译运动可以分成两个阶段来讨论。第一阶段大致始于公元8世纪中叶,主要中心在巴格达。这是阿拔斯王朝大体完成扩张,"天下底定"后偃武修文、鼓励学术的重要举措,特别是阿拔斯王朝第七代哈里发麦蒙(公元813—833年在位)统治期间,提倡推行甚力,由此开启了所谓"百年翻译运动"。本来阿拉伯学者的翻译活动早在倭马亚王朝时就已发端,但那时多为个人事业,零星进行,没有什么计划;至麦蒙时乃成为国家的一项重要事业,由政府资助,有计划地大规模进行,与前朝不可同日而语。而这些鼓励学术的政策措施,如"智慧宫"之设、译书之举等,也开创了功德无量的良好传统,为此后各个哈里发王朝所继承。

阿拔斯王朝译书之初,特别侧重于波斯古籍。这是因为阿拔斯王朝推翻倭马亚王朝,主要依靠了波斯人的力量;后来麦蒙与其异母兄弟争位而致内战,也是依靠波斯人的支持而获胜的(此时波斯早已归于阿拔斯王朝版图了)。当时朝中波斯人遍踞高位,他们也热心促成波斯古籍译成阿拉伯文,这样可以由宣扬波斯文化而提升自己的地位。当时译出的波斯古籍中,以文学、历史方面为多,星占学方面的较少,但我们在前面曾提到过一个例子(即《帕拉维历表》)。

译自印度的星占学著作,最有名的就是我们前面谈到过的一部《悉檀多》。当时(公元8世纪下半叶)印度天学早已进入"希腊时代"数百年之久,在印度本土天学成分存在的同时,希腊天学成分相对来说占据主导地位,这部《悉檀多》应该也不例外。由于"悉檀多"只是

"历数书"之意,并非专名(但许多讲述阿拉伯学术史的书不明此点,乃据原文*Siddhānta*将书名译成《欣德罕德》,不免使人莫名其妙),所以此书原本为何书、属印度天学"希腊时代"五大派中哪一派等问题,都还不知其详。此外,这一时期还译了许多印度的文学书,这里不必详述。

如果说翻译《悉檀多》开创了阿拉伯人的天文星占之学的研究,那么当古希腊的星占学、天文学著作被译介进来之后,阿拉伯天学的基础才得以奠定。阿拔斯王朝从希腊文翻译天学著作最早的一批翻译家中,必须提到巴特里奇(Ibn al-Batriq),他生前未及目睹麦蒙统治时代的学术盛况,但托勒密的《四书》却是由他译成阿拉伯文的——这无疑是阿拉伯天学的奠基之作。约略与此同时(公元800年左右),《至大论》的阿拉伯文译本也完成了。我们不应忘记,如今全球通用的《至大论》书名*Almagest*,就是一个经过拉丁文转写的阿拉伯名称。再稍后不久,托勒密的另一部著作《实用天文表》也被译成阿拉伯文。

特别值得注意的是《行星假说》一书,这是托勒密晚年的重要作品,书共两卷,希腊文古本只保存下第一卷,而至关重要的第二卷,则只是在阿拉伯文全译本中才得以保存。少为人知的是,这第二卷中不再沿用本轮–均轮体系,而是出现了许多实体的球(《至大论》中的本轮–均轮只是"几何表示",绝无实体),这里每个天体皆有自己的一个厚球层,各厚层之间又有"以太壳层"(ether shell),厚层中则是实体的偏心薄球壳,天体即附着于其上。这里的偏心球壳实际上起了《至大论》中本轮的作用(在计算时)。托勒密晚年的这种行星运动模型,在总体风格和许多细节上都与中世纪阿拉伯天学家竞相设计的行星运动新模型十分相似,他在这个问题上对阿拉伯天学家的启发和影响是显而易见的。有的学者看到中世纪阿拉伯天学家纷纷批评托勒密,并各自设计与《至大论》中不同的行星运动模型,就推断说在阿拉伯天学界存在着"反托勒密思潮",未免有点只知其一不知其二。其实他们"反"的只是托勒密早年在《至大论》中的行星运动模型。

当阿拉伯人接触到托勒密的上述著作之后，他们的星占学-天文学水准很快就超越波斯和印度。翻译原作之后，他们也开始了改编、模仿的工作。例如，法格哈尼编撰了一部《至大论》的纲要（850年），对欧洲很有影响；又如我们前面谈到的巴塔尼的《历数书》，第一部分就是仿照《至大论》的格局，第二部分则仿照《实用天文表》。

阿拉伯人翻译希腊文著作，原著作从何而来呢？一个重要的来源是拜占庭帝国。阿拉伯人与拜占庭的关系并不太好，后者被视为阿拉伯帝国"在西方的永远的敌人"，从倭马亚王朝时代双方就不断进行边界战争。但到了公元9世纪，双方关系缓和，和平共处，交通也通畅了。阿拔斯王朝的学者争赴君士坦丁堡等处求购希腊古籍。相传麦蒙曾亲自致函拜占庭皇帝，索求希腊古籍，得到许诺。拜占庭皇帝不止一次向哈里发赠送大批书籍。因此阿拔斯王朝的翻译家除了《四书》《至大论》这些星占学-天文学著作，还翻译了大量其他希腊学术著作。

上述翻译运动第一阶段中，阿拉伯人扮演主角是显而易见的。到了第二阶段，说阿拉伯人扮演主角就是从另一角度来看了——第二阶段中的翻译家主体是欧洲人，但是他们译的许多书是阿拉伯文著作。这一阶段的主要中心是西班牙的托莱多（Toledo）城——前面提到的《托莱多天文表》即因此城得名。

西班牙的托莱多城本来就是西欧的宗教文化中心之一，后倭马亚王朝统治期间，它又成为伊斯兰文化的重镇。公元1085年，它被基督教的西方"收复"，但西班牙半岛上的穆斯林王国依然长期存在（穆斯林的最后一个重镇格拉纳达直到1490年才投降），这使得托莱多，以及另一座名城科尔多瓦（Cordoba，1236年"收复"），成了西欧学者吸取伊斯兰学术养料的学堂。大批学者纷纷赶往托莱多城，从事拉丁语的翻译活动。

公元9世纪的巴格达是阿拉伯的"翻译院"，而公元11世纪的托莱多则是拉丁西方的"翻译院"。这里盛况空前的翻译活动有两大特点：一、翻译活动始终得到基督教会的资助；二、翻译的作品中，主要是希腊著作的阿拉伯语译本，其次才是阿拉伯原著和希腊语原著。这一时期有名的译者甚多，此处只能略举若干人如下：

从事将阿拉伯文著作译为拉丁语的：
约翰尼斯·希斯巴纳斯（Johannes Hispanus）
赫曼纳斯·达尔马拉（Hermannus Dalmala）
杰拉尔德（Gerard，克雷默纳的）
阿德拉德（Adelard，巴思的）
威廉（William，孔契斯的）
罗伯特·德·雷廷斯（Robert de Retines）
赫尔曼纳·阿历曼纳斯（Hermanne Alemannus）
布莱修斯·阿曼甘特斯（Blasius Armegandus）
阿诺德（Arnold，巴塞罗那的）
埃吉休斯·特里巴迪斯（Egidius de Trebaldis）
柏拉图（Plato，提沃里的）
约翰（John，塞维利亚的）
从事将希腊文著作译为拉丁文的：
巴托罗缪（Bartholomew，墨西拿的）
勃艮第奥（Burgundio，比萨的）
犹杰努斯（Eugenius，西西里的）
阿德密勒尔（Admiral，西西里的）

在这一时期译为拉丁文的阿拉伯文星占学–天文学著作（希腊的和阿拉伯人的）数量非常可观，这里只能略举其重要者。

托勒密的《四书》，由提沃里的柏拉图译出（拉丁书名 *Quadripartitum*）。

托名于托勒密的《金言百则》（我们前面曾和《四书》一起谈到过），由塞维利亚的约翰译出。他还译了马沙·安拉、阿尔布马扎等人的星占学著作。

《至大论》，1175年由克雷默纳的杰拉尔德译成第一个拉丁文本。

亚里士多德的两部与天学有关的著作也由克雷默纳的杰拉尔德译出：《天象学》、《生成与毁灭》（*Generatione et corruptione*）。

巴塔尼的《历数书》，最先由英国人雷蒂尼西斯（R. Retinensis，又名Cataneus）译为拉丁文，但已佚失。稍后又由提沃里的柏拉图译出，但他的译本出版时用了《星的运动》这一书名，再版时又改成《星的科学》，都大失原意。

这些阿拉伯著作译成拉丁文之后，给西方的星占学注入了新颖的内容。关于阿拉伯星占学−天文学的历史地位，以及它与周边诸文明中天学的承传关系，我们可以由图19所示的方框图大致表示出来。埃及、巴比伦、波斯之所以被置入阿拉伯的大框内，是由于它们都在"伊斯兰征服"之下归于阿拉伯帝国的版图了；又由于图19是以阿拉伯为中心的，所以埃及、巴比伦、波斯三者虽然曾经与希腊−罗马关系密切，但不在我们现在所论的时间范围之内，可不必反映。当然，我们必须注意，图19仅仅是一幅大致的示意图，不可能巨细靡遗，省略许多细节是不可避免的。

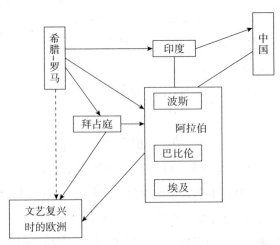

图19　阿拉伯星占学−天文学的历史地位和传承关系。虚线表示关系比较弱，无箭头的线表示同一时间里相互影响

最后，我们或许已经可以感觉到，在阿拉伯学术中，星占学–天文学（我们在行文中有时也简称之为"天学"，以区别于现代意义上的"天文学"）有着特殊重要的地位。何以如此？下面是一种解释：[1]

> 阿拉伯人原来索居广漠，游牧为生。白天酷热，活动多在夜间和早、晚。万里黄沙，莫辨东西，全靠观察星象来指引方向。伊斯兰教兴起后，各地穆斯林每天按时作五次礼拜时，必须面对麦加卡尔白（天房），白天靠太阳，夜晚察星位，才能确定卡尔白方向。因此，穆斯林十分重视星象学。

当然，人们可以有许多种不同的解释。

---

[1] 艾哈迈德·爱敏：《阿拉伯–伊斯兰文化史》，向培科、史希同、朱凯译，商务印书馆（1991），"译校者序言"，第5—6页。

第八章 文艺复兴：星占学盛极而衰

> 这个时代虽是伟大发明、发现和新科学概念兴起的世纪，但同时也是浮士德（Faust）和诺斯特拉达穆斯（Nostradamus）[①]的时代，是魔法师、炼金术士和星占学家的时代，这些人对当时世界政治的影响远远超过任何一个科学家。
>
> ——厄泽尔（E. Oeser）

"文艺复兴"这一被人们无数次使用的词汇究竟何指，首先在时间上就很难明确界定，谁也无法说清文艺复兴具体开始于哪一年。而且，文艺复兴运动最先出现于意大利，再逐渐向全欧洲扩散，但它究竟在哪一年到达了法国、德国或英国，同样难以确认。不过只要记得这是一个在中世纪之后、现代世界到来之前的万象更新的伟大时代，对于阅读本章来说也就够了，何况论述年代有时还需向后延伸。

第一节 星占学的"第二黄金时代"

文艺复兴带来了星占学的第二个黄金时代。与希腊化时代相比，这一次的盛况又大有过之；由于年代较近，留下了更丰富更全面的有关史

[①] 当时法国著名的星占学家，详见本章第二节二。

料。然而从表现方式来看,星占学的两次黄金时代虽然相隔千年,却颇有相同之处,都突出表现为两点:一是君王贵族等上流社会人物普遍沉迷此道;二是都出现了第一流天文学家与第一流星占学家一身二任的代表人物——在希腊化时期是托勒密,在文艺复兴时期是第谷和开普勒。

一、君王、贵人和星占学

先看意大利的情况。那时,每个君主的宫廷里几乎都有星占学家充当顾问,为大小事务出谋划策。在佛罗伦萨等"自由城市"中,也有市政府正式任命的星占学家。在大学里,从14世纪起就任命了星占学教授。罗马教皇们,除个别例外,都迷信和依赖星占学。尤里乌斯二世(Julius II)加冕和返回罗马的吉日是星占学家为他推算的;著名的利奥十世(Leo X)则认为在他任教皇期间星占学大为盛行是他的荣耀,并有一位星占学家为他"讲解过去年代极端隐秘的或只有他一个人知道的事情,而且几乎每天都正确无误地预言任何潜伏的未来事件——事后都得到事实的验证";而教皇保罗三世(Paul III)则"在星占学家为他定出时间之前是从不召开枢机主教会议的";还有的教皇甚至连接见宾客的时辰也要由星占学家为他推算好。按照布克哈特(J. Burckhardt)的说法,在星占学盛极一时的年代,意大利的贵人们几乎家家户户都雇着一位星占学家,只不过"不一定能够保证他吃得上饭"——就是说有时候薪金很低。

君王们迷信星占学,在其他各国的情形也是有过之而无不及。英国女王伊丽莎白一世(Elizabeth I)举行加冕典礼的吉日,就是由星占学家迪(John Dee)用星占学理论推算择定的。后来出现了1577年的大彗星,引起普遍的惊恐,女王又将迪召去垂询。而法王路易十四(Louis XIV)听人报告说英国国王信仰星占学之后,自作聪明地任命了一位星占学家作为驻英特使;不料这位特使道行太浅,竟致有辱君命——在一次赛马中,英王要他预言赢家以供选择,结果他预言失败,只好奉召回国去了。

与各国君王相比,王公大臣等贵人对星占学的热情似乎更大。1524年有所谓"日月五星会聚双鱼宫"的罕见天象,据说预兆了会再发生一次《圣经》中所说的那种大洪水,一位修道院院长就特地到山上去盖起房子,储备给养。英王的国务大臣史密斯(T. Smith)为星占学耗费了非常多的时间和精力,以致"如果不想到星占学,几乎就夜不能寐"。另一位国务大臣则请星占学家为他排算了算命天宫图,他临终遗言说:星占学家对他一生事件的所有预言最后全都应验了。就是名垂千古的大科学家牛顿,年轻时也曾买过至少一册关于星占学的书;而据现代学者对牛顿的研究,他晚年热衷于研究的学术,除了神学、年代学、炼金术等,还有一项就是"预言书"——这类书籍十之八九都与星占学有关,后面我们就要谈到这一点。

要说到这一时期各方面著名人物之热衷于星占学,例证极多,兹再述几则以见一斑。宗教改革家梅兰希顿(P. Melanchthon)笃信星占学,相传有一种托勒密星占学著作的注释本即出自他之手;他除了理论上的兴趣,还进行星占学的实践,有一则逸事说,他为友人的六岁孩子排算了算命天宫图,预言此子将成英勇斗士而"臻于崇高之精神境界";然而这孩子其实是女孩,于是传为笑谈。当时请星占学家推排某人的算命天宫图,往往要隐瞒一些要点(最常见的做法是用假名)以考验星占学家的"道行"深浅。培根(F. Bacon)在《论说文集·论预言》中记述他在法国时听来的故事说:法王亨利二世的王后曾将法王生辰用假名请星占学家推排算命天宫图,星占学家预言此人将死于决斗中,王后闻之大笑,心想还有谁敢向国王挑战或寻求决斗?后来法王与其卫队长比试驰马枪技——从中世纪起这就是西欧武士的传统决战方式:双方各自骑马相向急驰,在交会的一瞬间设法用长枪刺伤对方或将对方击下马去,如未分胜负则再驰马重来一回合,直至分出胜负;当双方实力相当时,长枪的木柄经常会在交会瞬间因冲击而折断,谁知卫队长的长枪折断时一根木刺刺入法王的面甲缝中(那时武士从头到脚皆有铁甲遮护),法王竟然真的就"龙驭上宾"了。培根记述此事并非偶然,因为他有一种想法，觉得当时的星占学与炼金术两者都还"有待进一步完善"。再如法国大哲学家、大数学家笛卡儿，有时也谈谈星占学，相信是"天使"使日月星辰运行不息。一般来说，政治人物对星占学的迷信要更重一些，法国那位大权独揽的铁腕人物、大名鼎鼎的首相黎塞留（Richelieu），就长期把星占学当作施行内政外交的工具，据说他召集的各种会议上，总是有一位星占学家出席。

星占学之所以盛行一时而且深入人心，并不能简单地归因于当时人们的"迷信"或"愚蠢"（像许多普及性读物中经常说的那样）。比较可信的解释是：直到那时为止，人类仍未能对客观物质世界达到足够程度的了解；在人类的知识体系中仍有大块的基础性空白，还只是知其然而不知其所以然（比如，是什么机制使得天体运行不息），因此星占学作为一种宇宙观、一种知识体系或解释系统，尚未能被有效地替代。托马斯（K. Thomas）说：[①]

> 占星学说乃是有教养者对于宇宙及其作用的构图。……它必须有生理学因而也就是医药学的知识。它谈到了星辰对于植物和矿物的影响，因此就形成了植物学和矿物学。心理学和人种学也在相当大的程度上以占星学问为前提。占星术在宗教改革时期比在中世纪更甚地渗透到科学思想的一切方面。它并不是一种小范围的学问，而是教育人们的整个知识结构中的一个基本方面。

而且，从人类知识积累和发展的历史角度来看，星占学确实起过相当的积极作用：

> 在不存在任何对立的科学解释体系——尤其是社会科学（社会学、社会人类学、社会心理学）——的情况下，没有其他现成的思

[①] 基思·托马斯：《巫术的兴衰》，芮传明译，上海人民出版社（1992），第120—121页。

想主体（宗教除外）为光怪陆离的人类事务提供如此包罗万象的解释。同时，医学、生物学和矿物学等科学也没有发展到足以肯定和完全了解自然界的程度。这就是占星术所填补的知识空白，它促使人们试图了解普遍的自然规律。①

星占学和星占学家在那个时代欧洲社会中的地位，由此不难理解。

二、第谷与开普勒：一流天文学家也是一流星占学家

我曾特别提请读者注意本书图1所示星占学家左右手臂上摊开的书册——右臂上正是第谷的著作。第谷（1546—1601年）是他那个时代欧洲最伟大的天文学家；在当时许多人看来，他的天文学成就要比已经去世却尚未成名的哥白尼重要得多。②至于开普勒当然青出于蓝，但是他要到第谷去世之后才登上历史舞台。

第谷对星占学的兴趣，早在少年时代就已表现出来——那时对钻研"天上的学问"有兴趣的人几乎不可能对星占学置之不理。牛顿年轻时（他比第谷小41岁）去买星占学书籍，也是同样道理。第谷还在莱比锡求学时，就为一位教授推排过算命天宫图。20岁那年他在罗斯托克，适逢一次月食（1566年10月28日），他推算后宣称：此次月食兆示着土耳其苏丹苏莱曼（Suleiman）之死（那时奥斯曼土耳其帝国正如日中天，基督教欧洲仍面临着它扩张的阴影），不久果然传来苏丹的死讯。但是后来人们知道这位80岁高龄的苏丹其实是死于月食发生之前的。不过按照星占学的某些原则，第谷这次预言不能算失败。

1574年，第谷在哥本哈根大学作题为"论数学原理"（De disciplinis mathematicis）的演讲，这是一篇非常重要的星占学文献，他在其中阐

---

① 《巫术的兴衰》，第163—164页。
② 国内以前有关读物中对于第谷的成就及地位颇多误解，可参阅江晓原：《第谷传》，《世界著名科学家传记·天文学家Ⅰ》，科学出版社（1990），第8—34页，及传后所列27种参考文献。

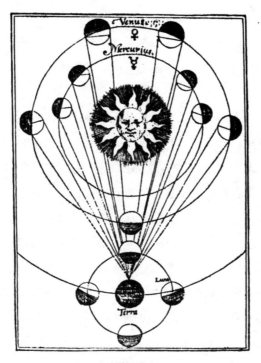

图20　第谷的宇宙模型（1588）。日月绕地球转，行星绕太阳转，地心体系

述了他的星占学观，这部分内容受到许多现代学者的注意。他认为星占学与神学并无冲突，《圣经》只禁止妖术，并不禁止星占学。对于星占学的各种各样的反对者，他认为"唯一有真才实学的"是皮科（Pico）伯爵（米兰多拉的），因为皮科伯爵试图从根本上驳倒星占学。然而第谷接着又指出：伯爵之死却恰好证明了星占学的正确——有三位星占学家都预言火星将在一个时刻威胁伯爵的生命，而伯爵竟真的死于此时（1494年11月17日）！

第谷在这篇著名演讲中也强调了"哲人主宰星辰"的传统观点，他用那个时代流行的夸张语调向他的听众们说：

　　星占学家并未用星辰来限制和束缚人的愿望，相反却承认，人身上有比星辰更崇高的东西。只要人像真正的人、像超人那样生活，他就能依靠这种东西去克服那带来不幸的星辰影响。……上帝将人塑造成这样：只要他愿意，他自己就能战胜星辰的影响。①

这就是说，人的命运虽可通过分析星辰运行来揭示，但这一命运并非绝对不可变更，人的意志和自身努力就有可能改变它。第谷认为上帝当然也能改变人的命运，"如果上帝愿意的话"。这种非宿命论的星占学观，听起来较为合理，也更容易使他的星占预言常立于不败之地。

当时的天文学著作中，大都有谈论星占学的内容，第谷的著作也不例外。1573年的《论新星》(De nova)中就讨论了1572年超新星的星占学意义。在讨论1577年大彗星的德文小册子中，他也用了很大的篇幅着重论述大彗星出现所具有的星占学意义。此外，在与友人的书信中（书信交流仍是那时学术交流最主要的途径之一），他也很认真地讨论着星占学，他致贝洛（H. Below）的长信就是一个重要例子。

1576年，丹麦国王将位于丹麦海峡中的汶岛（Hveen，地理纬度北纬56°）赐予第谷，并拨巨款令他在岛上修建宏大的天文台和大量天文仪器，同时兴建的还有仪器修造厂、印刷所、图书馆、工作室，还配备了舒适便捷的生活设施。从此他如鱼得水，大展宏图。他在此工作的二十一年间，汶岛上天文台之宏大壮丽、天文仪器之精良、天文学成果之丰硕，驰誉全欧，冠绝当时。王室对天文学的资助达到如此盛况（资助慷慨，且又得人），可以说在历史上空前绝后，仅此一例而已。这件盛事此后被历史学家谈论了四百余年。直至如今，第谷在汶岛时的工作和生活仍令天文学家们艳羡不已。

不过，第谷在汶岛上从事他的天文学伟业期间，还要为丹麦王室提供一些服务，其中最重要的是做星占预言。例如，他为丹麦国王的三位王子分别推排了算命天宫图，这三份装帧华美的文件原本至今仍珍藏在

---

① 《第谷传》，第28页。

哥本哈根的丹麦王家图书馆中。这种文件实际上是一份冗长的报告（有两份都长达300页），先是王子降生时刻的日、月、五大行星在天空中的位置图示，接下来是各种计算和详细论证；这些内容都是由拉丁文写成，但是最后的结论部分还要再用德文书写（据说是为了方便王后阅读）。例如，在为克里斯廷（Christian）王子所作的星占报告书中，第谷预言：

> 王子的童年将平安度过，因为金星处在有利位置上；尽管由于水星位置略为欠佳，会使王子在出生后第二年染上小病，但有惊无险，并不严重。从12岁起王子将染上起因于黑胆汁（black bile）的较为严重的疾病。29岁那年王子必须在健康和尊严两方面都特别小心。56岁那年是一大关口，因为太阳和火星都不怀好意，金星对此无能为力；倘若王子能够度过这一劫难，他将会有幸福的晚年。①

不过，第谷在每份报告后面都要强调，他的预言并不是绝对的，"因为上帝根据自己的心意可以改变一切"。

一些历史学家相信，第谷的星占学活动很可能真对那个时代北欧的政治形势产生过实际影响。第谷曾为古斯塔夫（Gustave Adolphe）做过星占预卜，他预言这位瑞典王室的支系后裔将会成为瑞典国王。在他去世之后十年，此人果真登上了瑞典王位。据17世纪的历史学家记载，正是第谷的星占预言鼓动了王室支系的勇气，使他们下决心去夺取在嫡系手中的王位。

在那位慷慨资助第谷的丹麦国王去世之后，新王对第谷的恩宠日渐消减，无意于继续资助他，最后他在汶岛长达二十一年的"天学蜜月"终于黯然结束。他不得不前往布拉格，接受神圣罗马帝国皇帝的资助，可惜他才安顿下来一年多，竟在54岁的有为之年被疾病夺去了生命。但

---

① 引自J. A. Gade: *The Life and Times of Tycho Brahe*, Oxford University Press (1947), p. 79。

是他总算来得及在去世之前做成了一件他自己根本无法想象其重要性和历史意义的大事——他将一位29岁的年轻人招来作为自己的学生兼助手，这年轻人就是已经显露才能但尚无地位的开普勒。如果没有第谷，没有他遗留给开普勒的大量精密观测资料，就不会有日后的行星运动三定律（1609、1619），也就不会有作为第一流天文学家的开普勒。不过作为著名星占学家的开普勒仍然会有。

开普勒（1571—1630年），属于那种对神秘主义事物十分入迷的天才人物。仅发现行星运动三定律这一项贡献，已经足以使他进入历史上最伟大的科学家之列；况且他在光学、数学、天体引力思想等方面都还有重要贡献。但是另一方面，像他这样的人物，在那个时代不和星占学发生关系几乎是不可能的。事实上，他深深卷入当时与重大政治、军事形势有密切关系的星占活动，他作为大星占学家的声誉也正是由此而来。

在"三十年战争"（1618—1648年）的中期，交战双方的军事领袖都是青史留名的人物。一方就是那位第谷预言他会成为瑞典国王的古斯塔夫（此时早已登上王位，称古斯塔夫二世［Gustave II］），他与法国结盟，并与德意志信奉新教的诸侯（勃兰登堡选帝侯与萨克森选帝侯）联合，攻入德意志西部和南部，连战连捷；另一方是著名的捷克贵族华伦斯坦（A. E. W. von Wallenstein），他是神圣罗马帝国的"弗里德兰和萨冈公爵、最高统帅、大洋和波罗的海将军"。有趣的是，第谷为前者占卜，开普勒为后者占卜，这师徒二人分别为敌对双方的统帅占卜，而且他们对这两位大人物所做的惊人的星占预言，后来竟都得到验证。开普勒为后者所做的星占预卜尤富于戏剧性。

早在1608年，有人来找开普勒，要他为一位"不想说出姓名"的贵族排算算命天宫图，并预测此人的未来。开普勒已经知道此人是谁，但并不说破，他推算之后做出预言如下：

（此人）忧郁警觉，酷爱炼金术、魔法和通神术，蔑视人类以及一切宗教的戒律习俗，怀疑一切，不论是上帝所为还是人的作为……因为月亮显得很卑劣，所以他的这些特征将变成引人注目的缺点，他将受到那些和他打交道的人的蔑视，他将被看作一个怕见阳光的孤独野人。他残忍不仁，目中无人，放荡淫乐，对下属严厉凶狠，贪得无厌，到处行骗，变化多端，他常常沉默不语，暴躁易怒，好争好斗……成年以后，大部分恶习都将被磨去，而他的这些不寻常的品性会发展为坚强的办事能力。在他身上还可以看到争名夺利的强烈欲望，企求威严权势，因此他就会有许多强大的、对他不利的、公开和隐蔽的敌手，但他们大部分都将不是他的对手……由于水星正和木星对立着，因此他将赢得声望，他将成为一个特别迷信的人，依靠这种迷信的方法他能把一大群老百姓笼络在自己周围，并被暴徒们推为首领。①

这个匿名来求星占预卜的贵族就是华伦斯坦。开普勒知道是他来求卜，他将华伦斯坦的名字用他自己的密码文字（这类密码文字是当时流行的做法，目的是既能暂时保密，又可"立此存照"）记在那份算命天宫图的原件中，可以证明这一点。

16年后，这份天宫图又被送回开普勒手中，上面已有华伦斯坦的亲笔批语，这次他仍然匿名，要求星占学家为他补充未来命运的细节——他此时即将出任联军统帅。但开普勒拒绝这样做，他认为如果一个人相信自己的命运全由星辰决定，"那他就还未成熟，他就还未将上帝为他点燃的理性之光放射出来"，或者说，他就是还未明白"哲人主宰星辰"的大道。不过此举并未破坏这位大人物对开普勒的好感，他依旧颇为慷慨地赞助后者的天文学工作，为他提供住宅和各种方便，让他安心编撰星表（以帝国皇帝之名命名，即著名的鲁道夫星表［Rudolphine Tables］）。令人惊奇的是，开普勒为这位统帅所做的星占推算止于1634

---

① E.厄泽尔：《开普勒传》，任立译，科学普及出版社（1981），第79—80页。

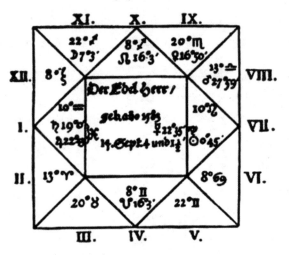

图21 开普勒为华伦斯坦排算的算命天宫图。中心方框里注明出生日期：1583年9月14日；占辞中提到的月亮在第11室；木星在第1室，水星在第7室，正好相对

年，他不愿意继续推算下去；而偏偏就在这一年，这位统帅在达到他成就的顶峰——1633年底吕岑会战大获全胜，瑞典国王古斯塔夫二世战死——之后，因功高震主，受到猜疑而被解职，旋即遇刺身亡（2月25日）。人们似乎不能不承认开普勒为他推算流年恰好止于这一年，是有预知未来之深意存焉。

开普勒作为一个成功的星占预言家的声誉，早在多年以前就已建立。他的一生历经战乱和宗教信仰方面的麻烦，又不富有，因此不能不亲为稻粱之谋，他主要的谋生途径之一是编撰星占年历——一种很像中国古代历书（黄历）的出版物（我在下文另将谈到）；这是那时非常风行的读物，所以颇能赚钱。开普勒在他的星占年历中对1618年做了这样的预言：春季"不仅气候，而且首先是行星的运行，都使人偏好争斗"。更奇怪的是，他精确预言了三十年战争爆发的时间："肯定是五月里爆发"。事实是，1618年5月23日，布拉格发生起义，群众冲入王宫，将两位钦使从窗口投入壕沟，这就是历史上有名的"掷出窗外事件"，三十年战争于是爆发。

开普勒虽然有上述这些准确得惊人的星占预言，但他显然是深信"哲人主宰星辰"这一古训的，甚或还有过之——他主张人们绝不可因星占预言而放弃任何努力，这可举一例以说明。1610年，德意志处在内战之中。神圣罗马帝国皇帝是被历史学家们斥为"神经不正常的"鲁道夫二世（Rudolph Ⅱ），开普勒是他的"皇家数学家"——头衔虽然动听，薪水却经常拖欠。皇帝为了巩固自己日益缩小的权力，召来了雇佣军；而反对派则召来匈牙利国王（从理论上说他是皇帝的臣子）。交战双方都要开普勒为他们做星占预卜，这时眼看鲁道夫二世末日将临，但开普勒仍恪守臣节，忠于皇帝，为此他故意为皇帝的敌人做了不利的预言，想削弱他们的信心；同时，他警告皇帝的拥护者们：在做重大决策时必须将星占学完全抛开。他慷慨陈词：①

> 我的意见是，占星术不仅应该从议会中清除出去，而且也应该从那些现在想给皇帝进言的人的头脑中清除出去，应该把它从皇帝视野里完全清除出去。

这番话出自一位宫廷星占学家（那时星占学家-天文学家总是被称为"数学家"，开普勒当时的头衔就是如此）之口，该是足够发人深省了吧。不过他的忠告无济于事，不久敌军攻入布拉格，皇帝退位，并在这年冬天离开人世，见上帝去了。

三、乌托邦里的星占学

关于理想社会的文学性作品成批涌现，是这一时期欧洲思想界引人

---

① 《开普勒传》，第56页。

注目的现象。这种对完美社会的理论设计,源头可上溯到古希腊柏拉图的《理想国》,但是直到英国的莫尔(Thomas More)出版了《乌托邦》(*Utopia*,1516)一书,才形成了大致固定的模式——某个旅行者因意外机缘进入一处世外桃源,发现那里有着极其理想、极为完备的社会制度,惊异之下,大为仰慕,于是详细询问请教并四处参观,然后记录下来(或通过书信向故国友人描述)。作家通过这种形式,揭示当时现实社会的弊病,并展示自己设计的未来理想社会的蓝图。"乌托邦"一词从此成为典故,专指"假想的完美社会"。① 继《乌托邦》之后,同类作品又在17世纪初叶接踵出现了三部:康帕内拉(Campanella)的《太阳城》,1601年成书,1623年出版;安德利埃(J. V. Andreae)的《基督城》,1619年出版;培根(F. Bacon)的《新大西岛》,1627年出版。此后两个世纪中,继起之作不绝。

在当时学者所设计的理想社会中,星占学居于何种地位?有何功能?考察这些问题,可以从一个有趣的侧面揭示星占学在当时知识体系中的地位。幸运的是,《太阳城》一书为此提供了颇为丰富的材料,因为作者自己就是一位够格的星占学家。

《太阳城》假托一位"航海家"向人讲述他远航中去过的一个城市——太阳城。太阳城的最高领导者被称为"太阳",只有那个最贤明、最博学并具有正直、仁慈、慷慨……所有美德的人才可出任此职。这位"太阳"必须懂得的学问之中,星占学是特别重要的几项之一(作者至少强调了两次)。在太阳城首领的知识结构中,星占学何以如此重要?原因是城中的许多工作和活动都必须由星占学来加以指导。

太阳城统治地区的农业生产是"根据风向和星座所处的良好位置"进行的;畜牧业也依赖星占学的指导,例如,让马交配的时刻必须是"人马座处在星占表中火星与木星的良好方位上的时刻",牛交配的时间

---

① 国内以前追随苏联称之为"空想社会主义";但莫尔等人所设想的是否真可称为"社会主义",大成问题。

要由金牛座的位置决定，羊交配的时间则取决于白羊宫的位置，如此等等。太阳城人患病时，"就要观察星象进行祈祷，并吃各种草药"。太阳城的居民人人都各尽所能，随才器使，"每个人在根据自己的禀赋进行工作时都能愉快胜任，履行自己的义务"，因为他们"每个人的职务，都是从童年起就根据他们的爱好和他们诞生时辰星象的配合而确定的"。

太阳城是一座理想之城、幸运之城，这座城建立的时候，就用星占学做过严密推算：

当他们建立自己的城市时，曾确定宇宙四个角落的固定标志。在星占表中：

太阳以东的木星处在狮子宫；

水星和金星处在巨蟹宫，但它们在近处，所以形成了同行；

火星处在人马宫，即第五室，因为阿费塔（aphetes）和星占表扩大了，所以是吉祥的方位；

月亮处在金牛宫，这是对水星和金星有利的方位……

土星力图处在第四室，但绝不会危害太阳和月亮，而且能促进基础的加固。

……

所以，他们的星相学是值得重视的。①

由于作者自己就是星占学的行家，一时技痒起来，在上面提到了好些当时流行的星占学术语，需要稍加解释。

上面提到的狮子宫、巨蟹宫、人马宫等，皆指黄道上的十二宫；又提到"室"，这是星占学家对黄道的另一种划分名堂，黄道上共十二室，依次如下：

---

① 康帕内拉：《太阳城》，陈大维、黎思复、黎廷弼译，商务印书馆（1980），第36页。

生命室,

利润室,

兄弟与友谊室,

双亲室,

儿女室,

恶德室;

婚姻室,

死亡与遗产室,

宗教与旅行室,

荣誉室,

功勋室,

仇恨与奴役室。

日、月和五大行星被分成三类:

吉星:日、月、木星、金星;

凶星:火星、土星;

反复无常者:水星。

术语"阿费塔"原出希腊语,意为"发动力";从托勒密开始,几乎所有的西方星占学家都使用这一概念,用"阿费塔"指那颗"使生命发动起来的"行星(包括日、月在内)。黄道上共有五个特殊的"阿费塔位置",当太阳或月亮处在这种位置时即成为"阿费塔";若此五位置上都没有太阳或月亮,方才允许其余五颗行星替补而成"阿费塔"。

上面这一段关于太阳城建城时的星占,实际上是"为城市排算算命天宫图"这一传统做法(本书第四章谈到过这种例子)的又一次实践——当然完全出于虚构。

太阳城人受星占学指导的事务中,最有趣的莫过于性交。太阳城中的男女——那里是实行公妻的——之间的性生活,严格听从星占学

家和医生的指导安排:①

> 男女在性交之前,要在两个分开的小房间之内独寝。性交时辰一到,就有一位女领导人从外面把两扇门打开。性交的时刻,要由星相家和医生努力抓住以下的时刻来决定:金星和水星处于太阳以东的吉室中,木星处于良好的方位,土星和火星也要处于良好的方位或处于它们(起作用)的方位以外。这对于经常成为阿费塔的太阳和月亮来说,也是特别重要的。他们喜欢星占表中的室女座,但也密切注意,使角落里不出现凶星……而这些角落是可以根据整个或部分宇宙的协调来决定生命力的根源的。

在康帕内拉思想中,仍带有"只为欢愉而性交是不好的"这样的倾向,因此他为太阳城男女设计的性交时刻,仍主要着眼于如何生下健康完美的后代。作为一个星占学家,谈论这类内容自然是他的老本行了。

最后,康帕内拉借那位"航海家"之口,大大谈论了一通太阳城人的星占学观——当然也就是康帕内拉本人的星占学观。大致有如下几端:星象是赞成人类善的意志的,星象是赏善罚恶的;星象与技术的发明、法律的演变、宗教的传播、王朝的更替、女性的掌权,以及淫乱、卖淫、道德败坏等,都有密切关系。在《太阳城》后来的版本中,康帕内拉还补充了这样的段落:

> 他们不会相信英明的基督教最高主教会禁止星相术,只会禁止某些人所搞的星相术,即滥用星相术来预告以自由意志为转移的行动和超自然的事件。因为星辰对于超自然的现象只作为预兆,对于自然现象只作为普遍原因,而对于意志坚强的行动只作为理由、动机和促使行动的动因。……由此可见,星辰所指示的邪道也罢,战

---

① 《太阳城》,第19页。

争也罢，饥饿也罢，它们之所以发生，大部分是因为人们多半受感性的动机所控制，而不是受理智的控制。①

这样的星占学观，已经颇为合理。

最后不妨顺便谈一谈，星占学还曾在《太阳城》作者多灾多难的一生中帮过他的大忙。康帕内拉因参与政治活动被判处无期徒刑，在过了二十五年铁窗生活后，被教皇乌尔班八世（Urban Ⅷ）将他引渡到罗马。教皇此举主要是出于他个人的兴趣爱好——他是一位星占学爱好者，而被囚的康帕内拉在星占学方面名声很大，写过好几部关于星占学的书；教皇欣赏他的才学，所以设法庇护他。起先只是允许他公开发表作品，尚无人身自由，但当他完成了《人如何能避免星辰所预示的命运》一书后，终于得以重获自由。尽管他晚年还是免不了政治逃亡之苦，他的《星占学》一书又被政敌指为他不服从教会的证据，但罗马教皇曾因他的星占学而庇护他，这幕插曲还是很有助于了解星占学在那个时代风靡一时的盛况。

第二节　作为一种行业的星占学

一、星占历书：畅销读物

星占历书很可能是16、17世纪最为畅销的读物，据说销售册数超过《圣经》。姑取一些这一时期英国的有关数据以见一斑：1600年之前，在英国已出版了600余种这类历书；而在下一个世纪中这类出版物超过2000种。当时一位极负盛名的星占学家利利（W. Lilly）（下文还要专门谈到他）所编的星占历书，销量逐年上升：1646年印13500册，1647年为17000册，1648年为18500册，此后每年售出近30000册。注意这仅是一城一地、一位星占学家作品的印刷销售情况，全欧洲当年星占历书之

---

① 《太阳城》，第136页。

盛行与畅销已不难推想。

这种如此畅销的出版物，究竟靠什么内容来引人入胜？一册星占历书，通常由三大部分组成：第一部分相当于现代的《天文年历》（当然要简单得多），包括这一年的天文事件，如日食、月食、行星的"合"之类，这部分要依靠天文学知识来预先推算。第二部分比较简单，大体相当于今天的月份牌，给出该年的历日以及注明重大的宗教节日之类，这只要按历书规则排算一下即可。最重要，也最能检验出历书编撰者"道行"的是第三部分，即对该年重大事件的预测（历书都是在前一年预先编算好的），这些事件包括战争、自然灾害、年成丰歉等。除此之外，星占历书还有五花八门的内容，比如集市与庙会的一览、公路及里程指南、"开天辟地以来"的重要历史事件简表、医药处方、法律用语、园艺须知之类。还有专供某一类职业的人用的历书，其中专门附有这种职业所需的常识，如供海员用的历书中有航海须知、供治安推事用的历书中有法律措辞，甚至还有迎合各种不同政治立场的内容。总之是尽量将历书编成一本对日常生活有用的手册。

公众购买这种历书之后，至少有如下几种效用：可以很方便地排算各种时刻的天宫图；可以"预知"来年的大事（准不准那要看造化了）；可以知道日常许多行事的吉凶宜忌，比如哪天宜服药、哪天忌放血之类；可以获得一些日常生活和工作中有用的常识或信息。这些用途，无论对于受过良好教育的上层人士还是很少受教育的下层民众，都是需要的，所以几乎社会各种阶层的人都会去购买这类星占历书。

编撰畅销的历书虽然可以赚到钱，但也有风险。出版商来找星占学家，请他编来年的星占历书，付给他报酬，出版发行方面的风险由出版商承担；但是，如果星占学家在历书中对来年的大事"预测"不准，则不仅下次没人再找他编历书，他作为星占学家的"职业声誉"也要受损，以后就要"不好混了"。反之，倘若"预测"准确，则声誉大振，找他编历书的人越来越多。这方面开普勒就是一个有趣的例子，开普勒头一回干这种事是奉命编1595年的星占历书，他在历书中预测此年的大事有："好战的土耳其人侵入奥地利""这年冬天将特别寒冷"等，结果都准确应验了，于是他作为一个历书编撰家名声大起，此后不断有人请他编历书。

星占历书在那时大行其道，许多上层人士都受其影响。当时有人抱怨道："人们更喜欢查阅和思索他们的历书，而不是《圣经》。"许多乡绅把时间消磨在研读历书上，以便查找来年的国内外大事。1642年3月英国内战前夕，据说"即使国会中最优秀的分子"也被当时著名星占学家布克（J. Booker）所编历书中的预言扰得心神不安，因为那册历书在3月份处预言："在本月下旬将有残酷和血腥的计划付诸实施。"而在1666年，六名密谋者研读利利所编的历书并进行星占学计算之后，择定9月3日作为起事的日子。类似的事例K.托马斯曾举出很多。

二、形形色色的职业星占学家

在著名的《浮士德》（*Faust*）"悲剧第一部"的开头部分，可以读到如下诗句：

> 起来！快逃吧！逃往辽阔的境地！
> 难道这种神秘的书籍，
> 诺斯塔大牟士的亲笔，
> 还不够作你的伴侣？
> 认识星辰的运行，
> 接受自然的启示，
> 那时你心灵的力量豁然贯通，
> 好比精灵与精灵对语。
> 凭这枯燥的官能，
> 解不透神圣的符记！①

---

① 歌德：《浮士德》，董问樵译，复旦大学出版社（1983），第24页。

歌德（Goethe）在这里提到的诺斯塔大牟士（即诺斯特拉达穆斯），是16世纪上半叶一位名噪一时的法国星占预言家，当时欧洲的国王们竞相设法罗致他，以便得到他的"服务"。而所谓"这种神秘的书籍"，自然是指诺斯特拉达穆斯那本久负盛名的《世纪预言》（Les Vrayes Centvries et Prophetles）。此书由一系列意义隐晦不明、几乎可以解释成任何事情的韵文构成对未来世界的"大预言"，简直就是中国古时流传的《推背图》《烧饼歌》的法国兄弟。据说第二次世界大战时，德国党卫军首脑希姆莱（H. Himmler）曾请到一位星占学家翻译此书，竟看出其中连柏林的陷落都已预言了！

与大言惑众、名动王侯的诺斯特拉达穆斯不同，佛罗伦萨的帕哥洛（M. Pagolo）作为一个星占学家，却"过着圣徒般的苦行生活"：

> 他几乎不吃什么东西，蔑视一切世俗的财货，而只是收藏书籍。他是一个技术高明的医生，只是在他的朋友中间看病，并且规定他给他们看病的一个条件是他们必须坦白承认他们的罪恶。……他也常常和老柯西莫（Cosimo）见面，特别是在他晚年的时候；因为柯西莫也接受和使用占星术，虽然可能仅仅是为了次要的目的。不过，帕哥洛照例只是向他的最亲信的朋友们解释星象。①

这位星占学家之所以要过这种苦行生活，据说是由于他希望能使星占学"有利于道德"。

另一位意大利星占学家卡尔达诺（G. Cardano）的生平则又是一幅充满传奇色彩的画卷。此人精通数学、医学、物理学、哲学等多种学问，直至今日数学教程中仍留有他的恒久印迹——例如求解一般三次方程的"卡当公式"（英语将他的姓拼成Cardan，故习惯译成"卡当"）。

---

① 雅各布·布克哈特（J. Burckhardt）：《意大利文艺复兴时期的文化》，何新译，商务印书馆（1979），第501页。

他出生于1501年，活了76岁。早年聪慧、博学但不富有，成年后偏又家门不幸，长子犯罪，幼子堕落，他本人在几所大学先后任教职，声誉渐起。他年轻时，宗教改革家马丁·路德正是叱咤风云的大人物，相传因自己命途多舛，路德曾改变了自己的生辰日期——希望通过这样"暗改八字"来扭转厄运；但卡尔达诺为之排算天宫图，预言他一生未可乐观。卡尔达诺这种喜欢为名人排算天宫图的嗜好后来给他带来了大祸——他竟为耶稣排算起算命天宫图来了！并宣称救世主一生的遭际都是由天上星象所支配的。结果于1570年被宗教法庭监禁，起诉他是"异端"（还有人说他入狱是由于债务，另一说是异端与债务两罪兼而有之）。他只好宣誓"放弃异端邪说"，才被释出狱，但已受了几个月的牢狱之苦，而且失去了教授职位，并且他也不再被允许出版著作。生计无着，他只得去罗马另谋出路，不想在那里时来运转。教皇庇护五世（Pius V）赏识他的星占之学，付给他终生年薪，留他在教皇宫中任职，他总算有了一个平静的晚年。临终那年，他写了一本带忏悔色彩的自传《我的生平》（*De propria vita liber*，直到1643年始在巴黎出版）。关于他的死，还有一种惊人的传说：相传他早已为自己算定了归天的日期，到了那一天，他为使自己的预言应验，以维护他大星占学家的声誉不坠，采取了惊人之举——他是自杀而死的。

与上面这些依靠王侯庇护供养的星占学家不同，另一部分星占学家已经在这个时代成功地走上了商业化道路。他们开办星占学事务所，公开营业，为公众（王侯与平民同样来者不拒）提供咨询，"答疑解惑"，当然，也要为此收取费用。在英国，一个由这样的星占学家组成的学会早在17世纪中叶就已成立，并在1649—1658年每年在伦敦集会——请注意，近代科学团体的冠冕皇家学会要到1662年才正式宣告成立。这些星占学家中特别有名的几位，在多年的经营活动中，留下了大量类似工作日志的文献，现代研究者托马斯称之为"判例汇编"。这些文献，可以用来了解当时作为一种行业的星占学的经营细节，并提供这类星占学家的典型个案。

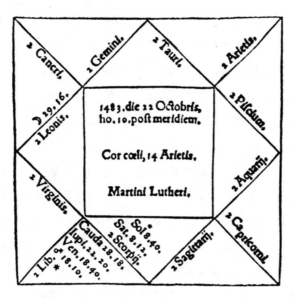

图22　马丁·路德（Martin Luther）的算命天宫图。中间方框中注有他的姓名和出生日期：1483年10月22日；但史书上记载的出生日期是这年10月31日（儒略历）。两者的差异或许正是"暗改八字"所致

在16—17世纪的英国，有三位最负盛名的星占学家——他们的星占学事务所都在伦敦开业：

福尔曼（Simon Forman，1552—1611）
利利（William Lilly，1602—1681）
布克（Johm Booker，1603—1667）

这三人可称为那时的"三大星占学家"。其中福尔曼年辈最早，他主要作为医生，同时又作为星占学家、炼金术士和巫术师，活动于伦敦近30年，因为是"无照经营"，曾几度入狱。在他上述几种职业中，只有作为医生获有剑桥大学发给的许可证。这三人中名声最大、影响最广的是利利，出身于贫苦自由民之家，起先在人家家里做仆人，后来娶了东家的遗孀，差得自立。他只学习了不到两个月的星占学，其事务所居

然就敢在1641年正式开业。三年后他出版了他的第一册星占历书。看来是由于他的天分,他迅速成为这一行的后起之秀,又进而成为本行公认的领袖,在平民和上层社会中都拥有巨大影响。

关于这类商业化星占学家及其事务所的营运情况,可以从"三大星占学家"留下的档案文献中了解到不少。他们的事务所经常门庭若市,业务十分繁忙。例如,1597—1601年间,福尔曼平均每年进行1000次星占计算,而接到的询问则远远超过此数;利利在他业务的高峰期,每年进行星占计算近2000次;布克平均每年1000次计算的业务量持续了至少17年之久(1648—1665),而在此期间他处理的咨询则达到16500次。当时这样的开业星占学家人数在200以上,上述三大家未必就是业务最繁忙的——只是他们有档案文献保存下来,所以得以在今天为人所知。由此推想,那个时代的英国人对于到星占学家那里去求神问卜是多么乐此不疲!

所谓接待顾客的咨询,可以是主顾亲自前来求教,也可以派人前来或以书信传达;若是问题简单,星占学家或许片言即可发付,否则就要进行星占计算——具体做法是记下闻知问题的准确时刻,然后画出该时刻的天宫图,再默默思索一番,即可宣布答案,每次通常耗时不过一刻钟。

总的来说,像利利这样有名望的星占学家,是很能赚钱的。虽然利利努力显出一副"为富而仁"的样子,对于穷人的医务咨询往往不收报酬,"他们如果愿付的话,就取一先令或半克朗",还呼吁同行"无偿地施予穷人,无论是金钱还是建议";但对于向高级政客提供的机密建议,他要收取极高的酬金。例如1647年他为一位保王党派来的中间人提供关于军事行动的建议,取酬20金币;1649年他受雇于国务会议,取酬25镑现金外加每年100镑的津贴;据说1662年这一年他赚了500镑——这在那个时代是一笔巨款。那时英国货币的进位制是:1镑=4克朗=20先令=240便士。

在开事务所的星占学家的群体中,有一部分成员的身份颇令现代人惊异——他们竟是神职人员。例如，白金汉郡大林福德教区的教区长内皮尔（R. Napier），将星占学和医学结合起来，施术长达40余年（1590年他出任教区长，至1634年去世），留下了卷帙浩繁的"判例汇编"文件，几可与前述"三大星占学家"比肩而立——事实上他正是三大家中的老前辈福尔曼的高足，要说从业资历，比利利与布克都还要老一辈呢。又如约克郡梅思利教区的教区长阿谢姆（A. Ascham），也是当时著名的教会星占学家和资深的星占历书作者之一。托马斯还列举过许多这类身为神职人员的星占学家和历书作者。看来从事星占学行业以为稻粱之谋与"献身上帝"在他们身上是可以并行不悖的。

那么最后人们要问：这些门庭若市的星占学事务所究竟能为当时的王侯巨富、愚夫愚妇、痴男怨女们答什么疑、解什么惑呢？这正是下面两节要讨论的内容。

第三节　星占学家知道什么？（上）

这一节专述开业星占学家为私人事务提供的咨询服务。这些咨询的名目是如此之多，以致不得不进行归并。

一、寻找失物

这是许多主顾经常向星占学家求助的项目。那时人们确实普遍相信星占学家有能力依靠星占学方法推算出失物何在。例如，曾有许多主顾向利利询问诸如某学会丢失的金银餐具、西班牙商船上的150镑现金、某客栈的抢劫案、"索斯沃克特区的一个胖妇人"被窃的20镑等问题。又如，一位书商为朋友家失窃的钱财而去求助于星占学家，星占学家为他绘制了星占图（但最后未能破案）。再如，一位药剂师所用的工具书（手抄本）失窃，他也立刻去求助于星占学家。求助者中有不少家庭主妇，要星占学家为她们寻找遗忘的器皿、失窃的衣服之类；还有不少大户人家的仆役，因东家遗失了值钱物品而来求助（如果破案，他们就可洗去嫌疑)。

以今日的常识去推想,依靠排算天宫图之类的星占学方法,要正确解答上面这类问题几乎是不可能的。星占学家充其量只能依赖对人情世故的洞察和求助者所告知的有关情况做一些原则性的或模棱两可的推测而已。事实上这类寻物问题也正是开业星占学家最感难办的事之一。但是他们为了"职业声誉",居然也都硬着头皮作"来者不拒"状,接下这些生意——不过他们通常不是指出窃贼的姓名,而只是描述出嫌疑犯的外貌,然后让主顾回去见机而做。闹出笑话的时候自然也有,托马斯曾从文献中举出一个事例:1505年,一家旅店中搬运工的物品被盗,搬运工依照一位伦敦星占学家对窃贼外貌的描述,认定窃贼正是旅店老板的儿子,遂将少东家逮捕;不料搬运工忽略了星占学家描述中的一个细节——窃贼"有褪了色的牙齿",而老板的儿子张开嘴巴,却是一口洁白无瑕的牙,于是证明他怀疑错了人,这下子他当然要"吃不了兜着走"了。

二、寻人·寻逃仆逃犯

航海经商、探险、战争使大量男子万里跋涉,远赴异国他乡,他们的独守空闺的妻子成为星占学事务所又一大主顾群体。有许多妇女因长期得不到丈夫的消息而痛苦不堪,以致有的人神经错乱,这时她们从星占学家那里听来一点"消息",哪怕是谎言,也有很大的安慰作用。在利利的档案中,到处都是忧心忡忡的妻子来探询丈夫生死的事例。又如1595年一位妇女向福尔曼了解她那已经出海18个星期的丈夫的安危;1617年一位妇女向星占学家"打听她距伦敦366英里的丈夫的归来问题";1645年利利接待了许多这类女顾客,有的打听自己被拉夫充任战舰木匠的丈夫是否还活在人间,有的询问乘"博爱"号前去弗吉尼亚的丈夫(一个外科医生)的情况,有的来打听一个已于三年前被派往爱尔兰的骑兵的生死;又如1649年7月,一位面包师的妻子来找利利,询问她六年前出去当兵的丈夫的下落,利利推算之后告诉她:此人已于五年前死去。

仆人倘若逃走，也可去请教星占学家，他们可以测算逃人的去向。如果是犯人越狱潜逃，也可照此办理。例如1528年一位新教异端分子从牛津出逃，学院院长和代理主教就雇了一位星占学家来测算他逃跑的方向；又如1652年一位王党陆军中将从伦敦塔逃走，推测他逃逸去向的生意就找到了星占学家布克那里。而昔年曾显赫一时的蒙默思（Monmouth）公爵于1685年率众叛乱被击溃后，据说就是由一位都柏林的星占学家奉当局之命测算出了他的逃匿之所，结果公爵被抓获斩首。

三、寻船·航海预卜·航海保险

航海是一种有风险的活动，这在科学技术高度发达的今天也仍是如此，几百年前更是可想而知。那时许多商人、船主一旦船期延误而又原因不明，立刻就要去请教星占学家。在利利接待的顾客中，估计有六分之一是航海人员。船舶失踪问题是星占学家们感到棘手的问题之一，利利等人的档案中记录许多船的名字，都是由船主或船员亲属来查询的——其中有些船可能已葬身海底。

星占学家既被认为能预卜未见，水手们自然会来请他们为远航预卜吉凶。星占学家还为船只下水或启程远航选择吉日良辰，这在很大程度上可以增强航行者的信心。

依靠星占学家的指导以求在远航中趋吉避凶，不仅下级水手们有此迷信，所谓上流社会的大人物也未能免俗。这可以举当时英国有名的海军军官、航海家蒙森（W. Monson）爵士为例。他曾任旗舰舰长、舰队司令等职，晚年作《海军短文集》，是有名的航海史料。但就是他也要去请星占学家福尔曼为他预卜远航吉凶。他与福尔曼关系密切，他远航出海期间，夫人也常向那位星占学家请教各种问题（其中想必包括丈夫的安危）。就是这位福尔曼，1602年还为女王的船只推算过前程吉凶。

据说曾有一位怀疑星占学的人士评论道：倘若星占学家真能预卜航海船只的吉凶，那他们不妨经营航海保险业务。托马斯通过调查档案史料表明，星占学家们当时确实经常为尚处在早期的航海保险业提供咨询服务。例如，利利的档案中有几处提到，主顾来向他询问，是否要为船只投保。1644年，有一艘船据报道已在开往西班牙的途中沉没，承保人也坚信该船已经沉没，但利利却推算出该船安然无恙；后来事实证明他竟是对的，这件事使他的声誉更加锦上添花。

关于星占学家与航海者之间的传奇故事，在那时流传颇多，而航海又是那个时代的大事和热门，所以星占学家们又热衷于编印专供航海使用的星占学指南，而不少经验丰富、大有名望的航海家也仍乐意接受星占学家们的"指导"。

四、物价·生意盈亏

物价是由供求关系决定的，因此预测来年某些物品（比如谷物之类）价格的变化，原可建立在市场调查的基础上，有一定的科学依据。这方面的预测，也在星占学家的业务之内。在那时的星占历书中，就有关于来年何物将昂贵、何物将低廉的预言。当然商人们在商海浮沉，商战残酷，仅看星占历书不能满足需要，还要能"预知未来"的星占学家随时服务，以备咨询。16世纪时，荷兰安特卫普的许多大商人都雇用星占学家为他们预测市场的浮动。下一个世纪英国的工商业蒸蒸日上，星占学家们的事务所中，这方面的主顾也络绎不绝。有人来询问有关购置房产、马匹、船只以及其他各种物品是否得当的问题；妇女们来问如何利用她们的年金去投资获利；有人来请教应不应该开一家店铺。重大的举措当然更要请星占学家"指点迷津"，比如1682年有人为一个包括将一家工厂迁往海外的大计划去征求星占学家的意见。更有胆大妄为之徒，竟去星占学家那里询问向意大利贩运人口的前景。

生意不景气，亏了钱，也要到星占学家那里去寻求帮助。在利利、布克等人的档案中，这类记载很多。比如一个老头去问利利，自己的事业不昌盛的原因究竟何在？1651年有一位主顾从外地写信向布克请教：自己在四年里亏损了800英镑，"这种大萧条的原因是什么""是不是有人在蓄谋破坏自己的商业信誉"，诸如此类。

五、寻宝寻金·寻找点金石

寻宝、探宝、找到古老相传的古代神秘宝藏，这类事情从古代起就一直是最激荡人心的美梦之一，直到今天仍然如此，更何况历史上的确不乏在这方面梦想成真的实例。这类事又往往与各种神秘主义的观念密切联系在一起，星占学家在此大有用武之地，应在意料之中。福尔曼、加伯利（J. Gadbury）、内皮尔等星占学家都拟定了一套"计算财宝埋藏地点的规则"（最后这位内皮尔就是上一节中提到过的白金汉郡大林福德教区的教区长，一位神职人员从事这种业务，真使人为他的"虔信"担心）。1597年，有人请求福尔曼测算一所旧宅里有无埋藏的财宝。利利的主顾中也有掘宝者，他的往来信件中有一封外地来信，1654年时那里谣传有"大量财宝"，来信请利利为他指点迷津，倘若由此能找到财宝，愿以收益的一半作为酬谢。类似要求测算藏宝地点的主顾在其他星占学家那里也有。至1697年，还有报道说某星占学家成功地发现了耶稣会士藏在萨瓦地方的财宝云云。

与寻宝在观念上有联系的另一种搜寻活动是寻找点金石。点金石即所谓"哲人之石"（philosopher's stone），在西方源远流长，炼金术士们相信，点金石不仅能点铁成金，而且能制成长生不死之药。从中世纪到17世纪，西方的炼金术士们为了点金石不知耗费了多少心力。星占学家也为点金石的搜寻者们提供咨询服务。福尔曼和利利都坚信点金石确实是能够获得的。福尔曼规定"炼金科学属第九宫"，他致力于用星占学计算和"星占地卜"（参见本书第六章第四节二）来为对寻找点金石感兴趣的主顾们卜算前景。利利认为获得点金石是极少数人依靠天启才有的幸运："由于这是人世间一切幸事中的幸事，所以我认为它只能由极少数人获得；这少数人是通过上帝的善良天使的启示而不是个人的勤奋，才获得点金石的。"因此在业务实践中，他要现实主义得多，比如他曾劝告一位主顾，如果他再坚持追寻点金石，他自己的健康就要毁坏了。

六、诉讼利钝

不少人向利利请求预言把他们牵涉在内的诉讼结果如何。一个主顾绝望地问道,究竟是否"还会有公正";一位妇女想知道她丈夫是否会因偷窃30头牛而处死刑;另一位女子则想知道她收押在狱的朋友是否会被吊死。这类担心犯罪丈夫下场的女主顾也常出现在别的星占学家事务所中。福尔曼还有用来推测"住宅是否被官吏搜查过"的法则,托马斯推测这可能是考虑到来求助的主顾中有不少都是"站在法律的对立面"的。还有一个背了债而面临被逮捕危险的人写信向布克求助,希望知道自己去何处躲债较好,是城市还是农村;自己什么时候最危险;什么时候最适宜与债主和解;等等。

七、个人的穷通祸福

预测个人的穷通祸福,本是西方生辰星占学中最基本、最经典的课题,到星占学事务所去请教这方面问题的人自然络绎不绝。即使到了今天,人也无法百分之百地把握自己的未来和命运。正如一位星占学的辩护者所说的:那些不相信星占学的人面对无法把握的命运,只能在如下两者中做选择——要么是全无规律的机会的控制,要么是反复无常的神灵的主宰。在科学尚不发达的古代,星占学的解释看上去确实要比上两者更有理、更渊博。利利宣称:他为主顾排算好算命天宫图之后,便可"对于此人一生中可能交上的好运和厄运做出总体的判断,同时也判定他的脾气、体质、品格、外貌等";然后他就"指出其吉利的年份,涉及健康、财产得失、官职升迁等"。托马斯很有见地地指出,那时的人去找星占学家为自己排算天宫图并预言休咎,占算流年,和当代人去心理医生那里接受心理分析"是同样具有吸引力的",因为那时的星占学家与如今的心理医生都可以透彻地分析来访者隐藏着的心态、发展着的品格,以及应该注意提防的弱点。当然,星占学家通常总是强调指出,他们根据算命天宫图推断出来的结论,只是建立在"潜在的可能性"之上,并没有绝对不可避免的宿命控制着人的一生。这种观点,说到底还

图23 "星占手相学"。这也是16世纪盛行的技艺,开设事务所的星占学家也要精通此道。图中大拇指下部是金星,掌心处为火星,上四指自内向外依次为木星、土星、太阳、水星,月亮在掌外缘下部

是归结到"哲人主宰星辰"——如果人们在星占学家的指导下得以避凶就吉,也就可以看作是对命运的某种战胜,而星占学家就可以被视为帮助他们取得胜利的哲人。

八、职业选择

既然星占学家能够从一个人出生时刻的天宫图上看此人的资质、脾性、爱好、才能等,那他们一定也能够指出一个人从事什么职业最为合适。开事务所的星占学家和前来求助的主顾们确实都是这样认为的。例如,福尔曼有一套法则可以显示"一个人从事哪种生意或科学才有望生活得最好";而1644年,一位20岁的青年交给布克一张表,其中包括从事法律工作的前景、婚姻、财产等问题,请布克帮他出主意;1649年则有学生从剑桥写信去问利利,自己应该读哪方面的书——是东方语言学还是神学;还有的学徒工来问,自己该不该留在现在的师傅那里继续干。

依靠星占学选择职业是那时颇为流行的观念，有人认为："星占术是最好的指南，可以告诉我们孩子天生最适合或最倾向于何种职业。"都铎王朝时期的一位教士认为："天文学家通过对星辰的观察研究，可以说出每个人天生最倾向于何种职业，以及一生中会拥有什么财产。"星占学家加伯利甚至建议，牛津和剑桥这样的高等学府应该只对那些由星占学表明"其天赋足堪造就的人"开放。

九、婚姻·家庭

婚姻与家庭都是人生大事，其中不确定因素又很多，芸芸众生少不得也要为此去向"先知先觉"的星占学家请教，而在这类问题上，星占学家普遍"好为人师"，恰如托马斯所说，"微妙的家庭问题是星占学家们的无上乐趣"。

在17世纪的英国，自由恋爱的风气看来已经开启，至少对下层民众是如此，因为有大量下层社会的青年女子去星占学家那里求教，或是想预知未婚夫的前景，或是请教自己应该如何对待现在的男友。例如，一个女仆问道："是否应该答应现在求婚的男子？如不答应，应该答应哪种人？"另一个侍女问："应该答应两个求爱者中的哪一个？"一个女织工想知道她的男友"是否像他应该做的那样爱我？"……这类问题，在利利的档案中记载着成百上千个。在别的星占学家那里也差不多，比如一个姑娘问福尔曼，向自己求婚的男子"是否真心"，等等。

未婚先孕问题也常常促使女子去星占学家那里求助。如利利档案中，1646年有一项记载："一个女子（已因婚前性行为而）怀了孕，那个男子会娶她吗？"星占学家答复这类问题时往往依据当时社会风气的大方向做出判断——这样做显然可以使答对的概率大一些。例如一个女子来问利利，某男子是否可能娶她；由于有传闻说这女子"已非处女"，利利遂告诉她那男子不会娶她。在处理婚姻问题的咨询方面，利利有时更像一位社会学家而不是星占学家，例如，当一位女子来问"嫁给那个无足轻重的男人是否适宜"时，利利断然给了她否定的回答——此女既说那男人是"无足轻重"的,足见她看不起这男子,而嫁给一个自己看不起的男人,当然是不适宜的。即便是今日的婚姻社会学家来回答上述询问,答案多半与利利给出的差不多。

在婚姻和家庭方面,男人的痛苦和困惑一点也不比女人少,星占学家们同样乐意为这些男人答疑解惑。"新娘到底如何富有?""她真的在恋爱吗?""新娘真的不卖淫吗?""老婆偷了汉子没有?"……所有这一类问题,据说"先知福尔曼"都能解答,因为他为这些问题设计了一套全面的星占学规则。这类问题记录在星占学家档案中的还有很多,比如一个风流男子担心他孩子的合法性;内皮尔的一个主顾来请教"某仆人的孩子是不是他的"(显然此人已与仆人之妻有染);一个私生子要求利利帮他判明究竟谁是自己的生父;一个与情夫吵了架的女人来问,情夫是否真的像他所威胁的那样要将她给他的情书公布;一个年轻绅士来问,"某贵妇人是否会对自己设置骗局";一个女仆来问"继母是否会对自己持有偏见";一对忧心忡忡的夫妇来请求为他们曾经离家出走的儿子推排算命天宫图;等等。总而言之,正如托马斯所断言的,"每一种家庭纠纷迟早都会在星占学家的咨询室里公开讨论"。星占学家在这方面扮演了现代社会中心理咨询专家的角色。

十、治病

关于星占学与医学之间的关系,本书第六章第三节已做过集中论述。不难推想,和其他受到咨询的问题相比,治病求医与职业星占学家之间有着特殊的关系——事实上许多职业星占学家同时也是职业的医生,他们的星占学事务所同时也就是门诊部。

据说,地道的星占医生完全依靠星辰的指引来行医,而根本不必面见病人。福尔曼就宣称自己是如此,1593年他向皇家医生学会保证说,除了星历表,他根本无须知道病人的症状和其余情况,只要借助"天象和星群"就能立即说出病因。他的高足内皮尔也只将疾病视为简单的"时间问题"来处理(天象是随着时间推移而演变的,故遵循天象的指引，不同时间即有不同的疾因和疗法）。另有一册教材则说："许多经验证明，不少医生用最灵验的药物也无法治愈的疾病，星占学家只凭对星辰运动的观察研究，用简单的草药就治好了。"尽管星占医生们有时还撰写十分严谨的论文来阐述如何依据星占学原理诊病，但他们的反对者仍然非常刻薄地将他们说成"小便预言者"。

十一、怀孕·预测胎儿性别

星占学家的咨询室里经常有因怀孕问题而来求助的妇女。许多富家女子担心自己不能生育，她们希望能够为夫家传宗接代。1635年12月，有一位太太来问内皮尔自己是否怀孕了。星占学家给了她肯定的答案——档案中记着"的确像有喜"。不料几星期后这位太太又来，这次内皮尔做出了新的诊断："未怀孕；胃病；躯体肿胀"。

产妇分娩时的注意事项也成为星占学家指导的项目。利利设计了成套的星占学规则，以展示"产妇分娩时应该怎么办"。1646年12月一位主顾来问他，自己的妻子"是否会在生孩子时送命"。利利做了正确的预言。据说那时连专业的助产士偶尔也要求助于星占学家，其实这并不奇怪，因为像福尔曼、内皮尔、利利这类星占学家，确实掌握一些医学知识。

预测胎儿是男是女的要求，古已有之，中外皆然。那时富家女子找星占学家预测自己能否生儿子的也大有人在。星占学家非但被认为具有预测胎儿性别的本事，他们还指导人们怎样依据星象去选择性交的时辰，以便"种"下男孩。例如一位星占学家写道："如果你需要一个继承人即一个男孩来继承你的田地，那么就在阳性行星和黄道宫升起时进行观察，待它们处于全盛时刻，就召来你的妻子，投下你的种子，于是你就会有个男孩。"还有各种草药处方，与这种时辰选择配合使用，就可保证生出男孩。要生女孩当然也可以，只消将那些法则和药方略加改变即可。这种伪科学学说是与西方传统的生辰星占学理论融合自洽的——前面几章中我们多次谈到星占学家宣称能够通过选择受孕、分娩

图24 星占学家与临盆的产妇。助产士正在照料产妇,星占学家手指天空向男主人讲解桌上的天宫图。1587年木版画

时刻而操控婴儿的气质、性格、体质等,操控婴儿性别自然也可包括在内。

十二、寿数

生辰星占学被认为既能知人之生,也能断人之死,我们在前面已经谈到许多星占学家预言君主贵人之死的著名事例。在星占学事务所的咨询室里,前来问人寿数的主顾也相当多,他们通常是问别人的寿数。例如,有许多女主顾到利利那里询问自己何时可以继承遗产——自己的"死鬼丈夫"何时归天。在1644年这一年,利利至少有13次遇到这类问题。在本节四中谈到过的那个请教布克为何自己4年间亏损了800英镑的人,也"顺便问一下"自己的父亲什么时候会死,他好从父亲那里继承遗产。一本名为《一个冒牌星占学家的品格》的书中,也谈到"年轻的花花公子如何用1基尼(英国从1663年起铸造的金币,后来规定1基尼=21先令)贿赂星占学家,以了解自己备受痛苦的父亲何时会进入天堂"。

在面对预言寿数这类问题时,利利表现出很高的技巧。他曾劝同行们,对于预报任何人的确切死亡时刻,一定要谨慎。他自己对于这类问题总是尽力避免做出明确答复。但是在某些重大考验面前,他又确实能有惊人之举。例如,1643年,国王和议会之间的内战已经正式爆发,但议会方面的领导人物皮姆(John Pym)却到了临终大限,这时有人将皮姆的尿样送去,要利利据此推测病人吉凶如何(按惯例,自然是不告诉他尿样取自何人),利利正确地预报此人正濒临死亡。更惊人的是,同一年又有人将重病中的怀特洛克(Whitelocke)的尿样送交利利,这一次利利预言病人将会康复,而这竟又说准了。一年中两次为大人物占寿,一生一死,都能判断准确,使得星占学家利利在政界声名大振,还因此和怀特洛克成了好朋友。在这两次考验中,星占学、天宫图云云,很可能只是假象,利利主要是利用了某种医学知识(尿样确实能反映人体状况的重要信息)。星占学与医学的特殊关系,再一次由此得到生动体现。

总之,占寿对星占学家来说是一件比较棘手的事,因为如果做出明确预言,那很容易被"证伪"——到那时刻人并未死,星占家的声誉就要受损(前面曾谈到卡尔达诺为了证明自己对自身寿限的预测不惜届时自杀的传说,可谓"以身殉誉");如果一味模棱两可不做明确答复,又找不到足够有力的托词,声誉同样要受损。更何况预言了皇帝君主的寿限,还会获罪。

十三、种种私人决策

在星占学事务所的档案材料里,还可以看到其他五花八门的问题,主顾们提出这些问题,希望星占学家帮助他(她)们做出抉择,或下决心。不妨将这些私人决策问题略举若干,以见其光怪陆离之状。

1670年,一个人来问利利,他是否要继续和一位勋爵打交道,以谋求大法院记录员和海军特派员的职位(用钱去买)。1646年有人请求利利在"栗色马、灰斑马和铁灰马"中预选出马赛的优胜者(此人好对胜马下注),利利秘密告知是栗色马。布克也遇到过这类预测马赛优胜的问题。最出格的是福尔曼在1597年遇到的一位贵妇人主顾,她的问题竟是:丈夫出海去了,当丈夫不在身边时,自己"是否要当个情妇"。此外如"升迁文官好还是武官好""走什么航线""请求何人""进行下去是否好""有没有对她设置圈套""是否会因朋友的丑行而蒙受损失""朋友在患难中是否忠诚"……这些问题在利利的档案记录中到处可见。

17世纪中期,正是英国革命如火如荼的年代,国王和议会相互对立,爆发两次内战。这时社会上无论是贵族大人物还是平民小百姓,往往会面临"站队"问题——支持哪一边?许多人拿不定主意,又要到星占学家那里去求教。他们急切地问利利:"追随国王好还是追随议会好?"当然更多的是结合具体处境和问题来求教。比如1645年一位保王党的爵士太太来问:丈夫是否应该与议会方面妥协?又如1648年一位平等派的首领写信来问:"我和军队里普通士兵的代表们联合起来争取公民权、土地自由权和消除对人民的压迫,这些努力是否会让我交好运?"当时保王党和议会方面都请星占学家为自己参谋决策,但那已超出私人事务的范围,成为军国大事了,我们留待下一节讨论——利利在这方面的事务中,同样表现出八面玲珑的高度技巧。

十四、提供"宿命安慰"

国内几年前有一篇短篇小说《浅浅的池塘》,描述一对中年教师夫妻的爱女因游泳溺水身亡,母亲痛苦哀伤难以自制,后经人介绍去一位半地下的算命者处为亡女算命,得知此女"命中注定"要死于水,回来后就逐渐释然了。这算命者为亡女之母提供的就是"宿命安慰"——这种"宿命"即使是谎言或者胡扯,但在客观上确实常能给不幸者提供安慰。在16、17世纪充满战争和动乱的欧洲,人间的不幸是很多的,利利等星占学家的事务所也就为那些不幸者提供"宿命安慰"。许多主顾请星占学家对他们遭受的诸如疾病、不育、流产、亲人死亡、政治失败、商业破产等不幸做出解释。例如一位在两个月内两个女儿相继去世的父亲,痛深创巨之下,就去找内皮尔讨论这悲剧的"星占学原因"。当这些人从星占学家那里得知,这些不幸原来都是在他们出生的那一刻就已经由星辰注定了的,既躲避不掉,也不是他们自己行事有何不妥所致,他们无疑能得到不同程度的宽慰——至少可以免于或减少自责,因为"这不是我的错"。

第四节 星占学家知道什么?(下)

一、军政大事与王朝兴衰

上一节所述星占学家为各种各样的私人事务答疑解惑,毕竟只是凡人琐事,对于文艺复兴时期的星占学家来说,似乎还是雕虫小技,用来赚钱固然不妨,但远不足以展示他们的长才——他们真正的"大制作"还是在对王朝军政大事的预测和参与中。

先看那时星占学与军事行动及军事将领之间的密切关系,这可以举意大利文艺复兴时代一些佣兵队长为例。佣兵队长是一种职业军事将领,受雇为各国君主领兵作战,有些佣兵队长在战争中培植起自己的势力,后来也成为君主,米兰城统治者斯福尔扎(F. Sforza)就是这类人中最成功的代表。当时许多佣兵队长都笃信星占学。例如,卡尔杜拉(J. Caldora)重病之时却坦然自得,因为星占学家算定他是命中注定要死在战场上的,后来果真如此;阿尔维诺(B. Alviano)相信他头上的伤口和他对军队的指挥权都来自星辰的赐予;皮蒂格里诺(N. O. Pitigliano)要星占学家为他择定与威尼斯共和国订立契约(1495年)的吉日;当佛罗伦萨这个城市共和国于1498年6月1日庄严地任命维特利

（P. Vitelli）为他们新的佣兵队长时，授予他的司令权杖上用了星座图的装饰——这位佣兵队长特别要求如此。

从16世纪末开始，英国政局进入多事之秋。17世纪上半期是国王与议会的长期对立与斗争，终于导致两次内战，最后王军战败，建立共和国，处死国王查理一世（Charles Ⅰ，1649年1月30日）。接着又是"护国公"克伦威尔（O. Cromwell）的独裁，王朝的复辟，直到1688年的"光荣革命"，最终确立了延续至今的君主立宪制。在斗争中，各方都请求星占学家为自己预测局势、提供决策建议，着实使星占学家们大显了一番身手，其中出现许多令人印象深刻的场景。

福尔曼曾被要求预测1597年的国会会议、1599年埃赛克斯（Essex）伯爵出征爱尔兰等重大事件的前景。后面这位著名的伯爵是伊丽莎白女王晚岁的青年情人，平步青云，恃宠而骄，在爱尔兰之役中玩忽职守，无功而返，被女王下令囚禁；释放后由爱转恨，发动叛乱，结果以叛国罪于1601年被处死，年34岁。

另一位星占学家阿什莫尔（Ashmole）则在王朝复辟时期周旋于国王查理二世（Charles Ⅱ）与国会之间。大臣政客向他探询国王与国会之间关系发展的情况；而国王本人也向他请教与国会间关系方面的星占学意见，并要求阿什莫尔用星占学方法为自己选择吉利时辰，以便自己于1673年10月27日向国会发表演说。

这种时代，闻名遐迩的大星占学家利利当然更不会对王朝军政大事袖手旁观。他善于观察，能够及时领悟局面，因而左右逢源，几乎从不落入困境。国王与议会内战期间，他站在议会方面，利用他的巨大声望为议会军队助威。据说，当克伦威尔的军队在苏格兰时，有一位士兵拿着利利编的星占历书，向过路的议会军队鼓动说："看哪，听利利是怎么说的吧——你们在这个月就能取胜！战斗吧，勇敢的小伙子们！"在1648年科尔切斯特围城战期间，利利和另一位站在议会方面的星占学家布克被派去鼓励士气，这两位大有名气的星占学家一致预言"这座城市将很快被攻克"，结果真是如此。有趣的是，围城之中也有忠于国王的星占学家汉弗莱（J. Humphrey），他竭力用虚幻的援兵消息鼓舞守城军队的斗志，但是无济于事。在此之前，利利还曾正式前往访问议会军队，他与布克受到军队将领的欢迎，而这两位星占学家则向军队保证，他们用来为议会军方面服务的星占学"是合法并且与基督教义一致的"。当时相传，若是国王能将利利收买过去，足可抵得上六个团的军队。但利利明智地站在胜利者一边。到了共和国与"护国公"当政期间，利利名望更大，他当着"护国公"和枢密院官员们的面，"用天宫图推算国会选举的结果"，声誉如日中天。

尽管利利在内战中公开反对国王，甚至在那几年他编的星占历书开头处加上社论文章，歌颂新政体，并宣告"王朝永远垮台"，可是当1660年王朝复辟，查理二世（被处死的前国王查理一世之子）重登王位之后，反攻倒算盛行，利利却照旧安然无恙，继续经营他业务繁荣的星占事务所。其中奥妙何在？原来他一直两面三刀，明暗各有一手，这只要举出下面的事实就可明白：在他公开反对国王、支持议会的同时，他也向国王的支持者提供帮助国王从被囚之处出逃的建议；1648年秋天，就在他去科尔切斯特围城前线预言该城即将被攻克的同时，他竟暗中为国王的支持者送去锯弓和酸（供国王越狱时锯开或蚀断镣铐、铁栅之类），并提供了进一步的营救建议。虽然最后查理一世难逃一死，但有利利这一番暗通款曲的"忠诚"，新王自然不来难为他了。

大星占学家们还对那时国家的外交政策发表意见。例如，利利主张与瑞典结盟，而加伯利则主张与丹麦联合，据说他还正确地预言了瑞典国王之死（1660年）。

除了对当代军政大事的参与和对未来事务的预测之外，星占学还被用来对重大历史事件做出解释。这种解释有时在表面上看起来仍是关于某某天象兆示某某事件的记载，但实际上并非星占学家在事先就指出了这些事件，而是在事件发生之后才附会上星占学解释的。关于历史事件的星占学解释，可以在史籍中见到大量实例。例如一位英国星占学家主张，星占学完全可以解释伊丽莎白女王对莱斯特（Leicester）伯爵的一度爱恋之情。加伯利则断言，被处死的国王查理一世一生都已经由他本人出生时刻的天宫图暗示出来了。而著名的教皇利奥十世则早在孩提时代就由费奇诺（M. Ficino，意大利文艺复兴时期重要的哲学家之一，也热衷于星占学）用星占学推算出他将来必成为教皇。还有人宣称，瑞典国王古斯塔夫二世若不是选了一个星占学上的不吉之日开战，就绝不会战死。1534年英国国王亨利八世与罗马教皇决裂，英国国会通过"至尊法案"，宣布英国国王为"英格兰教会在世间之唯一最高首脑"，对于这件大事，卡登（J. Cardan）的解释是由于火星、水星和木星1533年在白羊座会合的缘故。而科莱（H. Coley）则认为哈维（W. Harvey）是根据土星与木星在一个特殊位置上的会合才发现了血液循环的。利利在这方面同样出手不凡，他竟能用行星运动解释整个16世纪的英国历史。认为星辰的周期运动与民族的历史之间存在着某些神秘的联系，在当时是相当普遍的观念，对此不妨再举一个比较极端的事例以见一斑：科学史上最伟大的人物之一牛顿，作有《古代王国大事修正年表》[①]，就是这种观念的产物，其中也利用了星占学资料。

二、火灾与时疫之类

对星占学的普遍热衷和迷恋，有时会激发出一些奇情异想。1644年，贝尔纳特（F. Bernard）写信给利利，描述他关于火灾起因的一种新理论（当时火灾频仍）。他说他一直在考虑，能否为一座城市排算算命天宫图，就像为一个人排算那样。困难在于，人的出生时刻可以确切记录，但一座城市在大多数情况下是逐渐发展而形成的，"它们最初兴起的时间不是有所争议就是已被遗忘"。但是贝尔纳特想出一个变通办法，他说可以将一座城市的火灾与人体的发烧相类比，这样就可以根据火灾而重建该城的算命天宫图。他将他的这套设想施之于伦敦城，从1212年伦敦桥的被烧向下推算，自信他已能构建出伦敦城的算命天宫

[①] I. Newton: *Chronology of Ancient Kingdoms Amended*, London (1728).

图。使他极感兴奋的是，他从此可以确切预测伦敦未来的火灾了——他对这一点是如此自信，以致打算将在伦敦城的"成功经验"推广使用于阿姆斯特丹，他自豪地宣称："只有时间才能证明我们是否能像指导人那样指导城市的命运。"

贝尔纳特的上述设想其实并非他的独得之秘，更轮不到他"申报专利"——早在中国的春秋时代，郑国的宫廷星占学家裨灶就不止一次地根据星象预报城市火灾了。①至于为城市排算算命天宫图，在西方也早已有之，我们在前面就谈到过塔鲁提乌斯为罗马城排算天宫图，不过他所采用的"出生时刻"是根据罗马建城的神话传说而来。

关于传染病的暴发流行，即使在现代也很难做出完全准确的预报，在几百年前，则又是星占学提供了唯一的解释和预报途径。正如星占学家加伯利所说："无论如何，没有其他技艺能够做出这类预报。"对于当年可怕的黑死病，星占学的解释（见本书第六章第三节三）一直是知识阶层最乐意接受的。星占学家解释和预报时疫的方法，至少从表面上看起来有一定的科学性：列出过去所有的大时疫，然后将这些时疫发生时的星象列出并进行比较，由此发现两者之间的关系。那时的星占学家们认为，通过上述工作，他们能够预测严重时疫的发病范围和持续时间。福尔曼曾制订法则预测每周死亡人数，加伯利则声称，1665年的大瘟疫曾被他和另外四位星占学同行预报过。这类预测和解释，在今天看来当然极少有科学依据。

三、1577 年大彗星：迷信与科学

对于彗星的恐惧和迷信，源远流长，中外皆然。文艺复兴时代，大部分欧洲知识界人士和下层民众在这方面与中世纪相比，仍然毫无进步。1528年、1577年、1618年、1680年出现的彗星，都曾引起普遍的惊恐和混乱。连哈雷（E. Halley）对彗星轨道的科学推算，也被用来为荒诞不经

---

① 《左传》昭公十七年、十八年。

的"世界末日预告"提供证据。反倒是第一流的星占学家-天文学家第谷通过对1577年大彗星的观测和研究，在天文学史上做出了重要贡献。

对于彗星的恐惧和迷信，可以极大地激发人们的想象力，这种想象力的发挥又反过来进一步增强恐惧和迷信。对此可以在当时的有关著述中看到生动实例。当时有名的外科医生帕雷（A. Paré）在他的《天空怪物》一书中描述1528年的彗星说：

> 这颗彗星是异常可怕的，在群众中造成极大的恐怖，有吓死的，有吓病的。它的尾巴异常之长，颜色红得像血一般，在这颗彗星的头上我们看出一只屈曲的臂，手里持着一柄长剑，好像要往下砍。在剑端有三颗星。在这彗星的光芒两旁有许多带着鲜血的刀、斧、剑、矛，其中还混杂有许多可憎恶的、须毛竦竦的人头。①

在彗星光芒中看出刀斧剑矛和人头，当然是虚幻的想象力的产物。那时有人甚至认为自己在天空中看见了军队。将彗星与战争联系在一起，这在古代西方和中国都是长期广泛流行的观念。当英国国王詹姆斯一世（James Ⅰ）召集剑桥大学的学者，请他们解释1618年彗星时，这些学者预言了三十年战争和斯图亚特（Stuart）王朝的灭亡（自"光荣革命"后，王位两传而绝，转入有远亲关系之另一家族至今。斯图亚特家族的世系则断绝于1807年）。

关于彗星引起的恐惧，还可以举出不少记载。法国的塞菲妮（Sévigné）夫人1661年1月2日致比西（Bussy）公爵的信中说：②

> 我们这里看见一颗很大的彗星，尾巴是再漂亮没有了。所有的大人都吓倒了，他们以为老天在料理他们的后事，特别拿这颗彗

---

① 引自弗拉马利翁（C. Flammarion）：《大众天文学》，李珩译，科学出版社（1965），第375页。
② 《大众天文学》，第376页，但书中将年代错记成1681年。

图25-1　1577年的大彗星（即第谷彗星）。在这张印刷于布拉格的绘画中，彗星的尾巴被描绘成从土星一直拖到月亮。一位画家正在描绘这颗彗星，他的助手们端着画架、提着灯笼为他照亮

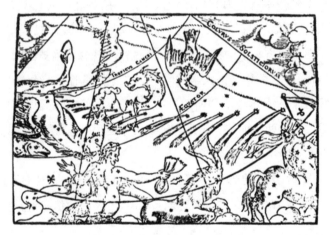

图25-2　1577年的大彗星的轨迹。它于这年10月27日过近日点，从11月1日至次年1月26日，皆可在黄昏的天空中见到。图中描绘了大彗星从人马座逐渐移至飞马座的路径变化。取自1578年出版于布拉格的哈格休斯（T. Hagecius）《彗星图》（*Descriptio cometae*）

星来通告他们。据说马扎兰（Mazarin）大主教已经染了不治之症，他的侍臣们为着阿谀这位大人物，故意对他说天上出现一颗大彗星，很使他们害怕。他还有精力转而去讥笑他们，他说这颗彗星太看得起他了。事实上我们也该像他那样说：人们的骄傲竟到了这样的地步，以为个人的死亡也会影响到天上的星象呢！

即使到了1680年，人们对彗星的恐惧与迷信仍不稍减。伏尔泰（Voltaire）记其事云：①

> 迷信思想在人们的头脑里根深蒂固，以致直到1680年，彗星还使人胆战心惊。几乎没有人敢于破除民众的这种恐惧心理。欧洲最伟大的数学家之一雅克·贝努利（即伯努利 [J. Bernoulli]，创立变分法并最先研究概率论）就彗星的问题回答这种成见的信奉者时说：彗发不可能是神的愤怒的征象，因为彗发始终存在。它的尾部倒可能是这种征象……

伏尔泰的见解在那时要算非常高明的了，而在巴黎"太阳王"的宫廷里，1680年大彗星带来的，据当时一篇题为《牛眼记事》的作品记载，是如下一番景象：②

> 所有的望远镜都对准天空，一颗近来还从没有看见过的大彗星，使我们科学院的学者们日夜操心。城里的人很害怕，胆怯的人以为又是一次洪水的预兆，他们说因为水的预兆总是在火；我想这是合理的解释，只需卡西尼（Cassini，几代任职于法国的意大利天文学世家）先生为我证明就成了。胆小的人看见世界末日快到了，

---

① 伏尔泰：《路易十四时代》，吴模信、沈怀洁、梁守锵译，商务印书馆（1982），第463页。
② 《大众天文学》，第376页。

赶忙写下他们的遗嘱,把他们的财产送给僧侣。在宫廷里大家热烈地讨论着这飘荡的星究竟预兆哪位大人的死亡。他们说罗马的独裁者死亡以前,不是有一颗彗星出现过吗?……

那时哈雷已经建立起计算彗星轨道和周期的数学方法,他算出1680年彗星的周期是575年,数值虽不准确(后来别人的计算表明该彗星的周期应是8800年),却完全是科学的产物。但是他的计算结果却被当时的神学家兼天文学家惠斯顿(W. Whiston)引用来推算"世界末日"的确切日期。这日期据他推算是公元2349年11月28日或2926年12月2日。他说上帝"在创造天地的时候,就预备了一颗彗星来做他复仇的工具,这彗星便是1680年的那颗彗星"。

既然迟至1680年对于彗星毫无根据的恐惧和荒诞不经的迷信还达到如此地步,那么当人们回过头去,看看百余年前以星占学驰名全欧的第谷对1577年大彗星所做的研究和所取得的科学成就,就会深感天文学与星占学在历史上紧密交织在一起所呈现的局面是何等复杂多变了。

1577年大彗星的出现是那个时代引人注目的大事。这在很大程度上是由于它持续可见达87天之久(从1577年11月1日至1578年1月26日),而第谷又对它进行了空前细致的观测、描述和分析研究。大彗星刚消失不久,第谷就为此写了一篇小型作品。这是一篇"为一般的知识界人士而作"的通俗读物,所以是用德文写成。在这篇作品中他也用去不少篇幅讨论大彗星的星占学意义——未免有阿俗之嫌,那时一般读者显然是热衷于谈论这类话题的。但是第谷随即转向同一主题的拉丁文学术专著的精心写作,即第谷生前所出版的著作中最重要的一种——《论天界之新现象》①,于大彗星消失十年之后的1588年首次出版。

《论天界之新现象》是写给同行专家看的,内容艰深,计算繁复。

---

① Tycho Brahe: *De mundi aetherei recentioribus phaenomenis*, Uraniborg (1588); Prague (1603); Frankfurt (1610). 最后这个版本曾由耶稣会士于17世纪带到中国,至今仍保存在北京(北堂藏书1123号)。在耶稣会士的中文著作中此书译作《彗星解》。

全书共十章：第一章是对大彗星进行逐日观测的详细记录。第二章给出彗星的位置数据，系根据逐日观测记录计算而得，以一些选定的恒星作为参照。第三章给出大彗星逐日位置的黄经和黄纬数值，是以观测到的大彗星与某些选定恒星的角距离用球面三角学推算而得。第四章讨论大彗星的赤经和赤纬。第五章研究彗星的轨道，最后列出一张从1577年11月9日至1578年1月26日间彗星的逐日运行表，其中包括黄经—黄纬、赤经—赤纬两套坐标值。第六章讨论大彗星的视差，以此来确定它与地球之间的距离，并断定大彗星是运行于"月上世界"而非处于"月下世界"（详下文）。第七章研究1577年大彗星和以前出现的一些彗星的彗尾方向。第八章讨论大彗星在行星际空间的位置。第九章再论彗尾，指出彗尾的方向是背离太阳，而其他方向（比如"背离金星"之类）则皆为错觉。第十章概述了当时欧洲其他各家对大彗星的观测，包括认为彗星是在"月上世界"和"月下世界"两种对立的结论。

要理解第谷对大彗星所做研究的意义和影响，我们必须在这里补充一些有关的历史背景。当时虽然《天体运行论》已出版了34年，但是距离现代天文学的胜利仍有很长的路要走。那时亚里士多德的宇宙学说仍具有极大的权威（他的整个学说成为罗马教廷钦定的官方学说已有三百余年）。按照这种学说，圆形的宇宙是层层叠套的同心球体系，地球位于中心；宇宙中以月球运行的轨道为界，划分为截然不同的两个世界："月下世界"是速朽的、变动无常的尘世，"月上世界"则是由万古不变、永不朽坏、坚不可入的水晶球（crystalline spheres）组成的天界。由于天界的性质如此，一切较短时间出现的天象，包括彗星、流星、新星等，都只能是"月下世界"中的现象——因为它们是变动而速灭的，与天界的水晶球性质无法相容。这种纯粹从概念出发而完全无视客观现实的学说，在今天看起来荒唐可笑，不值一驳，但在当时却束缚着大部分人的头脑。

第谷以星占学家和天文学家的双重角色，充当了击碎水晶球宇宙学说（中世纪天文学的最后堡垒和象征）的斗士。早在1572年一颗超新星

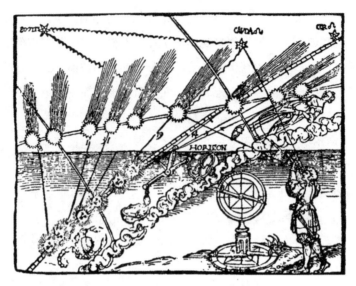

图26　1532年被德国的阿皮安（Apian）观测到的彗星，并且被发现它的尾巴始终是背向太阳的

爆发（这颗星后来因第谷对它的研究而被命名为"第谷超新星"）时，他通过仔细观测就已发现超新星是在恒星天层，这与亚里士多德的教条不符；在1573年出版的《论新星》一书中他已经对这种教条提出怀疑。但一颗超新星爆发对于公众的影响是远远无法与一颗大彗星相比的，因为未受过专业训练的人很少会去注意千万群星中一个成员的出现和消失，然而大彗星横空出世，壮丽奇幻，世人有目共睹，而对彗星的恐惧和迷信又是如此广泛，因此通过对大彗星的研究而打开缺口，就对水晶球宇宙学说造成致命一击。《论天界之新现象》全书十章，详细记录，反复推算，主要任务就是要无可争议地确定大彗星的位置——在月球轨道之上的行星际空间，因而这颗变动着的、来了又去的大彗星是在"月上世界"运行的，所以水晶球宇宙学说是站不住脚的，是不符合观测事实的。第谷的结论是：[①]

[①] E. Rosen: *3 Copernican Treatises*, Dover (1959), p. 11.

> 天空中确实没有任何球体。……当然，几乎所有古代和许多当今的哲学家都确切无疑地认为，天由坚不可入之物造成，分为许多球层，而天体则附着其上，随这些球运转。但这种观点与事实不符。

这个结论果然在当时遭到许多保守派人士的攻击，例如，后来曾被罗马教皇指定为伽利略著作审查官之一的恰勒蒙蒂（S. Chiaramonti）就写过一部《反第谷论》（*Antitycho*），硬要论证1577年大彗星是在"月下世界"以维护钦定的"水晶球"不被击碎。现在我们知道，所有这些攻击都是徒劳的，第谷的结论完全正确。

《论天界之新现象》一书的另一重要之处，就是第谷在该书第八章中公布了他自己创立的新的宇宙几何模型（参见图20），这是继亚里士多德的水晶球体系、托勒密的地心体系、哥白尼的日心体系之后，欧洲第四种影响很大的古典几何宇宙模型，也是这类模型中的最后一个。

第五节　星占预言：能否说准？

一、如何为说不准辩解

星占预言不可能都准确无误——实际上绝大部分情况下都是不准确的，因此星占学家要想在公众面前维持其声誉于不坠，必须有一套辩解的理论和方法。

第一种办法是设法使预言内容模棱两可，或是空洞化、普适化，这是最容易想到又经常是行之有效的办法。例如下面这些预言：

> 本月有一位伟人将有死亡或者患病之虞。
> 本月有一位杰出的教士将要升天。
> （某宫中的某行星）表明巨大阴谋将被及时揭露。
> 上帝保佑国王威廉免遭一切公开与隐秘的敌人之害。

"伟人"本无确切定义，只要是较有名望或地位的人物即可，教士更是不计其数，他们当中每个月都会有人生病或归天；阴谋是什么，"及时"是何时，都无明确陈述；"上帝保佑国王……"更是典型的模棱两可之语——无论国王遇到危险还是平平安安，这条预言都无懈可击。利用这类预言，星占学家们就可以经常立于不败之地。

第二种办法是强调自己预言之事只是"可能性"，而实际情况完全可能不是如此；那么为什么所预言（或者说，所"指出"）的"可能性"未实现甚至演变成相反之局？最常用、听起来最振振有词的辩解是"神意"，因为上帝有能力改变一切。例如利利认为，星占学只限于分析自然原因，而不能解释上帝的奇迹。比如《圣经》中记载的大洪水，就不是星占学所能解释的，因为这是"全能之神的亲手之作"；1652年他又解释说，国王查理一世被处死的方式是不能指望由星占学做出预测的，因为这是"神的奇迹而非自然作用"；尤其是1659年，他预言这年5月护国公克伦威尔将"向全世界显示他的统治能力"，谁知这个月却成了护国公退位的月份，于是利利解释说，这种政局变动是不可能借助星占学去预测的，"它们显然是上帝之手的直接体现"。这种"神意"之说，与"哲人主宰星辰"的信念之间也不缺乏相通的余地——哲人克服了星辰所兆示的厄运，这种事本身就可归功于上帝。

第三种方法是承认自己在排算天宫图时发生了差错，所以导致预言失误。但这并不是直截了当认错就算，也有一套动听的说辞，不妨举前面谈到的意大利星占学家卡尔达诺为例。他成名之后，曾于1552年去英国，本来是为爱丁堡大主教和其他达官显贵治病，但大星占家的名声在外，自然不能不算命；他预测幼王爱德华六世（Edward VI）至少可享寿55岁，谁知这位君王不久后就去世了，这一下预言彻底失败，卡尔达诺何以自解？他的办法是坦然发表了他为爱德华六世排算的天宫图，并附上一篇题为《我的事后思考》的文章，其中解释说，他的预言之所以失败，是由于他在计算时略去了一些细节；而这些细节的计算要耗费他一百多个小时的工作量，他"因懒惰而冒险"，这才铸成大错。由于他应付得宜,他作为星占学家的声誉并未因此事受损,而因他这一番"作秀",知名度反而大起来。

二、如何解释说准的预言

星占预言在古代人看来有着"精密科学"的外表,因为天宫图的计算确实是数理天文学知识的运用,一点也容不得弄虚作假;而在现代人眼里却又更多地看到它"伪科学"的一面。其实在这两者之间,确实有一些颇为微妙的机制,能使预言变成真实。这些机制中最重要的一种,就是暗示的作用。中国民间俗语有所谓"诚则灵",也是此意。比如两人决斗,技艺相当,本来各有五成胜算,但是星占学家预言甲方必胜,若甲方相信其说,因有必胜信心而勇气倍增,结果果然获胜。又如星占历书预言来年将有饥馑之虞,谷价将要上涨,如果农民和商人相信其说,必然会对谷物惜售和囤积,结果谷价果然上涨。再如财物失窃,当主顾去求助于星占学家时,他心目中通常已经有可疑之人;星占学家并不具体指明窃贼为何人,而只是对窃贼外表作某些玄远空泛的描述,这些描述有时会启发主顾的思维。特别是当窃贼本人也敬畏或虔信星占学时,效果会更好,可以设想当某主顾从星占学家的事务所回家后宣称:"无所不知的利利先生已经告诉我窃贼是谁",窃贼就有可能露出马脚。

最后,人们确实无法否认,星占学家们曾做出过一些非常准确的预言,正是这些预言给星占学家带来巨大的声誉。说句实在话,我们今天如想对这些说准的预言做出解释,其实比当年星占学家为自己未说准的预言做出解释要难得多!如果我们站定在不违背现代科学原理的立场上,能够尝试进行解释的思路大体有如下几种:

概率论的解释。即在众多的预言中,总有可能"蒙对"一两次,也即古人所谓"多言或中"之意。对于答案比较少的问题(比如甲乙二人决斗谁胜谁负),这种解释听起来比较有道理。

心理学的解释。即上文所说暗示所产生的"诚则灵"的实际效果。这可以用来解释不少成功的预言。

社会学的解释。无论是出入于宫廷的御前星占学家，还是开设事务所或是编写星占历书的星占学家（搞得成功了，往往一身三任，如利利即如此），通常总是通晓世故，练达人情的；许多成功的预言，实际上是星占学家们灵活运用他们的社会经验、政治情报、商业信息所致，与天上的星象倒不一定有多大关系——天宫图有时只是一种"包装"。

在上面所说的"成功的预言"中，已将那些事后附会、神奇传说之类的情况排除在外。除了概率论、心理学、社会学所能解释的，还有一些记载明确、从各种情况看起来都相当"过硬"的成功预言，确实令人费解。也许，当星占学家——这些多年沉溺在神秘主义思想中的人——面对天宫图冥思苦想之际，真能有某些现代科学尚无法理解的启示使他们窥见未来？但是我们如果这样一想，立刻就有从先前设定的立场上偏离之虞。

第六节 打击、反对与衰落

一、打击之举与反对之声

对星占学的打击主要来自政治斗争，这当然多半是星占学家自己卷入政治风波而招致的。最容易招祸的莫过于星占学家对君王寿限的推算和预言，这种事古已有之，我们前面曾提到一些古罗马时代的事例。到文艺复兴时期，情况并无改变。例如1555年，英国星占学家迪和其他三人被逮捕，因为他们用星占学为女王伊丽莎白和别的君王推算寿命。1581年英国国会通过法令，规定：预测女王寿命、为女王或她的继承人排算绘制天宫图（哪怕仅作公式计算）等，皆为重罪。而在上一个世纪，已经有好几位星占学家因推算君王寿限之罪被处死。其次，为耶稣基督算命和排算天宫图的念头也长久地吸引着星占学家，而这也是很容易招祸的举动。前面提到的意大利星占学家卡尔达诺因为替基督算命，被指控为异端，受了牢狱之灾；与他相比，二百年前他的意大利同行阿斯科利的遭遇要惨得多，他也是为基督排算天宫图，并从中推算出基督被钉死于十字架的结论，结果被罗马宗教裁判所判处火刑烧死（参阅本书第六章第一节一）。

反对星占学的论述，同样古已有之，我们在前面几章中已谈到过不少例证。在文艺复兴时期——这个现代世界到来的前夜，反对星占学的声音却并不比前代更多更响。这种声音主要来自文人学士。例如哲学家彼特拉克（F. Petrarch）晚年与薄伽丘（Boccaccio，《十日谈》的作者）的通信中，表示了他对星占学家的极端轻蔑——然而他与他们却并非没有私人交往。当时一些历史著作家也表示了反对星占学的态度；在《古代故事百篇》之类的小说作品中，星占学家经常成为被嘲笑的对象。那时的文学家圭恰尔迪尼（Guicciardini）曾有一段妙语：

> 占星家们是如何地幸运啊！如果他们在一百句谎言里边说了一句真话，人们就信仰他们；而其他的人在一百句真话里边说了一句谎言就失去了一切信任。①

当然，这个时代反对星占学最有名的人物无疑是米兰多拉的皮科伯爵。他写了《驳星占学家》，照 J. 布克哈特的看法，这部作品对当时的星占学造成很大打击。当时盛传的三位星占学家预言伯爵死期而应验的故事，似乎也反映了星占学家及其信奉者们对伯爵的反感。但是另一些学者认为，上述这部作品"从根本上说是宗教的而非科学的"；据信它还曾对后来开普勒的思想产生过相当影响。

二、衰落：并不是打击与反对的结果

无论如何，到17世纪以后，星占学在西方是无可挽回地衰落了。有一种长期流行的简单化观点，认为星占学的衰落是科学对星占学，或者说科学家对星占学家"斗争"的结果；但是这种主要是由科普作家"想

---

① 见于圭恰尔迪尼的《回忆录》，引自《意大利文艺复兴时期的文化》。

当然耳"传播开来的观点,实际上几乎一点也经不起历史的考察。我们在前面已经看到,到17世纪为止,对星占学进行抨击的言论,和对星占学家进行杀害或监禁的行动,都已至少存在了1500年,但是星占学照样承传不绝,还有过两次繁荣昌盛的黄金时代。文艺复兴时代以后,对星占学的态度更为文明,不再杀人焚书,星占学的处境比以前只有更为"安全"。至于科学家对星占学的所谓"斗争",很大程度上也是出于现代人的臆想。我们前面曾讨论过,像第谷、开普勒这样的人物,都将天文学家和星占学家一身二任。更生动的例子还可以找到不止一个,比如哥白尼总该算不折不扣的伟大天文学家了,但是他的书斋里也收藏着一些星占学书籍;由于《天体运行论》中完全未涉及星占学,他本人也未留下其他涉及星占学的论述,我们无法知道他究竟对星占学持什么态度——但是D. 帕克提醒人们:托勒密的《至大论》中也只字未提星占学,而这并不妨碍他写下星占学的"圣经"——《四书》。

与许多现代人假想的场景——以哥白尼为代表的现代天文学与迷信愚昧邪恶害人的星占学势不两立、坚决斗争——相反,当《天体运行论》的日心体系问世之后,许多星占学家认为这并不会对星占学造成冲击。将太阳还是地球放在中心,这只是在数学计算上有所不同,对于星占学而言其实无关紧要。事实上,接受日心学说的星占学家在16、17世纪大有人在。比如在英国,最早接受哥白尼日心学说的人士中就包括迪格斯(L. Digges,去世于1571年,即《天体运行论》发表后仅28年)等一批星占学家和星占历书的作者。顺便说起,这位迪格斯还是望远镜发明者的重要候选人之一。

16、17世纪的天文学家和科学家们既然对于星占学如此温情脉脉而"划不清界限",如此"斗争不力"(或者说根本不做斗争),为什么星占学终究还是衰落了呢?照我的看法,这原因可以从星占学的文化功能上入手,去尝试探寻。

在漫长的古代社会,星占学始终作为一种知识体系或解释系统起着作用。在科学知识的积累和发展都极为缓慢的古代,几千年来没有任何别的体系能够有效地取代星占学，这才是星占学在古代长盛不衰、几乎所有的杰出人物或多或少都要和星占学牵涉在一起的根本原因。但是到了17世纪，局面发生空前巨变——现代科学以极强的生命力生长和扩展，人类知识的增长开始进入有明显加速度的快车道，在与以往的文明史相比显得极为短促的时间内，人们发现大量先前必须借助于星占学和其他神秘主义学说来解释的事物，已经由实验科学做出了更为简明也更为切实的解释。换句话说，星占学的功能大大萎缩了，人们在许多方面已经不再需要它了，它的衰落自然也就不可避免了。

关于星占学的衰落，托马斯有一段颇富文采的议论：

（星占学）这一学科的大部分都是自然死亡的。教士和讽刺文字作者一直把它追打进了坟墓，但是科学家却没有出现在它的葬礼上。①

这段话主要的观点是完全正确的，只有一层意思是言过其实了——星占学事实上直到今天也还未死亡，因此"坟墓""葬礼"云云，应该另选别的词替代。如果说星占学在衰落之后，已在很大程度上沦为好古成癖之士业余玩赏的对象，那么我们也不能忘记，现代科学知识的边界毕竟也是有限的，因此星占学之类神秘主义（这里的意思是：与现代科学不相容，或是用现代科学无法解释的）的知识系统仍然有着相当的市场。这里让我们来看一个有趣的事例以结束本章。

1975年，西方186位天文学家、物理学家、数学家、哲学家等人士（其中有诺贝尔奖获得者18人）联名发表了一份《186位主要科学家的声明》，这是一次科学家对星占学的正式讨伐，因为这些科学家"对星占学在世界许多地方不断得到认可开始感到关注"。此例是很符合我们上文提到的"斗争"模式，可惜遇到了美国那位专喜异调独弹的科学哲学

---

① 《巫术的兴衰》，第197页。

家费耶阿本德（P. Feyerabend），被他极尽冷嘲热讽之能事，骂个狗血淋头。他雄辩地指出，这些科学家"肯定不知道他们正在谈论什么"，他们的声明比起1484年罗马教廷同一主题的出版物来要远远不如。费耶阿本德的主要论据，是指出这些现代科学家对于星占学这门植根于古代的学问并无了解，因此从他本人所主张的科学哲学观点来看，这些科学家对星占学的指责是站不住脚的。[①]

我们看这个事例当然不是要去判断那186位科学家与费耶阿本德之间的公案，而只是借此表明：古老的、曾在几千年中与天文学难分彼此的星占学，在现代社会中仍未死亡；而且要想从理论上彻底驳倒它也并非易事。

[①] 保罗·法伊尔阿本德：《自由社会中的科学》，兰征译，上海译文出版社（1990），第97—102页。

中 国 篇

第九章　中国星占学的特殊性

> 自初生民以来，世主曷尝不历日月星辰？……仰则观象于天，俯则法类于地。
>
> ——司马迁[①]

中国星占学的特殊性非止一端，但这里首先要指出的一点是：中国星占学体系就像中国封建社会的结构一样，呈现出类似"超稳定"之象——基本定型之后，垂两千年而不变。因此本书在以下论述中国星占学的几章中，将不再采用前八章大体作纵向追踪历史沿革的论述方式，而是改用横向展示之法，来进行分析讨论。

第一节　一个运作了 2000 年的军国星占学体系

一、一份统计表

我们在本书一开始就已讨论过，军国星占学与生辰星占学这两大体系的根本区别就是所占之事的不同。要想了解古代中国星占学所占之事的具体情况，最直观的办法，莫过于选择一种典型的星占学文献，然后对其中的占辞进行统计分析。在这里最适合当选的文献是西汉初年司马

---

① 《史记·天官书》。

迁所作的《史记·天官书》。

传世的中国星占学文献卷帙浩繁。历代官修正史中的《天文志》都属此类。此外还有专著，如唐李淳风《乙巳占》十卷，北周庾季才撰、北宋王安礼等重修《灵台秘苑》十五卷，唐瞿昙悉达《开元占经》更达一百二十卷之多，作为统计对象的话，篇幅都嫌太大。敦煌卷子中的星占学文献又零碎不全；再往后的一些星占书籍则年代偏晚，典型性也不够。而《史记·天官书》长久以来一直是年代确切可考的传世星占学文献中年代最早的一种，又是此后各正史中《天文志》的标准楷模；加之篇幅适中，结构也十分完整。近年虽有长沙马王堆汉墓帛书《五星占》出土，年代略早，但终究简略不全。因此《史记·天官书》确实不失为最佳选择。

下面将对《史记·天官书》中占辞的分类统计结果列出。左侧"分类项目"一栏是占辞中所要预测的事件，右侧"占辞数目"一栏是同一主题的占辞累计数：

分类项目	占辞数目
1 战争	93
2 水旱灾害与年成丰歉	45
3 王朝盛衰治乱	23
4 帝王将相安危	11
5 君臣关系	10
6 丧	10
7 领土得失	8
8 得天下	7
9 吉凶（抽象泛指者）	7
10 疾	5
11 民安与否	4
12 亡国	4

13 土功	3
14 可否举事	3
15 王者英明有道与否	2
16 得女失女	2
17 哭泣之声	2
18 天下革政	1
19 有归国者	1
20 物价	1

上面这份统计表生动反映了古代中国星占学的特征：首先，前三类占辞占了占辞总数（242条）的67%，表明了战争、年成、治乱这类主题受到特殊重视的程度。其次，全部占辞中没有任何一类、任何一条不属于军国大事的范畴之内。"丧"通常指君主王侯之丧，"疾"常指疾疫流行，"哭泣之声"也是指国丧或民众的悲苦，"得女失女"专指王朝君主之间的政治婚姻（比如"昭君出塞"在单于是得女，在汉朝是失女）。总之，都不是针对个人事务而言的。平头百姓的个人生死荣辱、悲欢离合等，在中国星占学中没有任何位置。

对《史记·天官书》的上述统计结果，具有普遍意义。如对其他经典的中国星占学文献施行同样的统计分析，具体数据当然各有不同，但上述两大特征不会有改变。古代中国的军国星占学，其格局可以说是一以贯之。

二、古代中国有没有本土的生辰星占学？

李约瑟曾在他的著作中引用了一份年代不甚明确（他判断为14世纪之物）的图表，他称之为"中国14世纪的一幅算命天宫图"。他看到图中有十二地支、二十八宿、各种神煞以及妻、男、财、命等算命项目相互对应的同心圆图形，就断言"立刻就可看出"这是公元2—4世纪的希

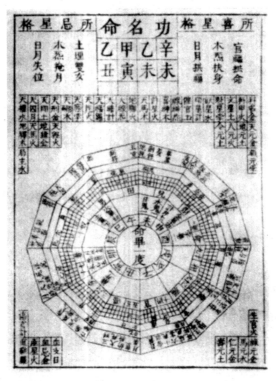

图27 《中国科学技术史》第二卷中，李约瑟所引的图表

腊生辰星占学中的十二宫。① 但是略做考察就可明白，这种图表虽然确实是用来算命的，却从任何意义上都不能说是西方式的"算命天宫图"。因为图中根本没有任何真实天体及其位置。图中没有太阳、月亮和五大行星的位置——这是西方式的算命天宫图中必不可少的内容；图中实际上也没有任何恒星的位置。之所以出现二十八宿的名称，是因为古代中国算命术中有将十二地支、十二生肖和二十八宿对应配套的习惯做法，这和二十八宿在天空中的真实位置完全是两回事。

古代中国的算命术固然也是从人的生辰出发，即所谓生辰八字，也

---

① 李约瑟：《中国科学技术史》第二卷，何兆武等译，科学出版社、上海古籍出版社（1990），第378—379页。

即一人出生之年、月、日、时的纪年、纪月、纪日、纪时四对干支,共八个字。有时也称为"四柱八字"。但生辰八字只是用干支对该时点的记录,并不是该时刻的天宫图。生辰八字与生辰时刻的实际天象没有任何实质上的,或者哪怕只是形式上的关系。因此有些学者(比如方豪)将算命天宫图译成"生辰八字表",只能是一种文学性的修辞手法,实际上难免会带来概念的混淆。

根据迄今已发现的证据,可以初步确认:古代中国并没有产生出"土生土长"的生辰星占学。在西方由生辰星占学来完成的算命(个人的穷通祸福)功能,在古代中国由四柱八字算命术来完成。这种算命术形成的年代也相当晚——相传在五代宋初的徐子平(徐居易)手里才确立起来,所以四柱八字算命术又被称为"子平术"。另一方面,西方的生辰星占学虽然曾几度传入中国(六朝隋唐,以印度为媒介;元明之

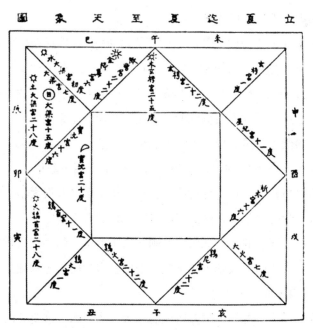

图28 "洋为中用"的欧洲算命天宫图。出于供职清朝钦天监的来华耶稣会士南怀仁之手。他用此图推算气候和年成,这足以成为中国古代军国星占学传统强大持久的一个有趣例证

际,以阿拉伯为媒介;明末,来华耶稣会士撰写中文著作《天步真原》加以介绍),但影响终属有限,最后都归于消歇。从唐代以后,中国平民要想预知自己一生的祸福休咎,并不需要与任何实际天象发生关系,平头百姓被认为没有资格,他自己也不敢去建立这种关系。

此外,中国古代较晚期的一些择吉、算命之书,常喜欢在书名上冠以"星"的字样,这一点很可能也造成了不少误解。比如明代有《星命大全》,清代有《御定星历考原》,等等,其实都不是星占学著作,因为书中所言各种择吉、算命之术,皆与实际天象及天体运行无关,根本不符合星占学的基本定义。"星命"云云,就好像上面提到的李约瑟所见之图,虽是有二十八宿之类,却不是指真实天象。

第二节 中国星占学的思想基础

一、中国人的天是有情的天

星占学在古代中国人的词汇中称为"天文",本意是指各种天体交错运行而在天空中所呈现的景象,这种景象可以称为"文"(《说文》九上:"文,错画也。")就是天象之意。再由天象引申到"观测天象以占人事"之意。所以古人所说的"天文"与现代意义上的天文学是两个根本不同的概念,然而现代人时常混淆。

世界上各文明中的星占学虽然都不外乎观测天象以占人事,但是星占学的思想基础,在各种民族、各种文化中可以有很大不同。古代西方人的星占学思想基础,简而言之可以说是"万事前定"——这前定可以是全部的或部分的;是谁所定?则归之于上帝,归之于造物者,总之是神意。但古代中国人则大异于是,中国星占学的思想基础是"天人合一",或者表述成"天人感应"。

先设法弄明白古代中国人所说的"天"指什么。这要分两个层面来说。就物理的层面而言,古代中国人所说的"天"约略相当于我们今天所理解的整个大自然——远不像现代人对"天"的理解那样狭隘。因此所谓"天人合一",意指将人类与人类生存于其中的自然环境视为一个整体。由此又可以很容易理解为什么中国星占学所占的范围远不止狭义的天象,而是包括了风云雷电、雨雪霜露,乃至山崩、地震、"河水逆流",甚至还可及于人兽相奸、男女互化,等等。

然而,更值得重视的是古代中国人所说之"天"的另一个层面——抽象的,或者说精神的层面。这个"天",绝不是近代科学的"客观性假定"中那样的无意志、无情感、可认识、可改造的客体;古代中国人的"天"是一个有意志、有情感、无法彻底认识、只能顺应其"道"与之和睦共处的庞大神秘活物。这个"天"是有意志的,所以古人将"天命""天意"视为君子必须讲求的大学问;而"天命""天意"的基本原则在古代中国人心目中也是始终如一的,这就是——赏善罚恶,道德至上。这个"天"更是有情感的,我们只要看看那些自古以来就脍炙人口的名句,就能明白一个大概了:

以鹑首而赐秦,天何为而此醉?①
天意高难问,人情老易悲。②
衰兰送客咸阳道,天若有情天亦老。③
贯日长虹,绕身铜柱,天意留秦劫。④
此天之亡我,非战之罪也。⑤
……

此外,古人称颂忠孝节义等事,常说"上格天心""孝可格天";指斥罪恶,则说"上干天谴";正义的军事行动被说成"躬行天讨";绿林

---

① 庾信:《哀江南赋》。
② 杜甫:《暮春江陵送马大卿公恩命追赴阙下》。
③ 李贺:《金铜仙人辞汉歌》。
④ 曹贞吉:《百字令·咏史》。
⑤ 《史记·项羽本纪》载项羽临终之语。

好汉杀富济贫则是"替天行道";痛感正义不获伸张,常会说"苍天无眼";祝福男女佳偶,习惯说"天作之合";庆幸好事终于成就,则是"天从人愿";这类例子可以举出许多,它们从一个侧面反映出古代中国人心目中的"天"是人格化的。

以人格化的"天"为前提,中国星占学建立起自己富有特色的思想理论基础,其中包括如下要点。

二、"天命"的转移

讨论星占学却要先谈通常被归入古代哲学范畴的"天命",似乎不免失之迂远,其实不然。"天命"观念,实际上可以说是中国星占学的"立身之本"——中国星占学最根本的功效,就是在事先预测"天命"的转移;在事中(夺取王权的过程中)尽力昭示天下"天命"已经归己;在事后则阐释"天命"何以抛弃前朝并转而眷顾我朝。

与西方那种宿命论或半宿命论的星占学思想完全不同,古代中国星占学是非宿命论的。这方面最突出的表现就是"天命"转移之说。为便于分析,不妨举一个具体事例以见一斑。这是中国历史上特别有名的事件,由此而产生的"问鼎"一词,历两千数百年而不衰,至今仍是汉语中的常用词语。公元前606年,雄才大略的楚庄王攻伐"陆浑之戎"而到达洛水,就在周朝境内陈兵耀武,意在向周天子进行军事示威。周定王派王孙满前去劳军,楚王就探问起九鼎——周天子统治权的象征之物——的大小轻重。楚王此问是明显的挑衅行为,王孙满知道他的用意,所以正颜厉色答道:

> 在德不在鼎!……天祚明德,有所底止。成王定鼎于郏鄏,卜世三十,卜年七百,天所命也。周德虽衰,天命未改,鼎之轻重,未可问也![1]

---

[1] 《左传》宣公三年。

由王孙满的答复，可知"天命"的三项性质如下：

（一）"天命"可知。周朝的"天命"由周成王定鼎时卜知：可传三十世，享国七百年。

（二）"天命"会转移。即所谓"天祚明德，有所底止"（上天保佑有德者，有一定的期限）。"天命"归于某朝之后，不可能永远固定不动。就是对于自己的周朝，王孙满也坦然承认只有七百年"天命"，不会"万寿无疆"。

（三）"天命"归于"有德"者。"天命"曾依次归于夏、商、周三代，其间转移之机，即在于"有德"还是暴虐无道。

这样的"天命"观念，在《尚书》《诗经》等中国古老的经典文献中，被反复阐释说明，从此深入人心，垂两千余年而不变。星占学家的任务，就是要通过天象观测，预见到"天命"的转移。但是他们靠什么能够做到这一点呢？这又由中国星占学的下一个要点来加以保证。

三、"天垂象，见吉凶"

"天垂象，见吉凶"一语，最早见于《易·系辞上》。"见"在这里的音、义皆与"出现""显现"中的"现"相同，意指上天向人间显示种种天象，从这些天象中可看出人事的吉凶。

所谓"吉凶"，主要是指人间政治得失的后果——有德则吉，失德则凶。这可以举东汉正统派历史学家班固的论述为例，在谈到日月交食、彗星流星出现，以及行星运动中的顺行、逆行、伏等各种天象时，认为所有这些天象都是：

> 阴阳之精，其本在地，而上发于天者也。政失于此，则变见于彼，犹景（即影）之象形，响之应声。是以明君睹之而寤，饬身正事，思其咎谢，则祸除而福至，自然之符也。①

---

① 《汉书·天文志》（班昭、马续定稿）。

天体运行有其自身的客观规律，这是现代科学的常识，说天体运行受政治得失的影响，在现代人看来当然毫无道理。不过班固的说法显然是非宿命论的，在古代确实有着相当的进步意义——因为这一理论中，天象变异是后果，而政治得失才是前因；而且天象变异对政治得失的反映之快，如回声反响，反映之准确，如影子之于物体之形。所以贤明的君主一见天象，就立刻省悟这是上天对他政治举措失当所呈现的警告（在中国星占学体系中，绝大部分有星占意义的天象都是凶兆），立刻就整饬身心，修明政治，并且深刻反省，如此则可望转祸为福。类似的论述，在历代官修正史的《天文志》《天象志》或《五行志》中经常可以见到，例如：

《易》曰：天垂象，见吉凶，圣人象之，此则观乎天文以示变者也；《尚书》曰：天聪明自我人聪明，此则观乎人文以成化者也。是故政教兆于人理，祥变应乎天文，得失虽微，罔不昭著。①

为政首先要合乎"人理"，而在儒家学说中，这个"人理"也就是"天理"，这一点可以由许多著名的儒家格言警句加以证明：

民之所欲，天必从之。②
天视自我民视，天听自我民听。③
天惟时求民主。④

这个道德至上、赏善罚恶的人格化的天，是尊重人心民意的，是为民做主的。因此它明察秋毫，只要见到人间君王政治举措稍有失当，立

---

① 《晋书·天文志上》。
② 《尚书·泰誓上》。
③ 《尚书·泰誓中》。
④ 《尚书·多方》。

刻呈示出明显的天象加以谴责警告。这种警告，愚人或昏君可能不知不觉，无动于衷，但是在星占学家看来，则无一不是彰明昭著，令人惊心动魄。

上天不仅会为人间政治的黑暗或修明而垂象指示吉凶，还会为某些英雄人物或悲剧人物（这两者往往合二为一）个人的坚强意志所感动，从而用奇异天象向人间昭示正义与美德。这被唐代大星占学家李淳风称为"精诚所感而上灵悬著"[①]。这种观念在中国古代也源远流长，从荆轲行刺而白虹贯日，到窦娥蒙冤而六月飞雪，都是个人精诚意志感动上天的传说——关汉卿杂剧的全名就叫《感天动地窦娥冤》。

四、阴阳和谐与为政之道

在中国古代先哲的思维中，有三对概念极为重要：

男—女
天—地
阴—阳

这三对概念是平行的，每对的双方，都以相互交合为佳境：

男女交合（生殖后代）
天地交合（产生万物）
阴阳交合（达到和谐之境）

因而阴阳和谐是古代中国人极力赞美、追求的理想境界：

天地絪缊，万物化醇；

---

① 李淳风：《乙巳占·序》。

> 男女构精，万物化生。①

阴阳和谐的意境与中国古代方术的关系极为广泛，这里不能尽述，仅就与星占学直接有关者言之，则有广、狭二义。

就狭义而言，古代中国人认为男女交合是大可赞美、绝对必要之事，如果人世间怨女旷夫不能婚配的情形过于严重，就会破坏天人合一、天人感应的宇宙中的和谐状况，造成灾害，上天也就要垂象示警了。古代史籍中类似的事例甚多，这里仅举其一，是东汉荀爽对皇帝奏陈"对策"中的说法：

> 臣窃闻后宫采女五六千人……百姓穷困于外，阴阳隔塞于内，故感动和气（感应冲动了和谐之气），灾异屡臻。臣愚以为，诸非礼聘、未曾幸御者，一皆遣出，使成妃合（让她们嫁人）。一曰通怨旷、和阴阳……此诚国家之弘利，天人之大福也。②

皇帝后宫宫女多达五六千人，宫内既有怨女，民间必有旷夫，这就破坏了宇宙间阴阳和谐的境界，上天已为此屡现灾异。皇帝后宫宫女太多，经常是臣子们抨击遣责的题目；世间的水旱灾害、年成歉收，乃至五大行星运行的异常，都被认为是皇帝独占宫女太多的结果。而因为水旱灾害严重，将部分宫女放归民间嫁人的事，在古代也史不绝书。

就广义而言，则古人有"为政顺乎四时"之说。汉文帝问宰相陈平，宰相的职责何在，陈平回答的首先是"上佐天子理阴阳，顺四时"③。所谓"顺四时"，是指将"天"假想为与人一样有喜、怨、哀、乐，而这四种情感又与四季相附会，因而各种政令也应与此相配合而

---

① 《易·系辞下》。
② 《后汉书·荀爽传》。
③ 《史记·陈丞相世家》。

行。汉代那位不太"纯"的大儒董仲舒的说法最为典型:①

> 天亦有喜怒之气,哀乐之心,与人相副。以类合之,天人一也。春,喜气也,故生;秋,怒气也,故杀;夏,乐气也,故养;冬,哀气也,故藏。……与天同者大治,与天异者大乱,故为人主之道,莫明于在身之与天同者而用之,使喜怒必当义乃出。

贤明的君主,喜怒必"当义乃出",这个"义"的意思是"合于时宜"。天的喜怒哀乐是寒暑四季,人主的喜怒哀乐则表现为生杀藏养的政令——当然是完全理想化的,君主个人的私欲在这里已被彻底排除。四时有不同的合宜政令,如果用错,则上天又要垂象警告,星占学家又有工作要进行了。

以上所述,就是中国星占学独特思想理论基础的主要方面。在此基础之上,古代中国人建造起自己的军国星占学体系。这体系千门万户,宏大壮观,但从它的思想理论基础出发,就不难加以理解和把握。

---

① 董仲舒:《春秋繁露》卷十一。

第十章　分野理论

"天"是人格化的，会与人事相互感应，垂天象以昭示人事吉凶。但天下之大，东南西北，郡国州县繁多，各地的情况又大不相同，吉凶当然也就不能一概而论。因此"天垂象"之后，究竟能从中看出何处的人事吉凶，必须先确立某种对应法则才行。这种天与地的对应法则，就是分野理论。分野理论是军国星占学中必不可少的成分，在别的古代文明中也曾出现，但中国幅员辽阔，版图万里，严密的分野理论就显得尤为必要了。

第一节　天区划分

古代中国对天区的划分，在星占学中应用的主要是"三垣二十八宿"和"十二次"两套体系，依次分述如下。

一、三垣二十八宿体系

所谓"三垣"，指北天球北极星附近的星群（中国——以及世界上所有主要的古代文明——位于北半球，所以古人不知道南天球星群）。三垣是：

　　紫微垣

太微垣

天市垣

二十八宿则是沿着黄道—赤道带（究竟当初是以黄道还是赤道为划分基准，迄今尚无定论）分布的星群，它们又被分成东、南、西、北四方四群，而且各有自己的象征神物。以下依次列出，括号中是该宿常用的别名。

东方七宿，以苍龙象征之：

角
亢
氐
房
心
尾
箕

北方七宿，以玄武（龟蛇结合）象征之：

斗（南斗）
牛（牵牛）
女（须女、婺女）
虚
危
室（营室）
壁（东壁）

西方七宿，以白虎象征之：

奎
娄
胃
昴
毕
觜（觜觿）
参（参伐）

南方七宿，以朱雀象征之：

井（东井）
鬼（舆鬼）
柳星（七星）
张
翼
轸

  古代中国天学一直使用赤道坐标系统，二十八宿被用来作为这一坐标系统的表达方式。具体的做法是为每宿选定一颗恒星作为标准星，称为"距星"；"距星"的坐标位置要经过尽可能严密的测定。相当于现代天文学中赤经的那个坐标值，被称为"入宿度"——实际上是该点位置与其所在宿的距星之间的赤经差，但由于距星坐标已知，故与现代的赤经可以等价。相当于现代天文学中赤纬的那个坐标值，被称为"去极度"，即与北天极相距的度数，"去极度"等于赤纬的余角。

  二十八宿体系有两个特别令人迷惑不解的特点：一是不作均匀划分——各宿有宽有窄，而且相差悬殊，最大的达到三十几度（井宿），小的则只有几度（如觜宿、鬼宿）。二是各宿的距星大多是中等偏暗的恒星，几乎没有亮星。古人既已不作均匀划分，沿线不乏亮星可选，为

图29　二十八星宿与四象对应图

什么要舍亮就暗？各宿宿度如此参差不齐，究竟出于什么考虑？这些疑问，迄今未有令人满意的解答。至于二十八宿体系的起源问题（古代印度、阿拉伯等处也有这样的体系），更是一个使人百试百惑的不解之谜。

二、十二次体系

十二次常用十二地支来表示，但每次又有自己的名称，一并对应列出如下：

寿星　　　　辰

大火　　　　卯

第十章　分野理论　｜　249

析木	寅
星纪	丑
玄枵	子
娵訾	亥
降娄	戌
大梁	酉
实沈	申
鹑首	未
鹑火	午
鹑尾	巳

十二次是对周天作均匀划分的。这套体系的起源，也尚未完全弄清楚。上述十二个奇怪的名称何所取义，古代星占学文献中虽然偶有论述，但是也不得要领。

顺便提起，从16世纪末欧洲耶稣会传教士来华之后，他们在向中国人介绍西方天文学中的黄道十二宫时，借用了十二次的名称来作十二宫的宫名，对应如下：

寿星	天秤
大火	天蝎
析木	人马
星纪	摩羯
玄枵	宝瓶
娵訾	双鱼
降娄	白羊
大梁	金牛
实沈	双子
鹑首	巨蟹

| 鹑火 | 狮子 |
| 鹑尾 | 室女 |

在明清之际的中文天文历法书籍（来华耶稣会士和中国学者都撰写过不少种）中，广泛使用着这套黄道十二宫的中文名称。耶稣会士对黄道十二宫的这套译法，未免有刻意仿古的做作之嫌——西方的黄道十二宫至迟在6、7世纪之交就随着佛经传入中国，早有中文意译的译名，与我们现代使用的译名非常相近；耶稣会士即使未读佛经（他们将佛教斥为"偶像崇拜"的异教，攻击甚力），至少也可以意译。然而他们也可能竟有"歪打正着"之幸，因为按照一些现代学者的意见，十二次就是巴比伦黄道十二宫在上古时代传入中国的产物，比如郭沫若就有这种看法。①

第二节 天地对应

天空划分既定，就可以将天区与地上各区域进行对应。中国古有"九州"之说，天地对应思想的发端，也与此说有关。按照《周礼》所述，古有"保章氏"这一职官——正是古代的一种星占官员，他的职掌是：

> 掌天星以志星辰日月之变动，以观天下之迁，辨其吉凶。以星土辨九州之地，所封封域，皆有分星，以观妖祥。②

这已经明确道出了分野理论的基本原则（"所封封域，皆有分星"，即每个地区都有自己对应的星）。不过九州如何与星群具体对应，史无

---

① 见郭沫若的长文《释支干》。我认为此文至今仍是对研究中国天文学史极富启发意义的文献，然而却很少被人注意。对此文要点的概述可见《天学真原》，第302—304页。
② 《周礼·春官·宗伯》。

明文，因为据现今所知道的史料，二十八宿及十二次两套体系的出现和定型，似都在九州之说问世以后。在《史记·天官书》中，可以见到一种早期的分野系统，列出如下（其中左栏为地区，右栏为二十八宿中各个与左列地区对应的宿）：

兖州	角、亢、氐
豫州	房、心
幽州	尾、箕
江、湖	斗
扬州	牵牛、婺女
青州	虚、危
并州	营室、东壁
徐州	奎、娄、胃
冀州	昴、毕
益州	觜觿、参
雍州	东井、舆鬼
三河	柳、七星、张
荆州	翼、轸

注意，上面这个系统中有十三行，是一个明显的早期痕迹。在后来的分野方案中，十二州、十二次与二十八宿都有了固定的对应，上列左栏中的"江、湖"一行被取消，斗宿与牛、女二宿一同被对应到扬州。

天地对应方案中最精致、最规范化的一种，见于《晋书·天文志上》，出于唐代大星占学家李淳风之手。这一体系由两部分组成：

第一部分称为"十二次度数"，主要是将十二次与二十八宿精确对应起来，同时给出对应的十二次地支与分野。由于对周天的划分十二次均匀而二十八宿不均匀，为了将此二者精确对应，有些宿已被分割开来。下面依照十二次分为十二组，顺次列出，每组上一行依次为次名、地支、对应的古国名和州名；下一行为与此对应的二十八宿，右下角标有阿拉伯数字的宿是分跨两次的，数字表示这一宿要从该度数处分割开来：

寿星	辰	郑	兖州	
			轸$_{12}$ 角 亢 氐$_4$	
大火	卯	宋	豫州	
			氐$_5$ 房 心 尾$_9$	
析木	寅	燕	幽州	
			尾$_{10}$ 箕 斗$_{11}$	
星纪	丑	吴越	扬州	
			斗$_{12}$ 牵牛 须女$_7$	
玄枵	子	齐	青州	
			须女$_8$ 虚 危$_{15}$	
娵訾	亥	卫	并州	
			危$_{16}$ 室 壁 奎$_4$	
降娄	戌	鲁	徐州	
			奎$_5$ 娄 胃$_6$	
大梁	酉	赵	冀州	
			胃$_7$ 昴 毕$_{11}$	
实沈	申	魏	益州	
			毕$_{12}$ 觜 参 东井$_{15}$	
鹑首	未	秦	雍州	
			东井$_{16}$ 舆鬼 柳$_8$	
鹑火	午	周	三河	
			柳$_9$ 七星 张$_{16}$	
鹑尾	巳	楚	荆州	
			张$_{17}$ 翼 轸$_{11}$	

关于上表中某些宿的分割及其意义，可举例以说明：以"实沈"之次为例，它占有从毕宿12度（注意是中国古度，周天为$365\frac{1}{4}$度）起，经过觜宿、参宿全部，至井宿15度为止这样一片天区。其余各次类推即可。

上面这种分野体系的第二部分称为"州郡躔次"。其中不仅列出十二次所对应的古国和十二州，还列出了该对应地区的主要州郡。特别引人注目的是，它还列出了每一州郡所对应的各宿度数。天地对应之法，至此堪称极致。因篇幅过大，这里只将"觜"一次列出，以见一斑：

觜：卫，并州。对应：营室、东壁

安定，入营室一度，

天水，入营室八度，

陇西，入营室四度，

酒泉，入营室十一度，

张掖，入营室十二度，

武都，入东壁一度，

金城，入东壁四度，

武威，入东壁六度，

敦煌，入东壁八度。

这种天地对应之法，在现代人看来未免荒唐可笑，但是古人确实认真地视之为探索天人之际奥秘的大学问。

第三节　一些非主流的体系

上一节所述天地对应体系是古代中国星占学中分野理论的主流，也是所有经典星占学文献普遍使用的体系。但除此之外，还有一些非主流的分野体系，虽未被广泛使用，但也在一些星占文献中被保存下来，兹略述如次：

一、"国次星野"

见于李淳风《乙巳占》中：[①]

邶：结蝓之宿（据说即室宿）。
鄘：天汉之宿。
卫：天宿斗、衡。
王：天宿箕、斗。
郑：天宿斗、衡。
魏：天宿牵牛。
唐：天宿奎、娄。
秦：天宿白虎，气生玄武。
陈：天宿大角。
郐：天宿招摇。
曹：天宿张、弧。

其中鄘、唐、陈、郐、曹等，都是春秋时代的国名，不见于后来的十二次体系中；对应的星也超出了二十八宿的范围，出现了一些星官（其义详见下一章）的名称。这个体系或许只是古书中零章断简的拼凑，但其中也可能包含了一些早期史料。在传世的星占学文献中，这个体系未见使用。

二、二十八宿与二十八山

这是一种将二十八宿与天下二十八处山一一对应起来的分野体系，

[①] 《乙巳占》卷三引《诗纬推度灾》。

亦见于《乙巳占》，以下分四方四群列出：

东方七宿
  角 岍山
  亢 岐山
  氐 荆山
  房 壶口山
  心 雷首山
  尾 太岳
  箕 砥柱

北方七宿
  斗 析成山
  牛 王屋山
  女 太行山
  虚 恒山
  危 碣石山
  室 西倾山
  壁 朱圉山

西方七宿
  奎 鸟鼠山
  娄 太华山
  胃 熊耳山
  昴 外方山
  毕 桐柏山
  觜 陪尾山
  参 嶓冢山

南方七宿
  井 荆山

鬼	内方山
柳	大别山
星	岷山
张	衡山
翼	九江
轸	敷浅原

上面右栏中的名称,全出于《尚书·禹贡》。其中如"九江""敷浅原"等很难断定是否为山,李淳风也只说是"以《禹贡》山川配二十八宿"。但是这种将名山与天上星宿对应起来的理论,倒确实有深远背景。李淳风谈到此事时说:

> 其山各在十二次之分,分野有灾,则宿与山相感,而见祥异。[①]

而中国古代久有天地相通的神话,这神话中的上天之梯不是别的,正是一座山——著名的昆仑山。[②] 此外还有关于昆仑山上"天柱"的神话:

> 昆仑之山,有铜柱焉,其高入天,所谓天柱也,围三千里,周圆如削。[③]

这些都与"宿与山相感,而见祥异"的思想一脉相通。不过这种分野体系在星占学实践中也几乎不见使用。

三、"月所主国":一种时间分野

这是一种在星占学史上非常值得注意的分野体系。虽然十分简单,

[①] 《乙巳占》卷三。
[②] 《淮南子·地形训》。
[③] 《神异经·中荒经》。

却很可能潜藏着微妙的信息。这体系原载于一种归于东汉末年荆州牧刘表名下的星占学著作《荆州占》，但《荆州占》已失传，所幸"月所主国"的内容被唐代印度人瞿昙悉达编撰的大型星占学文献《天元占经》引录而得以保存下来：①

正月	周
二月	徐
三月	荆
四月	郑
五月	晋
六月	卫
七月	秦
八月	宋
九月	齐
十月	鲁
十一月	吴越
十二月	燕赵

这种分野体系是什么时代的产物，已经无法确知。它之所以值得注意，是因为作为一种"时间分野"，它是迄今所有中国星占学文献中的唯一实例。

建立分野理论，目的在于解决天象与不同地域中人事的对应问题。这有两条途径：一条是"地域分野"，中国星占学主要走这条途径——前面各节所述都属此列。另一条途径即"时间分野"，将一年或一日中的日期、月份、时刻等分配给不同地域；如此则在什么时候出现有星占学意义的天象，此天象所兆示的人事吉凶即"应"在与此时间相配的地

---

① 瞿昙悉达：《开元占经》卷六十四。

域中。这种"时间分野"系统在古代埃及星占学中被广泛使用,而在中国星占学的历史文献中也能见到一例,自然就值得注意了。

第四节　佚事数则:分野理论的意义

在介绍了分野理论的主要内容之后,需要进一步了解这种理论在古代中国人心目中的意义。这不妨通过一些逸事——实际上也可说就是个案——来进行了解。

一、正统何在?

《晋书·天文志下》引《蜀记》说,三国时,魏明帝有一次问黄权:天下三分鼎立,到底哪一国是正统?黄权的回答是:这要从天象来验证——往年曾有"荧惑守心"的天象(火星停留在心宿),结果文帝(魏文帝曹丕)驾崩,而吴、蜀两国都无事,足见正统是在魏国。

黄权的回答乖巧异常,他将不久前的国丧说成一件令人愉快的事;吴、蜀之君安然无恙,恰恰说明他们不属正统,看起来倒成了憾事。但黄权的回答又是深合星占学原则,因而无懈可击的,这只要看一下"荧惑守心"天象在中国星占学文献中的占辞即可:[①]

> 火守心,大人易位,主去其宫。
> 火逆行守心,泣哭吟吟,王命恶之,
> 国有大丧,易政。

这与魏文帝"龙驭上宾"、魏明帝新君接位之事相附会,自然丝严缝合。

所谓"正统",与分野理论密切相关。李淳风曾专门讨论过这个问

---

① 《乙巳占》卷五。

题,他的结论是充满汉族沙文主义色彩的:

> 故知华夏者,道德、礼乐、忠信之秀气也,故圣人处焉,君子生焉。彼四夷者……岂得与中夏同日而言哉?①

因为在他看来,"四夷"(汉族统治地区周边的民族)其人其地,与中华上国相比,都要等而下之,不可同日而语,因此只能作为中华的附庸,而在"天垂象,见吉凶"的天人感应体系中没有自己的独立位置。这套理论在李淳风本人生活的大唐帝国旭日方升的时代,看起来当然十分"合时",但在早些时候异族入主中原、南北划江而守之时,就大成问题了。下面的故事就是生动的事例。

公元534年,南朝的梁武帝正偏安在江左小朝廷中。不过南朝一贯以正统自居,连当时许多北朝的士大夫也承认华夏衣冠礼乐所代表的文化正统仍在江南。这年有"荧惑入南斗"的天象(火星进入斗宿),梁武帝记起有"荧惑入南斗,天子下殿走"的星占谣谚,为了"上应天象",就赤了脚下殿去散步。不料他这次竟是十足地自作多情——不久有消息传来,是北魏的末帝元修,西奔投靠宇文泰去了,这才是真正应了"天子下殿走"的谣谚。这弄得多年来一贯认为"正统当然在我"的梁武帝十分不好意思,惭愧地问出了一句在历史上颇为有名的话:

> 虏亦应天象耶?

是啊,想不到连异族蛮夷(虏)居然也能上应天象,那南朝的正统何在?

---

① 《乙巳占》卷三。

二、丰城剑气：天地对应臻于极致

西晋的张华是中国方术史上"箭垛"式的人物之一，在《晋书·张华传》中充满了关于张华与各种方术的奇异怪诞传说，几乎使人无法相信这是官修正史中的文字。下面这个故事就是其中之一，而且还是怪诞色彩相对比较淡的。

西晋初年，东吴尚未灭亡，天上二十八宿的斗、牛两宿间常有紫气，方术之士认为这是东吴还很强盛的征兆（试查本章第二节中的表，可知斗、牛的分野正是吴越之地），但张华不以为然。不久东吴被灭，那紫气反而更加鲜明，证明了张华先前的怀疑。张华听说豫章人雷焕精通天文星占之学，就悄悄向他请教，斗、牛之间的紫气究竟因何而致。雷焕说那是"宝剑之精上彻于天"，具体地点在豫章郡丰城县。张华身居高位，就设法将雷焕任命为丰城县令。雷焕到任后，立刻在县监狱的房基下掘地深达四丈有余，得到一具石函，内有宝剑两把——就是古代传说中大名鼎鼎的"龙泉""太阿"两剑。这天夜里，斗、牛之间的紫气就消失了。

在这个故事中，天地之间的对应竟能精确到一幢房屋的范围，分野之说，至此可谓神乎其神。这样的故事，当然只能视之为小说或神话，不可信以为真。

三、重要人物的行踪

《后汉书·李郃传》载，李郃精通星占之学，但不为世人所知，只在县衙门当个小吏。那时汉和帝新即位，想了解社会政治状况，又担心底下都"报喜不报忧"，乃派出便衣使者去四方察访。有两位使者前往益州，路上恰好投宿在李郃所负责的招待所。时值夏夜，大家在屋外纳凉，李郃仰观天象，忽然问两位使者道：两位从京师出发时，有没有听说朝廷向此地派了两位使者？两使者吃了一惊，相互看了一眼后答道：没有听说。又问李郃怎会知道此事？李郃指着星空说："有二使星向益州分野，故知之耳。"

可以稍分析一下这个故事。假定李邰真的见到了天上的什么"使星",那多半是流星。不过仅从科学常识出发去判断这一点是没有意义的,李邰管招待所,送往迎来,见过的官员一定很多,他完全可能从两位使者的言谈举止、随身器物等方面推测出他们的身份。事实上,李邰只是借此机会在大人物面前"露一手",谋求进身之阶——他后来成为这两位便衣钦使中一个人的幕僚,靠着他见微知著,洞烛机先,几次使那位钦使转祸为福,在仕途上一帆风顺。

第十一章　恒星星占学

凡天文在图籍昭昭可知者，经星常宿中外官凡百一十八名，积数七百八十三星，皆有州国官宫物类之象。[①]

——班固

故曰天者北辰星，
合元垂耀建帝形，
运机授度张百精。[②]

——司马彪

第一节　中国人的恒星世界

一、星官

要作星占就先要观天，要观天就要对天区和天体进行指称，这才能表达所见的天象。恒星构成了其他一切天象的背景，因此必须先对恒星作命名和区分，这在中外星占学中都无例外。中国人的做法是将若干颗相近的恒星用想象联系在一起，组成"星官"。

---

① 《汉书·天文志》。
② 《后汉书·天文志上》。

很多人想当然地将中国古代的"星官"与西方的"星座"视为性质相同之物，以为两者只是名称和划分有所不同而已。这其实是很大的误解。中国的"星官"与西方的"星座"是两种不同的概念。"星官"只是对一组恒星的称呼，而不是对一片天区的称呼；西方的"星座"（constellation）则是指一片天区，有着明确的边界。因为概念不同，两者的用法也就有明显的区别。比如西方人可以说：第谷超新星"出现在仙后座"，或者大彗星"进入白羊宫"；而中国古代同样是记录超新星的出现，则说："客星（公元1054年的超新星）出天关之东南，可数寸"，或者"客星晨出东方，守天关"。这里"天关"是一个星官的名字，所以只能说超新星出现在它东南方，或是停留在它附近（"守"）。总之，"星官"绝不意味着一片划定了边界的天区。许多情况下，一个"星官"只有一颗恒星（这应视为一组的特例），"天关"就是如此。

星官的组建和命名，早在先秦时代就已开始。现今传世的关于古代星官的系统记载，年代确切可考的以《史记·天官书》为最早。其中记载了92个"星官"，共500余颗恒星。这九十二"星官"又被分为东、西、南、北、中五个"宫"。这里的"宫"仍不可与西方的星座或黄道十二宫等量齐观——这五个"宫"仍没有明确边界，故只能视为"星官群"。后来出现的"三垣二十八宿"，每宿也是"星官"；只有作为坐标系使用时，"宿"才是有边界的——经度上的边界就是该宿的"宿度"，纬度上则从北天极到南天极共180°，构成28个宽窄相差悬殊的瓜皮状条带。至于"三垣"，从来没有明确的边界；在理论上，它们是与作为坐标系的二十八宿重叠的，因为28个瓜皮状条带已经覆盖了全部天球。

二、星经

各"星官"及恒星的名称和位置，记载在古代的"星经"中。所谓"星经"，就是古代的星占学秘籍，这在古代是非同小可之物，天人之际的大奥秘,正在其中。"星经"的主要内容是对恒星位置的记述和关于这些恒星的星占占辞。

说到"星经",不少人或许会想起"甘石星经"的名称。相传战国时楚国人甘德著有《天文星占》八卷,魏国人石申(又名石申夫)著有《天文》八卷;这两种书在唐代以前一直流传,但唐代以后就佚失了。现今在明朝人刊行的《汉魏丛书》之类的丛书中,可以见到一种《星经》,题作"汉甘公、石申著",学者们认为这是唐代以后的伪作。

要说汉代的"星经",真实可靠的倒是有一部流传至今——就是司马迁的《史记·天官书》。其中关于恒星的部分正是最典型的"星经"。不过《史记·天官书》还包括了行星、云气等方面的内容,是一部全面的星占学文献。特别值得注意的是,其中还有此前星占学历史的重要记载。

古代星占学家师徒授受,代代相传,也有门派之分。现在所知,古代最有名的是甘德、石申、巫咸三派。其中甘、石实有其人,生活在战国末年到秦汉之际;巫咸是古代半传说半神话的人物,那派星占学只是托附他的名义而已。[①]这三大门派的繁盛时期,大体在战国秦汉之际,此后渐渐不显。要不是到了明朝发生一件完全意外的奇巧之事,这方面的一些历史线索可能直至今日也难以真相大白。

明朝万历四十五年(1617年),有个士人程明善,自号"挹玄道人",平素喜欢读些星象历法之类的书,又喜佞佛;这年他布施钱财,为一尊古佛重新装金,不料竟在古佛腹中发现了一部卷帙浩繁的古代星占学奇书——久已失传的《开元占经》。对于此书的真实性,学者们没有怀疑,因为历史上有多方面的确切记载。《开元占经》由仕于唐朝的印度人瞿昙悉达(定居长安好几代,早已华化)奉唐玄宗之命于开元六年(718年)编成。由于瞿昙悉达是唐朝皇家天文机构的首脑,能够看到许多皇家珍藏的秘籍,所以《开元占经》中保存了大量今已失传的星

---

① 关于甘德、石申二人的年代及活动,以及巫咸神话的解读,见《天学真原》,第77—88页。

占学文献章节。

《开元占经》中用去整整六卷的篇幅,记述古代三大门派的"星经"内容,它们依次被称为:

"石氏中官","石氏外官";
"甘氏中官","甘氏外官";
"巫咸中外官"。

这三大门派所占的星和"星官",再加上二十八宿等,《开元占经》集此前各家"星经"之大成,共有如下恒星资料:

石氏:	92官,	632星;
甘氏:	118官,	506星;
巫咸氏:	44官,	144星;
二十八宿及辅官:	28官,	182星;
不属任何一家者:	1官,	1星;
总计:	283官,	1465星。

三大星占门派的存在,很可能与战国时代各大国互争雄长的文化背景有关。而随着秦汉大一统帝国的建立,文化上的统一感使人们觉得有必要将三大门派的"星经"融合统一起来。这项工作到了西晋初年晋武帝时,由先前仕于东吴后来归晋出任太史令的星占学家陈卓完成:

武帝时,太史令陈卓总甘、石、巫咸三家所著星图,大凡二百八十三官,一千四百六十四星,以为定纪。[①]

---

① 《晋书·天文志上》。

上述这段记载与《开元占经》中的恒星资料相比,"星官"数相同（283）,星数只少一颗——当是未将不属三大门派的独立一星计入之故（即由一颗星组成的"神宫"一官）。

三、星图

到刘宋时,太史令钱乐之又在陈卓汇总工作的基础上,铸造了一架"浑天铜仪"——相当于现代的天球仪。钱乐之在铜仪上用三种不同颜色表示三大门派的星：

石氏：黑色
甘氏：红色
巫咸氏：白色

到了唐代星图上,巫咸氏的星改用黄色标出。这个转变不难理解：钱乐之的三色是标在铜仪上的,白色不会与铜的颜色混淆；但后来要在纸或绢、帛上绘制星图,白色就不能用了,所以改为黄色。

现今存世的唐代星图,保存在敦煌卷子之中。原件现藏伦敦大英博物馆,编号为S3326（英人斯坦因［A. Stein］收集的卷子之号）。图中将黄道—赤道带上的星群按十二次分为十二段画出,十二次的起止度数,与《晋书·天文志上》所记载陈卓审定的度数完全一样。每段星图旁都附有说明文字,而这些文字竟又与《开元占经》卷六十四所载的"分野略例"完全相同。至于北极附近的星群,图中另绘一幅圆形星图来表示。

关于星图中用三色表示三大门派之星的问题,情况比较复杂。因为有的用三色,有的用两色（将石氏与巫咸氏之星合并）,而且哪一派之星用哪一色,各星图也不尽一致。为此我将这方面总共七项有关史料编成一览,表示如下表：

星图三派三色一览

序号	甘氏	石氏	巫咸氏
1	红	黑	白
2	黑	红	黄
3	黑	红	黄
4	黑	红	红
5	黑	红	黄
6	黑	红	黄
7	红	黑	黄

上表七项史料中，两项为史籍记载，五项为现存实物。依次开列如下：

1.《隋书·天文志上》所记钱乐之造"浑天铜仪"。

2. 敦煌卷子S3326。现藏伦敦。

3. 敦煌卷子P2512。现藏巴黎。

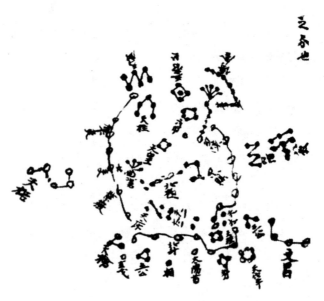

图30　敦煌星图中的紫微垣。（现藏大英博物馆）

4. 敦煌卷子，敦煌市博物馆藏品58号。
5. 苏颂《新仪象法要》卷中。
6. 《格子月进图》。现藏日本。
7. 叶绍翁《四朝闻见录》甲集"词学"条记徐子仪考试事。

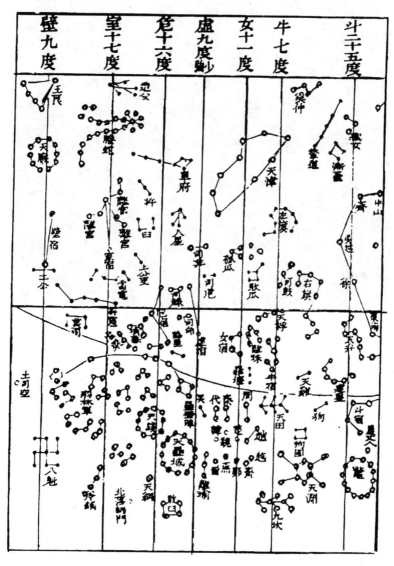

图31 苏颂《新仪象法要》中之部分星图

图32 苏州石刻天文图

四、星名

中国古代的恒星命名系统有着强烈的特色——几乎将人间万物和社会组织全部照搬到天上。下面以《开元占经》所载甘氏、石氏、巫咸氏三大门派的星官为准,[1]并加以分类,列出这些星官的名称一览:

(一)国名:

齐 赵 郑 越 周 秦 代 晋 韩 魏 楚 燕

---

[1]《开元占经》卷六十五至七十。

(二）帝王贵族及有关者：

帝座　侯　五诸侯　五帝内座

四帝座　天皇大帝　太子　诸王

内五诸侯　女御　宗人　帝席

(三）文武职官：

宦者　宗正　天将军　郎将　骑官　四辅　柱下史

女史　尚书　三公　谒者　三公内座　九卿内座

从官　幸臣　骑阵将军　土司空　土公吏　大理

天相　虎贲　相　车骑

(四）机构设施及建筑：

房　营室　东壁　东井　神宫　天市　军井　阁道

附路　天关　南北河戍　屏　三台　天牢　库楼

南门　羽林垒壁阵　天仓　天囷　天廪　天苑

玉井　厕　军市　天理　内厨　内阶　天厨　传舍

车府　市楼　亢池　渐台　辇道　天田　天门

平道　明堂　灵台　军南门　天潢　盖屋　天街

天溷　外屏　天庾　天园　天庙　长垣　阳门

天社　军门　列肆　车肆　屠肆　天垒城　天厩　器府

(五）日用器物：

角　箕　南斗　毕　轸　大角　女床　贯索　河鼓

旗　瓠瓜　天船　五车　积薪　败白　参旗　弧

华盖　北斗　天床　内杵　白　河鼓左旗　斛

周鼎　酒旗　天樽　座旗　砺石　阵车　糠　铁锁

刍藁　天节　九游　东瓯　天辐　钩　天桴　天籥

虚梁　天钱　天纲　玄戈　天枪　天棓　六甲

天弁　策　扶筐

(六）动植物与山川：

牵牛　柳　梗河　天江　天津　腾蛇　龟　鱼

鳖　野鸡　狼　天鸡　天乳　尾　八谷　天阿
青丘　狗　狗国　天狗　翼　积水　咸池　天渊
稷　阙邱　天柱

（七）人物：
女　织女　王良　造父　传说　老人
人　农丈人　丈人　子　孙奚仲

（八）神怪：
鬼　轩辕　文昌　天一　太一　司令
司禄　司危　司非　司怪　八魁　离珠

（九）杂类：
卷舌　积尸　屎　哭泣

这种将人间万物和社会组织全数照搬到天上的星官命名系统，显然是天人合一、天人感应观念的又一表现方式，正如张衡所说：

> 星也者，体生于地，精成于天……在野象物，在朝象官，在人象事，于是备矣。……庶物蠢蠢，咸得系命。①

这种星官命名系统在古代中国一直沿用了约两千年（看来至迟在战国秦汉之际已经大体完备），直到清朝灭亡为止。

第二节　恒星的占象与占辞

恒星，顾名思义，是"恒定不变"的星。事实上，恒星在正常情况下，它们的颜色与亮度在很长的时间尺度内不会有变化（只有变星以及新星和超新星爆发时才例外）；恒星在天空中的相对位置，虽然存在着

---

① 张衡：《灵宪》残篇。

规律性的缓慢移动,即恒星的"自行"(proper motion),但古代中国人并未发现这一移动;[①]至于岁差运动,虽然中国人已在公元4世纪发现,但这种运动基本上只是引起恒星坐标的规律性变化。因此,就古代中国星占学家所能了解的事实而言,恒星的颜色、亮度、相对位置等,应该都是恒定不变的。然而在中国星占学文献中,恒星却被认为是经常发生各种变化的活物。常见的施占天象有:

恒星明、暗;
恒星变色;
恒星"芒""角""动摇"。

上面这些占象实际上是不可能发生的。但是古代星占学家却深信这些占象时常交替出现——若非如此,天人将如何感应,上天又如何对人间事务表示谴责、警告、嘉许和预示呢?

另一方面,我们也可以相信,这些占象也确实是古人所"见",因为大气层的扰动,有时确实能造成上面那些视觉现象,而古人不明这是大气的作用,故而一直笃信有意志、有情感的上天在根据人事的吉凶善恶改变着恒星的颜色、亮度、形状和位置。

下面举一些恒星占辞中有代表性的实例。

天狼星是古代引人注目的亮星,中国星占学家也很重视这颗星,有占辞说:

其东有大星曰狼。狼角(天狼星出现角)变色,多盗贼。[②]

天狼星南面有"南极老人星":

[①] 以前曾有"唐代一行(张遂)发现恒星自行"之说,但席泽宗等人的研究已予以否定。
[②] 《史记·天官书》。

> 狼比地（天狼星靠近地平线一侧，即天狼星之南）有大星，曰南极老人。老人见，治安（政治安定）；不见，兵起。常以秋分时候之于南郊（通常于秋分时在南郊守候观测）。①

所谓恒星"不见"，按理只能是被云遮住或者尚未升上地平线这类情况，但是古人相信它们会根据上天的意愿（在晴朗的夜空中）隐没或出现。

对于某些比较重要的恒星，各家星占学著作会有种种不同的占辞。这里以"天一"星为例，瞿昙悉达集录了四家占辞：②

> 韩杨曰：天一星名曰"北斗主"，其星明则王者治；不明者，王道逆，则斗主不明，七政之星应而变色（太阳、月亮和五大行星也会相应而变色）。
>
> 《黄帝占》曰：天一星，地道也。欲其小，有光，则阴阳和，万物成。天一星大而盛，（则）水旱不调，五谷不成，天下大扰，人民流亡去其乡。
>
> 《黄帝占》曰：天一星明泽光润，则天子吉。
>
> 石氏曰：天一星欲明而有光，则阴阳和，万物成。
>
> 又占曰：天一星亡（消失，实际上当然不可能），则天下乱，大人去。
>
> 《荆州占》曰：天一之星盛，人君吉昌。

"石氏"即前面提到的三大门派之一的石申，《黄帝占》《韩杨占》《荆州占》都是唐代流行的星占学著作，但现已失传。

上面六则占辞中常提到天一星明亮与否，甚至会消失，这很容易使

---

① 《史记·天官书》。
② 《开元占经》卷六十七。

人联想到现代天文学所发现的"变星"（variable star）。被称为变星的那一类恒星，它们的亮度会发生规律性的周期变化；但是古人并未发现这一点。在中国星占学著作中虽然经常谈到恒星的明、暗、变色等，却从未见有指出其变化周期的记载。事实上，古人坚信恒星是因为人间的祸福善恶才发生变化的，而绝不是出于恒星自身的物理原因。上面谈到的天一星就恰好是一个这方面的有力例证：天一星就是现代星表中的天龙座10，它不是变星，但占辞中却普遍认为它会变明变暗，以兆示年成、国运或君王安危。

还有许多专门为某一"星官"而设的占辞，比如关于"三台"（又名"三能"）：

> 魁下六星，两两相比者，名曰三能。三能色齐（颜色一致），君臣和；不齐，为乖戾。①
> 王者得礼之制，不伤财，不害民，君臣和集，草木昆虫各蒙正性，则三台为齐明，不阔不狭，如其度。②

关于二十八宿诸星，《开元占经》中集录了大量占辞。这些占辞有时是针对该宿距星而言，有时是将该宿视为一个"星官"，下面随意选取三例。

南斗：

> 南斗星明大，（则）爵禄行，天下安宁，将相同心。其星不明，大小失次，芒角动摇，则王者失政，天下多忧。③

娄：

---

① 《史记·天官书》。
② 《开元占经》卷六十七引《礼纬含文嘉》。
③ 《开元占经》卷六十一引甘氏。

娄星明，则王者郊祀天享之（在南郊祭天得到上天的采纳享用），天子明，臣子多忠孝，王者多子孙，天下和平（天下和谐平安，非专指战争反义）。①

参：

参为将军（是将军之星），常以夏三月视参：两足（指参宿第六、七两星）进前，兵起；若退却，兵罢国宁。②

第三节　北斗七星

古代中国人用自己的想象力赋予北斗七星以奇特的形状。北斗七星的斗柄在一夜之间明显地改变着方向和位置，特别引起古人的注意。古代中国天球坐标系中的"拱极星特征"非常重要，而北斗七星正是北天拱极星（靠近北天极，因而在夜间能够看到他们始终在地平线之上绕北天极旋转的星）中最突出的星官。为此古代中国人认为北斗七星有着特别丰富的星占学意义。

首先，古人认为北斗七星是全天众星和整个"天道"运作机制的中枢：

北斗七星，所谓"旋玑玉衡，以齐七政"。……斗为帝车（北斗是天帝之车），运于中央，临制四向。分阴阳，建四时，均五行，移节度，定诸纪（指"天道"运行，四季变换，节气推移，纪元确定等），皆系于斗。③

---

① 《开元占经》卷六十二引《玄冥占》。
② 《开元占经》卷六十二引《百二十占》。
③ 《史记·天官书》。

上面引文中"旋玑玉衡，以齐七政"之语，原出于《尚书·舜典》，这两句话的真实意义，是千百年来学者们争论不休的大疑案，迄今未有定论。大致有两大派，一派认为是指北斗七星的中枢作用，另一派则主张是用浑仪测定天文数据以制定历法。两派孰是孰非（当然也可能都错了），此处可存而不论。至于"斗为帝车"之说，如从古代恒星观测的角度而言，很可能是星占学家因北斗七星与众恒星相对固定的位置以及它们共同绕天极旋转的天象，而产生的联想。将北斗七星与"建四时，均五行，移节度，定诸纪"相联系，则确实有着相当程度的数理内容，与古代历法关系密切。

"斗为帝车，临制四向"的观念，已经由古代艺术家形象化地表现出来。在汉代武氏祠后石室第四石上，刻有"北斗星君图"。图中北斗七星的前四星组成车舆，北斗星君头戴斜顶高冠坐于车内；后三星则构成车辕，车无轮，由云气浮托而行。图中还有各种神仙怪兽，气氛十分神秘。图右上角还有一小仙人，手持小星一颗，位于北斗七星之第六星"开阳"旁边，这一细节是有确切的天文观测作为依据的："开阳"之旁确有一小星，古代星占学家称之为"辅"。

北斗七星各有专名，依次如下：

　　天枢，简称为枢。
　　天璇，简称为璇。
　　天玑，简称为玑。
　　天权，简称为权。
　　玉衡，简称为衡。
　　开阳。
　　摇光。

古书上经常出现的一些话头，如"璇（旋）玑玉衡""权衡"，等等，都可以与北斗七星及其星名产生联系和联想。

图33 "斗为帝车"的艺术表现形式。山东嘉祥武氏祠东汉画像石。"北斗星君"坐在由北斗七星组成的车中,车由云气浮托而行,神仙怪兽环侍前后,小仙人在右上角手持"辅"星附于第六星"开阳"之旁。此图据故宫博物院所藏清代拓本摹绘

关于北斗七星,还有种种附会之说。比如七星各自所"主"的事物:①

天枢	天	天	秦
天璇	地	地	楚
天玑	人	火	梁
天权	时	水	吴
玉衡	音	土	燕
开阳	律	木	赵
摇光	星	金	齐

最右面的一列也可以看作一种分野之说。北斗七星所"主"事物中又有特别侧重于政治者,亦举一例如下。②

天枢:

> 正星,主阳德,天子之象也。

---

① 《晋书·天文志上》。
② 《晋书·天文志上》。

天璇：

　　法星，主阴刑，女主之象也。

天玑：

　　令星，主中祸。

天权：

　　伐星，主天理，伐无道。

玉衡：

　　杀星，主中央，助四旁，杀有罪。

开阳：

　　危星，主天仓五谷。

摇光：

　　部星，亦曰应星，主兵。

辅：

　　傅乎开阳，所以佐斗成功，丞相之象也。

《开元占经》中关于北斗七星的部分，集唐以前关于北斗七星星占文献之大成，而且其中所引用的不少古籍今已失传，如三国时陆绩所著《浑图》、晋代皇甫谧所著《年历》等。下面再整理列出一些关于北斗七星的对应与附会之说：①

北斗七星	七政	二十八宿
天枢	日	室壁奎娄
天璇	月	胃昴毕觜
天玑	火星	参井鬼柳
天权	水星	星张翼轸
玉衡	土星	角亢氐房
开阳	木星	心尾斗箕
摇光	金星	牛女虚危

这类附会对应及所"主"之说，各家星占学门派所述互有异同，总的来说没有多少系统的学理可言，不过表现出星占学充满神秘主义色彩的一面而已。

北斗七星既如此神秘而重要，则它所表现出来的星象自然与人间治乱密切相关。下面也引述一些占辞为例，通常，七颗星都分别兆示着不同的内容，比如：②

天子不事祠名山（不祭祀名山），不敬鬼神，则斗第一星不明。

数起土功（屡兴土木），坏决山陵（破坏陵墓），逆地理，不从谏，则第二星不明。

天子不爱百姓，则第三星不明。

---

① 《开元占经》卷六十七。
② 《开元占经》卷六十七引《孝经纬援神契》。

发号施令不从四时（政令不和四季配合），则第四星不明。
用乐声淫佚，则第五星不明。
用文法深刻（法律苛刻），则第六星不明。
不省江河淮济之祠（不关心江河之神的祭祀），则第七星不明。

又如，朝廷上七种重要官员的人选合适与否，也被认为与北斗七星的明暗有关：①

北斗第一星不明，御史大夫非其人也（指不称职，下同）。
第二星不明，大司农非其人也。
第三星不明，少府非其人也。
第四星不明，光禄非其人也。
第五星不明，鸿胪非其人也。
第六星不明，廷尉非其人也。
第七星不明，执金吾非其人也。

在中国星占学中，星象所兆示的，十之八九皆为灾异、警告和谴责，而所谓的"祥瑞"之兆为数甚少。但是北斗七星得以厕身于此少数之列，古人认为，北斗七星若能保持在正常位置上则为"祥瑞"之兆——其实恒星之间不可能在常人一生的时间尺度上发生肉眼看得见的移动。举一例如下：②

天枢得（得其所，指处于合适位置，下同）则景星见，甘露零（霖）、凤凰翔、朱草生。
璇星得则嘉禾液。

---

① 《开元占经》卷六十七引《荆州占》。
② 孙毂：《古微书》卷九《春秋纬运斗枢》。

玑星得则狐九尾。

衡星得则百兽率舞、麒麟至、灵龟跃、万人寿。

权星得则日月光、乌三足、礼义循、物类合。

摇（瑶）光得则陵醴出、玄芝生、江吐大贝、海出明珠。

这些稀奇古怪的意象，特别是"甘露霖""狐九尾""玄芝生"之类，都是古代中国人心目中的"祥瑞"，是天下太平、尧天舜日之时才会出现的大吉之兆。

北斗运于中央以控驭四方的观念，在中国古代文化中还有更为广泛的影响，这里举一个较为极端的例子。两汉之交时的空想复古主义改革家、大野心家、短命新朝的皇帝王莽，是一个极信星占之学的人，对于"斗为帝车，临制四向"的观念，尤为狂热入迷：

是岁（天凤四年，公元17年）八月，莽亲之南郊，铸作威斗。威斗者，以五石铜（据说是掺入了五色石粒的铜）为之，若北斗，长二尺五寸，欲以厌胜众兵（想借此施行厌禳之术以战胜各地的反叛军事力量）。既成，令司命负之，莽出在前，入则御旁（出行则以威斗为前导，入室则将威斗作为仪仗陈设在旁）。①

王莽铸造了一个北斗七星的模拟物，名之为"威斗"，出入时刻不离身旁。他希望这一人为制造的神秘崇拜物可以帮助他在内外交困中克敌制胜，这当然只是梦想。当他的末日来临，讨伐他的军队已经攻入首都长安城，巷战正在进行，皇宫已经着火时，他却既不指挥作战，又不安排逃亡，反而像巫师术士一样，跑到尚未着火的未央宫中，做如下一番表演：

---

① 《汉书·王莽传下》。

时莽绀袀服，带玺韨，持虞帝匕首，天文郎桉栻（即式盘，古代常用的星占仪器）于前，日时加某，莽旋席随斗柄而坐。曰：天生德于予，汉兵其如予何！①

王莽要天文官员在他身旁操作着式盘，随时向他报告北斗七星做周日拱极运动的情况（因为白天看不见星，所以要用式盘推算），他则随之不断调整自己坐的方向，使之与斗柄所指方向一致。这显然是直接模拟"斗为帝车，运于中央，临制四向"。但此时他已经四面楚歌、无力回天了。巷战两天之后，他逃往渐台（未央宫苑中一座四面临水的高台。"渐台"还是一个星官之名），仍不忘带着他的威斗，但终究无济于事。讨伐军攻上渐台，王莽被乱刀分尸。

王莽铸造威斗出入不离、"旋席随斗柄而坐"之类的做法，完全可以看作后世术之士"披发仗剑，踏罡步斗"而求雨、禳灾、捉鬼等仪式的先声。威斗虽被"松纹古剑"替代，但别忘了那把剑往往仍是"七星剑"。古代星占式盘中央也刻着北斗七星。

北斗七星组成被称为"北斗"的星官，它后来成为人们向之祈福禳灾的偶像。而且佛、道两教都有向北斗顶礼膜拜的仪轨，这是非常值得注意的现象。例如在《大藏经》中有《北斗七星护摩秘要仪轨》《北斗七星护摩法》等佛教密宗的经品，后面一种还是大名鼎鼎的僧一行所著。在《道藏》中也有《北斗九皇隐讳经》（北斗七星加上"辅""弼"两星而成九皇）、《九皇真经注解》等经。在敦煌卷子中也可见到礼拜北斗的内容，例如：②

谨案《仙经》云：若有人每夜志心礼北斗者，长命消灾，大吉。

---

① 《汉书·王莽传下》。
② 后唐同光二年（924年）历书。敦煌卷子S2404，现藏伦敦大英博物馆。

> 葛仙公（指东晋著名道士葛洪）礼北斗法：昔仙公志心每夜顶礼北斗，延年益算。……

第四节　客星、瑞星与妖星

古人所谓的客星，在很多情况下都是指新星或超新星的爆发。因为原先肉眼看不见星的天区位置上，忽然出现新的星，而且有时极其明亮（甚至达到白昼可见的程度），过一段时间后又消失不见，如客人之来去，故谓之客星。比如中外学者津津乐道的公元1054年的"天关客星"就是一次极为罕见的超新星爆发。客星虽不常见，但古代星占学对此仍有一套颇为完整的理论。

客星通常都是不祥之兆。它们被视为上天的使者，是来向人间昭示君主政治失误以及上天对此的谴责的：

> 客星者，非其常有，偶见于天，皆天皇大帝之使者，以告咎罚之精也。[①]

客星被分为五类，依次是：

周伯

老子

王蓬絮

国皇

温星

关于客星的天象有如下四类：

[①] 《乙巳占》卷七。

客星犯月

客星犯五星

客星犯列宿

客星犯中外（星）官

这些分类的机理被说成是：

（以上五类）皆客星也，行诸列舍、十二国分野，各在其所临之邦、所守之宿以占吉凶。①

下面举几则关于客星的占辞，其中有的荒诞不经之至：

月在星角者，臣与黄门（太监）僮仆女人阴奸为贼。两星在月角者，臣与人君共作奸。一星在月中，臣与君妇女共作奸谋。一星在月下者，后宫列女要臣为奸也（要，这里是"要挟"之意）。②

新星或超新星爆发，是不可能"在月中"的，因为新星距地球远而月亮离地球近，但古人并不明白这一点。况且所谓"客星"，并不一定都是新星或超新星爆发。再看下面三则，也同样匪夷所思：③

客（星）干犯女（宿），邻国有以妓女来进（指邻国进献歌伎女乐，不是今日狭义的妓女）；妾迁为后。

客星犯井（宿），国有大土功之事；小儿妖言（有"妖言惑众"的童谣流传，这在古代视为不祥之兆）。

（客星）守张（宿），楚、周有隐士；不去，满三十日，有亡

---

① 《乙巳占》卷七。
② 《开元占经》卷七十七引《孝经纬内记》。
③ 《乙巳占》卷七。

国、死王;臣戮其主,小人谋贵,祸及嗣子,期三年(应验之期在三年以内);食中有毒;邻国有献食物者;天下酒大出,天子以为忧败(天子为此担忧败亡之事)。

这些危言耸听的占辞,当然都出于星占学家的穿凿附会,但由此也可看出在古人心目中,"天人感应"是如何的细大不捐。

在中国星占学中,绝大部分有星占意义的天象皆为凶兆。但也有"瑞星"一说。瑞星之出,皆为吉兆。这样就增加了星占学理论体系的完备性,应用起来就更能左右逢源,得心应手。否则,御前星占学家只是一味向皇帝提出警告,到了需要歌功颂德、粉饰太平,或是需要陈述"天文符瑞"为改朝换代制造舆论时,他们岂不是要束手无策了?

瑞星据说共有六种:①

景星
周伯
含誉
格泽
归邪
天保

这些名称未必有什么深意或学理可言。比如"周伯"又是前面刚谈过的客星五类之一,而在有些星占学文献中,"格泽"也是凶险不吉的。至于瑞星,通常都是因为君王"德合天""施德孝,兴礼义,人民和而夷狄表化"才出现的,是"福德之应,和气之所致,有道则见"的。它们所兆示的"祥瑞",可以举几则有关占辞为例:

---

① 北周庾季才原撰、北宋王安礼(王安石之弟)等重修《灵台秘苑》卷十五。

> 王者序长幼,各得其正,则房、心有德星(即瑞星)应之。①
>
> 王者制礼作乐,得天心(制定礼乐制度并实行之,这符合上天之心),则景星见。②
>
> 尧即位去年(帝尧即位的前一年),景星出翼,凤凰止庭(景星出现于翼宿,凤凰落脚于庭中)。③

这类关于瑞星的天象,可以置于更为广泛的背景中去认识。事实上,瑞星只是古代中国人心目中遍及天上地下的所谓"祥瑞""符瑞"的种类之一,在历代官史志书中(例如《宋书·符瑞志》《南齐书·祥瑞志》《魏书·灵征志》等),可以集中见到大量这类记载。古代中国人"天下之大,何奇不有"的观念,在这类记载中得到极富于形象性的说明。

与瑞星相对,又有所谓"妖星"。在中国星占学著作中,妖星名目之多,超出瑞星远甚。例如,《开元占经》中竟用去整整三卷篇幅于"妖星占",其中妖星名目多达87种。妖星的性质是:

> 妖星者,五行之气。五星之变,如见其方,以为灾殃。各以其日五色占知何国,吉凶决矣。以见无道国、失礼邦,为兵为饥,水旱死亡之征也。④

这里必须特别提出的是,由于古代星占学著作中对瑞星、妖星的描述非常含混,古人又没有明确区分大气现象与天文现象的能力,因此有许多关于瑞星和妖星的天象实际上并非恒星天象。比如,有些关于妖星的天象,从占辞可以推测它们很可能只是流星。有的学者利用古代星占学文献中的记载,作为现代天文学研究中的补充资料,对此尤应小心。

---

① 《开元占经》卷七十七引《礼纬含文嘉》。
② 《开元占经》卷七十七引《礼纬稽命征》。
③ 《开元占经》卷七十七引《尚书纬中候握河纪》。
④ 《开元占经》卷八十五引《黄帝占》。

第十二章　可推算天象：日月与行星星占学

关于日、月和五大行星的星占学，构成中国星占学体系中最富科学成分的内容——因为这七大天体做规律性周期运动，对它们进行星占需要掌握它们的运动规律，并能够用数学方法准确描述和推算它们的运动，这正是古代数理天文学知识产生和发展的最主要动力。

第一节　日月之占

与日、月有关的天象，是古代中国星占学的重要方面。这方面的天象又可分为三种类型，依次论述如下。

一、日食占

先看日食在古代中国人心目中的星占学意义——这是最严重的凶兆之一，对国家和君主而言都预示着大灾祸。举一些占辞为例：

> 日为太阳之精，主生养恩德，人君之象也。……日蚀，阴侵阳，臣掩君之象，有亡国。[①]
>
> 无道之国，日月过之而薄蚀（日、月经过"无道之国"所对应

[①] 《晋书·天文志中》。

的分野天区，就会发生蚀），兵之所攻，国家坏亡，必有丧祸。①

君喜怒无常，轻杀不辜，戮无罪，慢天地，忽鬼神，则日蚀。②

日蚀有三法：一曰妃党恣，邪臣在侧……二曰偏任权并，大臣擅法……三曰宗党犯命，威权害国……③

日蚀尽光，此谓帝之殃，三年之间，有国必亡。④

日食在中国星占学文献中被细分成几十种具体名目，各有大量占辞，但大都与上引各条大同小异，不烦多举。由上述占辞已足见日食在古人心目中是何等凶险不祥的征兆，对于君王尤其如此。

日食既是大凶之兆，是上天震怒，对人间君王提出的严重警告，则人间君臣就要对此进行"禳救"，以求回转天心，转祸为福。对这种思想最经典的表达见于司马迁笔下：

日变修德，月变省刑，星变结和。……太上修德，其次修政，其次修救，其次修禳，正下无之。⑤

这里"修德""修政"是最高的理想境界，当然被列在前面，这非常容易理解：如果君主"有德"，政治修明，则赏善罚恶的上天根本就不会让日食之类的天象出现，这就是古人"天下太平，虽交而不能蚀"的信念（当然是违背现代科学常识的）。然而退一步来说，"修德""修政"的治本之道虽好，治标之法却也不可或缺，这就是"修救"和"修禳"。要是治标治本都不做，"正下无之"，那就不可救药，单等着亡国杀头了。这些"修德""修政""修救""修禳"之举，照理对一切不吉

---

① 《乙巳占》卷一。
② 《开元占经》卷九引《礼纬斗威仪》。
③ 《开元占经》卷九引《春秋纬感精符》。
④ 《开元占经》卷九引《荆州占》。
⑤ 《史记·天官书》。

天象都应考虑，但日食是大凶之兆，所以禳救之举特别受重视，超出所有其他天象。

古人为日食而采取的措施，主要有如下三项：1.皇帝下诏，征求臣民对朝政的批评，即所谓"诏求直言"，这是君王"修德""修政"之举；2.解除某个高级官员的职务（让他作为天子的替身承受天谴）；3.举行祈祷仪式，直至日食结束。后两项就是"修救""修禳"之举了。依次述之如下。

为日食而下诏征求直言，最早的标准做法当推汉文帝，他的《日食求言诏》是一篇有名的历史文献，篇幅不长，全文如次：

> 朕闻之：天生民，为之置君以养治之；人主不德，布政不均，则天示之灾以戒不治。乃十一月晦，日有食之，适见于天，灾孰大焉！朕获保宗庙，以微眇之身，托于士民君王之上，天下治乱，在予一人，唯二三执政，犹吾股肱也。朕下不能治育群生，上以累三光之明，其不德大矣。令至，其悉思朕之过失，及知见之所不及，丐以启告朕。①

大意是说：如果君主道德失修，或施政不妥，则上天就会降示灾异，以示警告。如今竟发生日食，上天降下谴责，没有比这更严重的了！而这责任，应由自己一人来承担。因此希望天下臣民，在诏书到日，即可将皇帝的过失以及皇帝未能了解的下情，上书奏闻。

汉文帝下诏求直言的结果，到底对于政治有多少推进，很难估计。不过西汉的"文景之治"一直是被后世史家称赞的。汉文帝的做法成为后来日食发生时帝王应对的惯例。古人相信，这样做可以得到上天的谅解，从而消弭灾祸。即使实际上对于政治的改良不产生什么直接效果，至少也是向上天表示了一个虔诚敬畏的姿态，总是有益无害的。除了日

---

① 《汉书·文帝纪》。

食之外，后来对一些别的不吉天象，也采用"诏求直言"作为主要应对措施之一。

因日食而解除高级官员的职务，这种做法的思想渊源十分久远。古人认为，如果上天显示不吉天象对人间政治进行谴责警告，则君王应负责承受。这种思想至少已被古人上溯到成汤时代，这就是有名的"汤祷"传说：

> 昔者汤克夏而正天下。天大旱，五年不收。汤乃以身祷于桑林曰：余一人有罪，无及万夫；万夫有罪，在余一人。无以一人之不敏，使上帝鬼神伤民之命！于是剪其发，磨其手，以身为牺牲，用祈福于上帝。民乃甚悦，雨乃大至。①

这里成汤的"以身为牺牲"是象征性的，"剪发手"与曹操因马践农田而"割发代首"一样，不是自己真的去死。

君王既不能因天谴而真的去死，古人就又有"嫁祸于人"之法——通过禳祈之术，让日食等不吉天象所代表的天谴由大臣代替君王去承受。这样做对于君王而言当然是"失德"的，"有道之君"宁可自身承受天谴也不会嫁祸于大臣。但碰到王莽这样的君主，就不惜真的实施起来：

> 三月壬申，晦，日有食之。大赦天下。策大司马逯并曰：日食无光，干戈不戢，其上大司马印韨，就侯氏朝位。②
>
> 戊子，晦，日有食之。大赦天下……大司马陈茂以日食免。③

逯并、陈茂这两任大司马都因日食被免职。这也难怪，王莽在后世

---

① 《吕氏春秋·顺民》。
② 《汉书·王莽传中》。
③ 《汉书·王莽传中》。

史家笔下，本来就是十足的"无道昏君"，自然要嫁祸于人，哪肯"万夫有罪，在余一人"？不过这种大臣顶罪的做法，到了曹魏诸帝时，几次明令废止，此后基本上就不再实行了。

天上出现不吉天象，古人常称之为"天变"。皇帝为此采取的措施，有素服、避正殿、撤乐、减膳等多种，但对于日食，还有专门的禳救仪式，极为隆重：①

> 日月将交会，太史乃上合朔（奏上合朔时刻），尚书先事三日，宣摄内外戒严。挚虞《决疑》曰：凡救日蚀者，着赤帻，以助阳也。日将蚀，天子素服避正殿，内外严警；太史登灵台（皇家观象台），伺候日变（待日蚀开始），便伐鼓于门；闻鼓音，侍臣皆着赤帻，带剑入侍；三台令史以上皆各持剑立其户前；卫尉、卿驱驰绕宫，伺察守备，周而复始。亦伐鼓于社，用周礼也。又以赤丝为绳以系社，祝史陈辞以责之。勾龙之神，天子之上公，故陈辞以责之。日复常乃罢。

这种为日食而进行的禳救仪式要动员如此多的人，还要做如此多的准备，显然必须在事先安排好才行。而且这种仪式在京城以外的地方也要举行，并有专职官员负责其事。因此对于日食，必须事先做出推算和预报。

推算和预报日食，是古代中国星占学家一项极其重要、极其神圣的任务。关于中国古代一向特别重视日食预报的传统，这里不打算详加讨论，而是想通过叙述两个故事来了解这一传统。下面这两个故事，如视之为信史恐不可靠，但通过它们来理解中国古代对日食预报的重视则非常生动。

第一个故事是著名的"书经日蚀"，见于《尚书·胤征》。相传夏

---

① 《晋书·礼志上》。

代仲康在位时,某年秋季第三月朔日,发生日食;而当时的皇家星占学家羲和,因酗酒误事,未能事先提出预报,结果造成混乱。羲和为此获死罪:"昏迷于天象,以干先王之诛",因为《政典》曰:"(预报日食)先时者杀无赦,不及时者杀无赦"——预报时刻不准确都要"杀无赦",何况根本不做预报?羲和自然是罪不容诛。当然,预报日食不准而被杀头的事,只是传说中如此,由后世信史中的记载看,尚不至于那么严重。但一般至少会受到皇帝的责备,日子也不会好过。

第二个故事见于《太平广记》卷七十六:太史令李淳风根据新校订的历法,推算某日当有日食,唐太宗闻之不悦(我们前面说过,日食对君王尤为不吉),问李淳风,要是届时日食不发生,"卿将何以自处?"李淳风表示,如果预报不准,甘当死罪。到了那天,唐太宗和他一起在庭中等候,许久未见日食,唐太宗认为李淳风的预报已经失误,就对他说,朕放你回家去和妻子儿女诀别一下吧。李淳风却并不惊慌,说是时刻还未到。他在墙上画了一条线,说日影移动到此线时日食就发生,结果他的预报"不差分毫"。这当然是小说家言,意在渲染大星占学家李淳风造诣之深。但故事中李淳风表示预报不准甘当死罪,确实可以使人联想到《尚书·胤征》中"先时者杀无赦,不及时者杀无赦"的古之遗风。

二、月食占

月亮也是富有星占学意义的天体,这在各主要的古代文明中都是如此。中国星占学理论对月亮的基本观念,有如下表述:

> 月为太阴之精。以之配日,女主之象;以之比德,刑罚之义;列之朝廷,诸侯大臣之类。[①]

[①]《晋书·天文志中》。

前面说过，太阳是人君之象，则根据阴阳相对的观念体系，"太阴之精"的月亮，自然对应女主（后妃）之象和诸侯大臣之象。所谓"比德"，将太阳与恩赏对应，那么月亮自然要与刑罚对应，所以司马迁说"月变省刑"。

月食发生的次数较日食为多，推算起来也不像日食那样复杂；而且一般来说，一次月食的可见地域远较一次日食为大。月食当然也被认为是不吉的天象，这里举一些由李淳风编集的占辞为例：①

> 凡师出门而蚀，当其国之野，大败，军死（凡军队出国门时遇到月蚀，月蚀所发生的宿之分野又恰好对应该国，则该国军队将大败、死伤）。
>
> 月蚀尽（指发生月全蚀），光耀亡（无），君之殃。
>
> 蚀不尽，光辉散，君之忧。
>
> 月生三日而蚀，是谓大殃，国有丧。十日至十四日而蚀，天下兵起。十五日而蚀，国破灭亡。
>
> 春蚀，岁恶（收成坏），将（将领）死，有忧。夏蚀，大旱。秋蚀，兵起。冬蚀，其国有兵、丧。

月食发生于二十八宿的不同宿中，其星占学意义又各不相同，这被称为"蚀列宿占"。"蚀列宿占"对于日、月都有。这里以月为例，举四宿占辞以见一斑：

> 月在角、亢蚀，刑法官当黜（主管刑事法律的官员将被罢黜），将吏有忧；国门四闭，其邦凶。②
>
> 月在危蚀，不有崩丧，必有大臣薨（不是皇帝死，就是大臣

---

① 《乙巳占》卷二。
② 《乙巳占》卷二。

死），天下改服；刀剑之官忧；衣履金玉之人（指贵族高官）有黜。①

月在张蚀，贵人失势，皇后忧。②

关于太阳的"蚀列宿占"，情形也类似。

如果月食发生于某宿，而此时恰好又有行星运行到该宿，则又另有星占学意义。李淳风称之为"月蚀五星"，不很确切，容易使现代读者误认为是月掩行星（一种确实会发生的天象）。其实一看占辞就可明白其意，举两例如下：③

月行与木（木星）同宿而蚀，民相食，粟贵，农官忧。
月行与水同宿而蚀，其国有女乱而国亡。

对于月食，也有禳救之举。仪式中通常都要击鼓，照汉儒郑玄为《周礼》所作的注中说，还有"王必亲击鼓"的规定。同时根据阴阳对应的理论，要由皇后率领后宫搞一套禳救仪式。不过毕竟阳尊阴卑，君贵臣贱，男重女轻，为月食而举行的禳救仪式，其隆重程度无法与为日食而举行者相比。

三、月位占

与日食之备受重视不同，在关于月的星占理论中，最重要的部分不是月食占，而是"月位占"——月球在星空中做周期运动时，它与恒星、行星发生视觉上的关系，由此呈现出来的各种天象及其星占学意义。

月球每天相对于恒星背景移动约13°（注意这不是指月亮东升西落的周日运动——周日运动相对于恒星背景是固定的），这就会产生月亮逼近，甚至遮掩某些恒星或行星的天象，这类天象的具体情况多种多

---

① 《乙巳占》卷二。
② 《乙巳占》卷二。
③ 《乙巳占》卷二。

样,而且出现的频率相当高,成为古人进行各种星占学预言的大好题目。难怪在许多经典的中国星占学文献中,月位占占了月占占辞的绝大部分。

在《开元占经》中有"月与列宿相犯"的星占名目,这又被分为"月犯星"与"星入月"两类,先各举占辞一例:

> 月犯列宿,其国(按照分野理论所对应之国)有忧。①
> 星入月中,其国君有忧。一曰:不出三年,臣胜其主。②

所谓"星入月中",是中国星占学文献中极常见的说法,而实际上这种天象不可能发生,因为月球比所有的恒星和行星都离地球近,所以只可能有月掩星,绝不可能有"星入月"。古代星占学家盛称此说,原因或有两端:一是流星恰好与月亮在同一视方向上出现,被误认为"星入月";二是古代中国人对宇宙的真实结构了解太少,对于月球与恒星、行星距地孰远孰近不甚了了,故相信"星入月"是可能发生的。

月位占中最重要的是"月犯列宿",先看几条占辞:

> (月)在尾宿有变,后宫不安,妃后争人君子孙,不吉在宫中矣。③
> 月以十月至四月入南斗中,天下大赦。近期六十日,中期六月,远期一年(皆指应验的时间)。④
> 月变于须女,有兵不战而降。又曰:有嫁女娶妇之事。⑤
> 月蚀张,贵臣失势,皇后有忧。⑥

---

① 《开元占经》卷十三引《河图纬帝览嬉》。
② 《开元占经》卷十三引《海中占》。
③ 《开元占经》卷十三引《郗萌占》。
④ 《开元占经》卷十三引《黄帝占》。
⑤ 《开元占经》卷十三引《郗萌占》。
⑥ 《开元占经》卷十三引《黄帝占》。

古人所谓"犯",是指月球运行进入某宿所属的天区。而具体进行星占预言时,又要结合月本身所呈现的状况来考虑。上引第一、三条占辞都是根据月在某宿时发生"变"来占吉凶,但这"变"是什么情况则未明言。第四条占辞明确说"月蚀张",即月在张宿发生月食,可视为"月变"之一。第二条占辞则只言月"入"南斗,未言其"变"。

月球运动的恒星周期为27.3日,也就是说,月球每27.3日就要在星空中绕行一周。因此月入某宿之后,再过27.3天就会再次进入该宿。由此可知"月犯列宿"是极常见的天象。与此类似的还有如下系列的天象:

月犯石氏中官
月犯石氏外官
月犯甘氏中官
月犯甘氏外官
月犯巫咸中、外官

上述五种情形中,并未遍列甘、石、巫咸三大门派的全部星官——那些远离白道的星官,月球不可能"犯"到它们。如将上述天象中的"犯"字改成"晕",则又可构成一套关于月的天象系列:月在二十八宿和三大门派中、外官处发生晕(一种大气光象,但古人认为是月球本身发生的现象),也各有其星占学意义。所有这些以273日为周期的月位天象,其占辞可以窥一斑而见全豹,基本上不外乎各种灾祸之兆。只有极个别的吉兆,如:

月晕尾(月在尾宿时出现晕),有益地(扩张领土)者百里以上。[①]

[①] 《开元占经》卷十五引《东观占》。

由上所述，月位占中名目如此之多，这些天象出现的频率又如此之高，以致在每个晴朗或多云的夜晚都会有不止一种；而这些天象又绝大部分皆为凶兆，如此夜夜凶兆不绝，岂非天下将无一日安宁，古人时常憧憬讴歌的所谓"太平盛世"又何时会有？这固然可以用来说明星占学之不可信，但在这背后还另有奥妙。事实上，这里触及了中国古代星占学运作中的一个关键机制——不祥的凶兆虽然夜夜都有，但是星占学家并不会，也不可能将每个凶兆都去向皇帝报告，他们只有在适当的时机才会提出星占报告。中国星占学是古代政治活动中不可或缺的一部分，一个合格的星占学家必须懂得，对于司空见惯的种种凶兆天象，什么时候应该视而不见，什么时候应该轻描淡写，什么时候应该郑重报告。

第二节　行星之占

行星占是中国星占学中最重要、最基本的成分。不了解行星占也就不了解古代中国的星占学。

集唐以前中国星占学理论之大成的《开元占经》，全书一百二十卷，行星占独占四十二卷之多。行星星占学在古代受到特殊重视是不难理解的：恒星在天球上固定不移；日、月各只有一个；而行星则周期性地穿行于恒星背景之中，与二十八宿和太阳、月亮都会产生视觉关系；况且古人已知道的行星有五颗之多，每颗的运行速度和周期又明显不同；再和五行之说附会在一起，更是变化多端。

一、国师与丞相之死：行星占的重要

行星星占学的重要性，特别表现在它对古代中国军政大事所产生的直接影响。我们可以通过两个历史事件来观察这一点。

第一件事是王莽当政时的一次宫廷军事政变。[①] 中国古代学术史上

---

① 事变始末见《汉书·王莽传下》。

最重要的人物之一刘歆，就死于这场失败的政变中，而原因正是他本人和同谋者对行星星占学的迷信。当时王莽以伪善与阴谋篡窃国柄，因为肆无忌惮，倒行逆施，很快就陷入内外交困、众叛亲离之境。他的亲信之一卫将军王涉，被星占学家西门君惠用星占学的预言说动了心，就与大司马董忠、"国师公"刘歆等策划发动军事政变，打算劫持王莽，然后向南阳军事集团（后来东汉光武帝就是从这个集团起家的）围攻长安的军队投降，以免为王莽殉葬。刘歆是当时研究星占、谶纬之类神秘主义学问的大权威（王莽因此封他为"国师公"），他本来早就可以动手，认为"当待太白星出，乃可"——那时金星恰好运行到太阳附近，古代称为"伏"，此时它被掩没在太阳的光芒之中，所以无法看到。要等金星走出"伏"才能重新出现。听从了刘歆的意见，密谋者们迁延等待了一些日子，不料这期间有人告密，事情败露，王莽立刻进行了无情镇压。董忠被杀，刘歆和王涉都自杀了。王莽为掩饰众叛亲离的窘境，对外只说"大司马发了疯病"。

这里必须考虑刘歆的星占学造诣。他说"当待太白星出，乃可"，并不是盲目坐等金星出现——他完全知道金星要到什么日子才出现。预先推算行星运动的速度、位置是古代历法中最主要的课题之一，而刘歆正是历法大家。他所作的《三统历》是现今传世最早的一部完整历法；《三统历》正文第一章不是别的，正是"五步"，即推算五大行星运动所用的公式和法则。很可能，刘歆认为"太白星出"之时是发动政变的最佳时机——正是南阳军队破城的前夜。

第二件事是汉成帝时的丞相翟方进，因为一次非常可能仅是谎报的行星天象而被迫自杀。[①] 绥和二年（公元前7年）春天，据报有"荧惑守心"的天象（火星停留在心宿。关于这一天象的星占学意义详见本节四），当时李寻利用这一"大凶"的天象向丞相翟方进施加压力，说他在相位上毫无功劳，尸位素餐，难免要遭斥逐，甚至进而暗示他应该自杀

---

① 事件始末详见《汉书·翟方进传》。

谢罪。翟方进正忧惧不知所措,又有善言星占之学的郎贲丽上书说:荧惑守心这样的不吉天象,"大臣宜当之"——应由大臣来负责。于是皇帝颁下一道"册"给翟方进,这是一份严厉责备他并逼他自杀的文件:

> 皇帝问丞相:……惟君登位,于今十年,灾害并臻,民被饥饿,加以疾疫溺死……朕诚怪君,何持容容之计,无忠固意(何以竟对自己的失职安之若素,毫无报效朝廷之意),将何以辅朕,帅道群下?而欲久蒙显尊之位,岂不难哉?!……

翟方进当日就自杀身死。

行星星占学在古代对于军政大事的影响力,是现代人很难想象的。在上面两个事例中,金星的运行状况决定了政变成败,而一次所谓的"荧惑守心"竟被利用来逼死丞相。然而,这两个例子既非孤立,也不极端,在本节下文的论述中,我们还将看到更多的受到行星星占学影响的历史事件。

二、五大行星与五行

五行之说在中国传统文化中有极为广泛的影响。在行星星占学中,五行学说的成分更为明显——古人所知道的行星,恰好只有五颗。今天这五大行星通用的中文名字,本身就是五行之说留下的一个显著印痕。

不过古代中国人对此五大行星的称呼,并不像今天这样总是直呼其名,而是另有一套习用名称:

金星:太白

木星:岁、岁星

水星:辰星

火星:荧惑

土星:镇星、填星

上列右侧的那些称呼才是古籍中常用的。

1973年出土于长沙马王堆三号汉墓的帛书《五星占》，堪称迄今所知最早的行星星占学专著。其中将五大行星与五方、五帝等做了十分严整的对应：

东方木，其帝大昊，其丞句芒，其神上为岁星。
西方金，其帝少昊，其丞蓐收，其神上为太白。
南方火，其帝炎帝，其丞朱明，其神上为荧惑。
北方水，其帝颛顼，其丞玄冥，其神上为辰星。
中央土，其帝黄帝，其丞后土，其神上为填星。

在《史记·天官书》中，五大行星已与季节对应起来：

木星：主春

火星：主夏

土星：主季夏（䄂）

金星：主秋

水星：主冬

所谓"季夏"，原是为与五行、五方等附会而生造出来的，并无天文历法上的依据。"季夏"被认为是在夏、秋之间，后来又有将每季末尾十八日抽出的办法，这样共得七十二日，以之与"中央土"对应，并生造出一个怪字"䄂"以名之。

到了两汉之际，五大行星与五行的对应更为发展，附会的对象又扩大到伦理道德、颜色、人体等方面。举一种为例：①

---

① 《汉书·天文志》。

方向	五行	季节	颜色	德性	人体	行星
东	木	春	青	仁	貌	岁星
南	火	夏	红	礼	视	荧惑
中	土	季夏	黄	信	心	填星
西	金	秋	白	义	言	太白
北	水	冬	黑	知	听	辰星

五大行星本身的性质和星占学意义，则与上述五行之说并无多少直接的内在联系或对应。先举若干说法及占辞为例：①

> 岁星所在国（指与岁星所在天区对应的分野之国），不可伐，可以伐人。
> 荧惑为乱、为贼、为疾、为丧、为饥、为兵，所居之宿国受殃。
> 太白，兵象也。
> 太白者，犹军也。
> 太白经天，天下革（革命，改朝换代也），民更王（换君主），是为乱纪，人民流亡。
> 辰星，杀伐之气，战斗之象也。
> 填星所居国，吉。未当居而居之，若已去而复还居之（比历法所推算的提前运行到某天区，或已离开某天区而又逆行返回原位，这对木、火、土三星来说确实可以发生），国得土，不乃得女子（可以扩张领土，或者国君得到别国嫁来实行政治联姻的女子）。

在古代中国星占学理论中，五大行星各自的亮度、形状、大小等变化（由行星运行到各自轨道的不同位置所造成；也有一些只是大气

---

① 《汉书·天文志》。

光象），都有不同的星占学意义。与五行之说关系特别密切的则是行星颜色的星占学意义。在司马迁笔下，可以见到如下关于五大行星颜色的占辞：①

  白：为丧、旱。
  赤：则中不平，为兵。
  青：为忧、水。
  黑：为疾，多死。
  黄：吉。

  将行星分成五种颜色，用什么作标准？古人的办法是先选定天上的五颗恒星作为颜色标准星——这样做从现代天文学角度来看很有道理，因为各恒星处在不同的演化阶段，表面温度也不相同，所以它们的颜色确实会各有不同。司马迁记下的五颗颜色标准星如下：②

  白色：狼（天狼星，大犬座α）
  赤色：心（心宿二，天蝎座α）
  青色：参右肩（参宿五，猎户座γ）
  黑色：奎大星（奎宿九，仙女座β）
  黄色：参左肩（参宿四，猎户座α）

  用上述五颗恒星作比照，由此去判断行星是什么颜色。
  上述五标准星中有"黑"，看上去使人困惑不解：既已是"黑"，在黑夜里就会看不见，又从何比照？这一疑问仍必须从五行之说入手去解决。五色是与五行、五方、五帝等配成一整套体系的，因此白、赤、

---

① 《史记·天官书》。
② 《史记·天官书》。

青、黄而外，必须有一色为黑。再看选作"黑"色标准星的那颗恒星仙女座β，星等为二，光谱型为Mo，是一颗相对来说显得暗红的星，可知古人之"黑"，实为凑合五行理论而做的变通。这里"黑"应理解为"暗红"。

上面这五颗五色标准星，代代相传，一直没有变化。它们还出人意料地解决了困扰现代恒星演化理论多年的"天狼星颜色问题"，[①]成为古代星占学帮助现代天文学解决难题的一个生动例证。

五大行星的颜色标准既已确立，古人就据此进行星占，他们相信五大行星的颜色随时在变化。举几则占辞：

太白变色，随方向所在战，胜。色青，东方胜也（其余按五方五色类推）。[②]

太白色白而角，文也，不可以战；色赤而角，武，可以战也。[③]

太白始出，色黄，其国吉；赤，有兵而不伤其国；色白，岁熟；色黑，有水（水灾）。[④]

三、木星与十二次

古代中国星占学家用十二次、二十八宿划分了天区，这些天区的边界线，从天赤道开始，垂直向南、北方向无限延伸（这一点与西方划分天区的"座"大不相同），最终会聚于南、北两天极。这些边界线与地球仪上的经度线完全一样，所以古代中国人习惯将恒星称为"经星"。与此相对应，行星被称为"纬星"——它们在星空中运行的轨迹恰像织机中的纬线。五大行星在中国古代星占、历法著作中经常被称

[①] 见江晓原：《中国古籍中天狼星颜色之记载》，《天文学报》33卷4期（1992）。该文普及版见《中国典籍与文化》1994年1期。
[②] 《乙巳占》卷六。
[③] 《乙巳占》卷六。
[④] 《开元占经》卷四十五引《荆州占》。

为"五纬"。

在五大行星经过十二次所蕴含的意义方面，木星最为重要。木星在星空中运行一周约需时118年，可以近似看作每年经过十二次中的一次。古人早先曾利用这一点来纪年，即所谓"岁星纪年"。但因木星周期并不恰好为12年，故时间稍长误差就会明显积累，后来"岁星纪年"不再使用。不过它在星占学理论中仍留下了印痕。

古人假想了一个称为"太岁"（又名"岁阴"）的天体，它被定义成沿着与木星公转相反的方向做匀速周期运动，每年经过十二次中的一次，十二年循环一周。由于这还是根据木星运动而定义的，故仍可视为"岁星纪年"的一个变型。下面是这种纪年法中十二年的十二个特殊名称以及木星与"太岁"所在之次的对应一览：①

岁名	木星所在次	太岁所在次
摄提格	星纪（丑）	析木（寅）
单阏	玄枵（子）	大火（卯）
执徐	娵訾（亥）	寿星（辰）
大荒骆	降娄（戌）	鹑尾（巳）
敦牂	大梁（酉）	鹑火（午）
叶洽	实沈（申）	鹑首（未）
涒滩	鹑首（未）	实沈（申）
作鄂	鹑火（午）	大梁（酉）
阉茂	鹑尾（巳）	降娄（戌）
大渊献	寿星（辰）	娵訾（亥）
困敦	大火（卯）	玄枵（子）
赤奋若	析木（寅）	星纪（丑）

---

① 《史记·天官书》。

左起第一栏中的十二个奇怪名字究竟何所取义，至今没有令人满意的解释。

与古代埃及人之注意天狼星"偕日升"有点相似，中国古代星占学家十分注意一年十二个不同月份中与木星一起"晨出东方"的宿，这些宿也可以被称为"偕木升"之宿。每个月木星与某些宿一起"晨出东方"这种天象，也逐月有一个奇异的名称。下面是月份、星宿和"偕木升"之宿对应的一览表：①

月份	偕木升之宿	名称
正月	斗 牵牛	监德
二月	婺女 虚 危	降入
三月	营室 东壁	青章
四月	奎 娄	跰踵
五月	胃 昴 毕	开明
六月	觜觿 参	长列
七月	东井 舆鬼	大音
八月	柳 七星 张	长王
九月	翼 轸	天睢
十月	角 亢	大章
十一月	氐 房 心	天泉
十二月	尾 箕	天皓

右栏中十二个奇异名称何所取义，同样未有令人满意的说明。

根据岁星在十二次的位置进行星占，这在先秦时代已很常见。下面是春秋时鲁国著名星占学家梓慎的一次星占之辞：

---

① 《史记·天官书》。

> 今兹宋、郑其饥乎！岁在星纪，而淫（走过头）于玄枵，以有时灾，阴不堪阳（阴不堪阳之压迫），蛇乘龙（蛇凌驾于龙之上）。龙，宋、郑之星也，宋、郑必饥——玄枵，虚中也；枵，耗名也，土虚而民耗，不饥何为？①

这一年本是"岁在星纪"，但梓慎发现木星实际上已进入玄枵之次（正是由于上文所说木星周期略小于十二年造成的误差），他认为这是"时灾"的征兆，是阴不胜阳、蛇凌驾于龙之象。由于龙是宋、郑两国之星（仍是分野之说），而玄枵之次跨据三宿，中间一宿恰为虚宿；"枵"字又恰有"损耗"之意，因此是"土（国土）虚而民耗"。由此他断定这次"时灾"具体表现为饥馑。

春秋时代最著名，也是最动人的政治传奇故事，是晋国公子重耳（后来的晋文公，春秋五霸之一）逃亡十九年最终回国继承君位这段经历。在这个长长的传奇故事（完全可以视为信史，"传奇"仅是就其动人的情节而言）中，几次出现木星与十二次的星占学预言。第一次的情形是这样：

> 过五鹿，乞食于野人（农夫），野人举块（土块）以与之，公子怒，将鞭之。子犯曰："天赐也！民以土服，又何求焉！天事必象，十有二年，必获此土。二三子志之：岁在寿星及鹑尾，其有此土乎！天以命矣，复于寿星，必获诸侯……"（公子）再拜稽首，受而载之。②

公子重耳为避祸逃离晋国，流亡在外。他身边有一批文武贤臣始终追随左右，子犯就是其中之一。重耳一行周游列国，所到之处，几乎都

---

① 《左传》襄公二十八年。
② 《国语·晋语四》。

受到国君们的极高礼遇（因为他大有"贤"名，更主要的是因为强大的晋国构成他本人巨大的政治潜力——各国君主普遍认为他最终会回国继位）。隆重招待之外，还有赠送金玉珠宝、车马仆从的，嫁女子与他的（如狄、齐、秦等国）。然而到五鹿这个地方时，重耳向农夫乞食，那农夫却给他一块土。重耳大怒，要鞭打那农夫，子犯却认为农夫此举有极大、极好的象征意义——土代表国土，有人献土，意味着我们将会得到国土。当时是"岁在寿星"，子犯预言：十二年后，当岁星再度运行至寿星之次时，必能得到诸侯的归顺。后来的事实是，十二年后，已成为晋文公的重耳统帅中原诸侯的联军，在著名的"城濮之战"中击败楚国，被周王册命为"侯伯"，继齐桓公之后成为春秋五霸（伯）之一。

第二次星占发生于土块事件之后八年（即公元前637年），这年晋惠公去世，岁末时秦国派出军队护送公子重耳回国争夺君位。晋国大夫董因在黄河边迎接重耳，重耳问他，自己此行能否成事，董因的回答又是一次典型的星占学预言：

> 岁在大梁，将集天行（将完成合于天道之事，指重耳入承君位），元年始受，实沈之星也（本年岁星在大梁之次，明年将进入实沈之次，因此时已届岁末，而重耳如果继位，将使明年成为晋文公元年）。实沈之墟，晋人是居，所以兴也。今君当之，无不济矣！……济且秉成，必霸诸侯，子孙赖之（霸业可以泽及后世），君无惧矣！①

前面讨论分野理论时（第十章第二节）曾经表明，大梁之次的分野为赵，实沈之次的分野为魏，但那是战国时代的情况，而赵、魏本来都是"三家分晋"时从晋国分裂出去的（有趣的是，赵、魏两国王室的祖先都是重耳流亡时的随行忠臣），因此董因说"实沈之墟，晋人是居"，

---

① 《国语·晋语四》。

等于说实沈之次的分野是晋，这完全正确。而且董因的说法是很符合星占学理论的，因为木星有这样的星占学意义：

> 岁星所在处，有仁德者，天之所也，不可攻，攻之必受其殃。利以称兵（起兵），所向必克也。①

当时正是重耳借秦国军力"称兵"夺位，所以董因借此鼓励他。董因的这番预言，后来全都应验了，晋国的霸主地位，从晋文公之后也确实持续了几代之久。

四、"荧惑守心"之类

五大行星在运行中经过或停留在二十八宿和其他星官处，也被赋予整套的星占学意义。例如在《开元占经》中，每颗行星之下，都列有该星"犯"（经过或接近）二十八宿，"犯"甘、石、巫咸三家中外星官的章节，每宿每官都单列一节，每节之下再引录各家占辞。举几例如下：

> 填星犯角，大战，一曰：军死。②
> 辰星出入东井，有乱臣。③
> 太白守端门，若至帝座南，祸小；若犯黄帝座，臣弑主，天下大乱。④

在这类行星天象中，最著名也最引起古人惊恐的，或许当数"荧惑守心"。

所谓"荧惑守心"，是指火星运行至心宿时，恰好发生现代天文学

---

① 《乙巳占》卷四。
② 《开元占经》卷五十七引《黄帝占》。
③ 《开元占经》卷三十九引《荆州占》。
④ 《开元占经》卷五十一引《海中占》。

称之为"留"的现象——行星在一段时间内看起来像停留在原处,既不前行也不后退(行星在视运动中也有退行的阶段)。"荧惑守心"在中国星占学理论中被视为极大的凶兆,这里举《开元占经》卷三十一中的几则占辞为例:

> 荧惑犯心,天子、王者绝嗣。①
> 荧惑在心,则缟素麻衣(宋均曰:荧惑在心,海内之殃,海内亡主,故素缟麻衣)。②
> 荧惑乘心,其国相(宰相)死。③
> 荧惑守心,主死,天下大溃。④

上述占辞中的"犯心""乘心""在心""守心"意思相同,都是指火星进入心宿。这种天象是如此凶险不祥,帝王不是死亡就是绝嗣断后,至少也要死宰相,难怪古人常为之惊恐不安。下面的故事就是一个有名的例子,这故事在古代中国广泛流传,可见《吕氏春秋·制乐》《淮南子·道应训》《史记·十二诸侯年表》《史记·宋微子世家》《论衡·变虚》。

春秋时代,宋景公在位时,有一年发生"荧惑守心"(据司马迁的意见是公元前480年),景公恐惧,召他的星占学家子韦来询问。子韦告诉景公这是"天罚",而且灾祸就应在景公身上。不过他又告诉景公,可以移祸于宰相、百姓或年成。景公表示,宰相是辅助自己治国的,移祸于他不祥;如果移祸于百姓,百姓死了自己还当什么君主?移祸于年成,同样是害民,岂是为君之道?景公决定自己来承受"天罚",一死了之。不料子韦听后立刻拜倒称贺,他说景公拒绝了三种嫁祸于人的方

---

① 《开元占经》卷三十一引《海中占》。
② 《开元占经》卷三十一引《春秋纬演孔图》。
③ 《开元占经》卷三十一引石氏。
④ 《开元占经》卷三十一引《春秋纬说题辞》。

案,是"有至德之言三,天必三赏君",将感动上天,转祸为福,火星马上会离开心宿,景公还会增加二十一年的阳寿。

不过,古籍中不少"荧惑守心"的记载是可疑的。据台湾学者的一项研究,[①]中国历代正史中共出现"荧惑守心"的记载23次,但用现代天文学方法回推计算,这23次记载中只有6次是真实的,其余皆属虚构。在被定为虚构的"荧惑守心"记载中,包括了宋景公与子韦那场著名对话所谈论的那次,和导致翟方进自杀的那次,以及前述黄权用魏文帝崩逝以说明正统何在的那一次(本书第十章第四节)。

五、"五星聚舍"之类

五大行星在恒星背景上穿行,由于公转周期各不相同,它们之间也可能相互接近。这种接近当然只是视觉中呈现的景象。古人称之为"合""斗""犯""同舍"等——大致只是视觉上接近的不同程度。

根据排列组合原理,在五颗行星中任选两颗,共有十种不同的组合。在《开元占经》中,这十种组合的星占学意义,占去了三卷的篇幅,举几条占辞为例:

> 岁星与荧惑同舍,相去三尺以内,相守七日以上,至四十日,其国有反臣,五谷伤,百姓不安。[②]
> 主任恣(统治者肆无忌惮),则太白触填星。……太白触填星,发大兵,相残贼(相互残杀)。[③]
> 太白与辰星同守昴,不出百日,赵君为人所囚,大臣相戮。[④]

---

① 黄一农:《星占、事应与伪造天象——以"荧惑守心"为例》,《自然科学史研究》10卷2期(1991)。
② 《开元占经》卷二十引《荆州占》。
③ 《开元占经》卷二十二引《春秋纬文曜钩》。
④ 《开元占经》卷二十二引《二十八宿山经注》。

这类占法在其他星占学著作中也很常见。

三颗或四颗行星相聚，同样是凶兆为多，这里仅各举一条占辞为例：

> 岁星与太白、填星同舍：相去三尺以外，国有女丧，有白衣会（指后妃等人的丧事），用兵不战。相去七寸以内，名曰"交芒"，将会与皇后为奸，谋杀其君；相守七日以至四十日，必成刑，期百八十日。国主应以善令，则无咎。①
>
> 荧惑与岁星、填星、太白会，成勾巳（星占术语，指行星划出一段逆行的轨迹），光不相及（相互接近但光芒尚不相触），主以攻者，不救乱，三王九侯二十一名臣争为主，更相残贼。②

上面第一条为三星相聚，第二条为四星相聚。

多星聚会的极端，当然是五大行星同聚于一小片天区内，即古人所说的"五星聚舍"，又称"五星连珠"。这种天象出现的概率非常小，因此它的星占学意义也就非常大，被古人视为非同寻常的大事。从传世的星占学文献来分析，"五星聚舍"这一天象可说是"大吉大凶"——说吉者视为大吉，说凶者视为大凶。为此来考察几则占辞：

> 王者有至德之萌，则五星若连珠。③
> 五纬合，王更纪。④
> 五星合亢，为五谷，频不成。⑤
> 五星斗，天子去。⑥

---

① 《开元占经》卷十九引《荆州占》。
② 《开元占经》卷十九引石氏。
③ 《开元占经》卷十九引《易纬坤灵图》。
④ 《开元占经》卷十九引《诗纬含神雾》。
⑤ 《开元占经》卷十九引《海中占》。
⑥ 《开元占经》卷十九引《春秋纬合诚图》。

而最有代表性的是下面这条：

> 五星若合，是谓易行——有德受庆，改立天子，乃奄有四方，子孙蕃昌；无德受罚，离其国家，灭其宗庙，百姓离去满四方。①

这是说"五星聚舍"的天象对有德者而言为大吉，可以得天下；对无德者而言则为大凶，要失天下。所谓"更纪""易行"，皆指改朝换代。"易行"更表示旧朝灭亡，新朝代兴，因为这时附会于五行之说的"五德"就要改换了，比如秦朝是"水德"，到汉朝代之而兴，就自居"火德"。

"五星聚舍"天象的大吉大凶之间，关键的一点是改朝换代。这一观念在古代中国深入人心，以致在许多古籍中，都将历史上著名的改朝换代事例与"五星聚舍"附会在一起。下面是一些例子：

> 元年冬十月，五星聚于东井，沛公至霸上。②
> 历记始于颛顼上元太始阏蒙摄提格之岁，毕陬之月，朔日己巳立春，七曜（日、月和五大行星）俱在营室五度。③
> 文王在丰，九州诸侯咸至，五星聚于房。④
> 周将伐殷，五星聚房。⑤

不过这类记载，大多经不起现代天文学方法的回推验证。这些记载原是古人附会想象之辞，视之为古代思想史史料则可，有些学者却视之为科学史料，认真推算起来，结果自然是徒耗心力。

---

① 《开元占经》卷十九引《海中占》。
② 《汉书·高祖纪》。
③ 《新唐书·历志三》引《洪范传》。
④ 《开元占经》卷十九引《帝王世纪》。
⑤ 《宋书·天文志三》。

第十三章　彗星与流陨之占

> 五彗俱出侯称王，
> 天下大乱，兵起四方，
> 诸侯同谋人主亡，
> 除旧布新，扫去凶殃，
> 更立明君，天下大昌。[①]
>
> ——巫咸

第一节　中国的彗星星占学

一、可怕的彗星

彗星出现在古代西方被视为可怕的大凶之兆，我们已在前面谈到过不少事例。这件事上东西方毫无二致，古代中国人也将彗星出现视为大凶之兆，下面是一段极有代表性的星占学论述：

> 长星，状如帚（扫帚，民间将彗星称为"扫帚星"）；孛星，圆，状如粉絮，孛孛然。皆逆乱凶孛之气，状虽异，为殃一也。为兵、丧、除旧布新之象。……凡彗孛见，亦为大臣谋反，以家坐

[①] 《开元占经》卷八十八引。

罪；破军流血，死人如麻，哭泣之声遍天下；臣杀君，子杀父，妻害夫，小凌长，众暴寡；百姓不安，干戈并兴，四夷来侵。①

彗星一出，天下大乱，仿佛世界末日。这种观念，至迟到春秋、战国时代已在中国形成，此后牢不可破。

在集中国星占学文献之大成的《开元占经》中，彗星占用去了三卷篇幅，并细分成如下这些类型：

彗星犯日
彗星犯月
彗星犯二十八宿
彗星犯石氏中、外官
彗星犯五星
彗星昼见

彗星本身又被分成各种颜色，其占辞各有不同，但绝大部分都不外乎兵凶战危、可怖可畏之兆。举若干条为例，皆出自《开元占经》卷八十八至九十：

彗星守日，候精星也，天下大乱，兵革大起，群臣并谋天子亡。②
彗星入月中（实际上几乎没有可能），必有破军死将，兵大起，其国以火灾，此三年大饥。③
彗星出入太白，长可五六丈，金火之兵大用，大战流血，天下更政。④

---

① 《乙巳占》卷八。
② 《开元占经》卷八十八引石氏。
③ 《开元占经》卷八十七引《河图纬圣洽符》。
④ 《开元占经》卷八十七引《黄帝占》。

彗星守房、心，天下有丧。一曰：天子亡；一曰：大人忧。①
彗入北斗，帝宫空（皇帝出逃）。②

正是由于彗星在古代中国星占学家看来如此可怕，他们才会在漫长的两千年（完全有可能更长，只是尚未发现证据而已）中孜孜不倦地观察和记录着天空出现的彗星。这使他们为后人留下了两项惊人的文献——以下两小节依次述之。

二、马王堆汉墓帛书《彗星图》

中国（也可能是世界上）彗星星占学最早的第一手珍贵文献，是出土于长沙马王堆三号汉墓的帛书。这份帛书由整理者定名为《天文气象杂占》，其中的彗星星占学部分常被单独称为《彗星图》。《彗星图》共绘有29幅彗星图形，每图下皆有一条占辞。这29幅彗星图形被分为19种名目，依次如下：

赤灌（2幅）
白灌（2幅）
天箭（2幅，箭，一种舞竿）
㲉（即"天欃"）
彗星
蒲彗（2幅）
秆彗（2幅）
帚彗
厉彗
竹彗（2幅）

---

① 《开元占经》卷八十七引《春秋纬演孔图》。
② 《开元占经》卷九十引《易纬辨终备》。

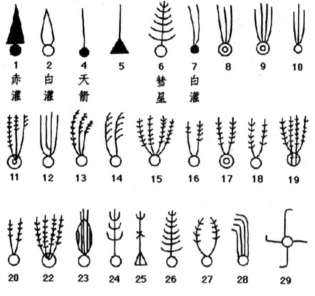

图34 马王堆汉墓帛书中的彗星符号

蒿彗（2幅）

苫彗（3幅，苫即草帘子）

苫茇彗（茇，草根）

甚星

瘨星

扐星

干彗

蚩尤旗

翟星（翟，长尾山鸡）

　　以上共28幅，另有一幅图、文皆不清，整理者未能释读。上述这些彗星名称中，有的在后世星占学著作中仍被沿用，如"蚩尤旗"。但后来主要是用"彗""孛"二字来称呼彗星，有时两字联用。

　　《彗星图》中的29条占辞，都较后世常见的彗星占辞简短，几乎全是兵、丧之类的凶兆，举几条如下：

> 兵兴，将军死。
> 邦有反者。
> 小人啼号。
> 大将军有死者。
> 人主有死者。
> 有内兵，年大熟。

最后一条中的"年大熟"（年成大丰收）是29条占辞中唯一一句吉辞。

三、哈雷彗星的 32 次回归记录

中国古代从殷商至清末，留下的彗星记录在360次以上，其中著名的哈雷彗星的回归记录竟达32次之多。此事在一些读物中有所提及，但次数既有出入，情况也语焉不详，更未能交代究竟是哪些年的回归。这里将有关情况列表如下：

哈雷彗星32次回归中国记录一览表

序号	公历纪年	中国纪年
1	公元前1056年	武王伐纣之年
2	公元前614年	周顷王四年
3	公元前465年	周贞定王三年[①]
4	公元前239年	秦王政七年
5	公元前162年	汉文帝后元二年
6	公元前86年	汉武帝后元二年
7	公元前11年	汉成帝元延二年

---

① 前三次记录中国纪年与公历纪年时间不精确对应之可能原因见320页。

续表

序号	公历纪年	中国纪年
8	公元65年	汉明帝永平八年
9	公元141年	汉顺帝永和六年
10	公元218年	汉献帝建安二十三年
11	公元295年	晋惠帝元康五年
12	公元374年	晋孝武帝宁康二年
13	公元451年	宋文帝元嘉二十八年
14	公元530年	梁武帝中大通二年
15	公元607年	隋炀帝大业三年
16	公元684年	唐武后光宅元年
17	公元760年	唐肃宗乾元三年
18	公元837年	唐文宗开成二年
19	公元912年	梁太祖乾化二年
20	公元989年	宋太宗端拱二年
21	公元1066年	宋英宗治平三年
22	公元1145年	宋高宗绍兴十五年
23	公元1222年	宋宁宗嘉定十五年
24	公元1301年	元成宗大德五年
25	公元1378年	明太祖洪武十一年
26	公元1456年	明代宗景泰七年
27	公元1531年	明世宗嘉靖十年
28	公元1607年	明神宗万历三十五年
29	公元1682年	清圣祖康熙二十一年
30	公元1759年	清高宗乾隆二十四年
31	公元1835年	清宣宗道光十五年
32	公元1910年	清溥仪宣统二年

上面的一览表中，从第4次开始往后都是连续的，也就是说，从公元前239年开始，哈雷彗星的每次回归都在中国古籍中留下了记录。中

国古代星占学家留下一份如此持久、完备的文献,不能不令人惊叹。对于这29次连续记录的可靠性,学者们都无异议。但是对于上表中的前三次记录,有的学者觉得尚不能完全肯定是哈雷彗星的记录。因为古人也记下了许多其他彗星的出现,而有些彗星是"非周期彗星"——它们沿着抛物线或双曲线的轨道运行,在靠近太阳时峥嵘一现,从此永不回归,那就无法验证记录的是哪一颗彗星了。对于这三次记录,这里采纳了张钰哲研究的结论,他认为这三次记录都很可能是哈雷彗星的回归记录(他对武王伐纣之年那次彗星记录的考证已见本书导论五)。

古代中国星占学家究竟是在怎样的情境中留下彗星记录,这在先秦文献中已经可以看到丰富的史料,下面就是一例。这是一次就彗星出现所做的星占学预言:

> 有星孛入于北斗。周内史叔服曰:不出七年,宋、齐、晋之君皆将死乱(死于动乱)。[①]

一颗彗星出现在北斗的位置上。这就是上表中序号为2的那次(公元前614年),不少中外学者曾认为这是世界历史上最早的一次哈雷彗星回归记录。不过古代星占学家当然不会从两千年后的科学研究上着眼,叔服看到的是七年内宋、齐、晋三国君主将死于动乱的凶兆。查检此后七年的历史,叔服的预言竟逐一应验。

彗星出现后三年,宋昭公被宋襄夫人指使的凶手杀害,以便让公子鲍登上国君之位。公子鲍是早已年老的宋襄夫人的年轻情夫,这场祖孙辈之间带有乱伦色彩的恋爱是春秋时代有名的丑闻之一。

五年后,齐懿公被杀。

七年后,晋灵公被赵穿杀死在桃园,这是晋灵公昏庸无道招致的惩罚。

[①] 《左传》文公十四年。

在这里可以顺便谈一下，这类星占预言事后应验的记载，在中国古籍中很常见，《左传》中就有不少。20世纪上半叶疑古浪潮高涨之时，有人将这一点作为"刘歆伪造、篡改《左传》"的证据之一。其实《左传》（以及其他古籍）的作者完全不必伪造，因为星占预言非常之多，只要在著书时注意前后照应，选择那些得到"应验"的预言加以记载即可。《左传》中的星占预言往往应验，并不意味着那时的星占学家没有做过不应验的预言；事实上《左传》中也记载着不应验的星占预言，而且也是关于彗星的（参见本节五）。

四、彗星从何而来？

古人当然不可能科学地回答彗星从何而来的问题，但彗星是如此可怕不祥，古人对此又是如此重视，这也促使他们从表面现象出发，对彗星的产生和形成提出一些解释。下面这种理论相传出于甘德。[①]

如果木星"失次"，即运行中偏离了历法所预先推算的轨道（这实际上当然是推算方法尚不完备，对行星运行中的许多变量尚未掌握之故。但古人不这样认为），那么根据木星的进退和方向，三个月后将会产生不同的奇异天体：

  进而东北，生天棓，
  进而东南，生彗星，
  退而西北，生天欃，
  退而西南，生天枪。

上面所说的四种奇异天体，可以认为都是彗星的不同形态。其中的第二、第三种名称在马王堆汉墓帛书《彗星图》中出现过。古代星占家认为彗星可以由行星在运行中派生出来，但对于这类猜测，今天没有多

---

① 《史记·天官书》所引述。

少从科学角度加以认真对待的价值，它们只是反映古人心目中的宇宙及其运行规律与机制而已。

还有一些古代星占学文献认为彗星是由行星之"精"变化而来，例如：

> 五星将欲为彗之变，先见其气，后见其彗。①

这"气"如何见法，也有一定之规：每颗行星之精"将欲为彗"，就会先在日旁出现气，不同行星有不同颜色的气：

木星：青气

火星：赤气

金星：白气

水星：黑气

土星：黄气

这当然还是依据五行五色之说臆想出来的，没有什么科学价值可言。古代中国的五行之说，在学术上的主要功能是用以构造出一个在内部可以言之成理的阐释-表述系统，至于与外部真实世界是否符合，常被置之不论。

五、几次著名的彗星星占

彗星在古代中国人心目中的星占学意义，以及他们如何对待彗星的出现，必须通过一些具体的星占事例方可深入理解。先看《左传》中记载的预言没有应验的那次彗星星占，此事牵涉到鲁、郑两国的三位星占学家：

---

① 《开元占经》卷八十八引《黄帝占》。

（公元前525年）冬，有星孛于大辰，西及汉。申须曰：彗，所以除旧布新也，天事恒象，今除于火，火出必布焉，诸侯其有火灾乎？梓慎曰：……若火作，其四国当之，在宋、卫、陈、郑乎。[①]

这年冬天，一颗彗星出现于心宿二（天蝎座α）近旁，彗尾向西延伸到银河。申须认为：天象总是人间事变的征兆，而这次彗星出现兆示的是火灾。这是由彗星出现处的那颗著名恒星"大辰"，即心宿二的名称上附会联想而来的——心宿二又名"大火"（《春秋公羊传》上说："大辰者何？大火也，大火为大辰。"）。梓慎的预言更加明确：火灾将在宋、卫、陈、郑四国发生。

当时郑国的大夫裨灶，是春秋时代的大星占学家，名声在申须、梓慎之上。裨灶根据彗星出现，也已占知火灾将在郑国发生。为此他向郑国执政者子产提出，要用玉器祭神，这样可以免除本国的火灾。但遭到子产拒绝：

郑裨灶言于子产曰：宋、卫、陈、郑将同日火。若我用瓘斝玉瓒，郑必不火。子产弗与。

结果，关于火灾的预言不幸应验了：第二年夏天，四国首都同日发生大火。

到此为止，预言都是应验的，但此事还有下文。大火之后，裨灶又预言：郑国将再次发生火灾。他再次向子产要求用玉器祭神，说"不用吾言，郑又将火"，但子产仍然拒绝。尽管旁人都主张听从裨灶的意见，子大叔甚至说了"宝以保民也，若有火，国几亡，可以救亡，子何爱焉（宝器用以保民，若有火灾，几乎会亡国，玉器若能救亡国之祸，你有什么舍不得）"这样义正辞严的话，子产却坚持不批准裨

---

① 《左传》昭公十七年。下一段引文同此。

灶的请求,他的理由是:

> 天道远,人道迩(近),非所及也(两者不相干)。灶焉知天道?是亦多言矣,岂不或信(裨灶哪里懂天道?只是多次预言,总会说中一两次罢了)。①

结果是,没有祭神,第二次火灾也未发生。裨灶预言失败,子产获得胜利。在这次事件中,子产特别值得称赞,他的"天道远,人道迩,非所及也"应该视作中国古代思想史上的名言,而指出星占预言的应验只是"多言或信",也洋溢着现代科学的气息。

九年之后,又有彗星出现,这次轮到齐国君主齐景公为之恐惧烦恼了:

> 齐有彗星。齐侯使禳之(要派人祈祷以求消灾),晏子曰:无益也,只取诬焉(只会带来欺骗)。天道不谄,不二其命(天道公正,不可能使之变更成命),若之何禳之?且天之有彗也,以除秽也。君无秽德,又何禳焉?若德之秽,禳之何损?(如有秽德,靠禳祈也无法挽回)……公悦,乃止。②

晏子的立论根据,就是民间俗语所谓"为人不做亏心事,夜半敲门心不惊"之意。君主若正直有德,则彗星出现对他毫发无损;如果德行有亏("德之秽"),则彗星就是上天示罚,靠禳祈祝祷也无济于事。在这个故事中,强调了彗星出现的星占学意义有"除秽",这与前面引述的彗星占辞中"除旧布新"之意一脉相通。

在中国星占学理论中,彗星最基本的属性或意义,可以说就是

---

① 《左传》昭公十八年。
② 《左传》昭公二十六年。

"除旧布新"。下面的星占事例特别生动地说明了这一点。

北魏明元帝（太宗）泰常三年（418年），出现一颗大彗星，引起太宗的忧惧：

> 彗星出天津，入太微，经北斗，络紫微，犯天棓，八十余日，至汉而灭。太宗复召诸儒术士问之曰：今天下未一，四方岳峙，灾咎之应，将在何国？朕甚畏之。尽情以言，勿有所隐！①

大彗星出现八十多天，太宗相信这是大凶之兆，但当时中国大地上除北魏之外，还有东晋、北凉、西凉、北燕、西秦、夏等政权，他不知这凶兆会"应"在哪一国，所以召集术士来询问。

崔浩是太宗的亲信重臣，又是当时的星占学名家，在此之前他曾做出过一次被公认为非常成功的星占预言，名动朝野，所以群臣推举他回答皇帝的垂询。崔浩说：

> 天事恒象，百代不易。《汉书》载王莽篡位之前彗星出入，正与今同。……彗孛者，恶气之所生，是为僭晋（指东晋，本是华夏正统所在，但崔浩既为北魏之臣，自然将一切敌国政权皆贬为"僭"）将灭，刘裕篡之之应也。

崔浩引据史事，指出昔年王莽篡汉之前也曾有彗星出现，由此预言东晋重臣刘裕将要篡夺皇位，东晋将要灭亡，这就是彗星所兆示的事变。对于崔浩这番预言，众人都无异议，太宗也"深然之"，不过当时他们心里未必全都信服其说。

然而不到两年之后，刘裕果真迫使东晋恭帝司马德文下诏"禅位"于他，建立起刘宋王朝，取东晋而代之了。消息传到北魏，太宗立刻将

---

① 《魏书·崔浩传》。下一段引文同此。

崔浩召来，对他说："往年卿言彗星之占验矣！朕于今日，始信天道。"这时他才真正表示信服。

在这次星占中彗星的主要意义仍是"除旧布新"。站在东晋立场上说，这无疑是亡国之祸，不吉之至；站在刘宋立场上看，则成为"除旧布新，扫去凶殃，更立明君，天下大昌"的大吉之兆了。

第二节　流陨之占

流星是极为常见的天象，每天夜晚都会出现。而"夜观天象"是古代星占学家必修的功课，从理论上说，一昼夜二十四小时都应有专人值班观天——当然他们值班时偷懒也有可能。流星这种夜夜可见的天象，也被纳入中国星占学的理论体系之中，而且地位还相当重要。李淳风说：

> 流星者，天皇之使，五行之散精也。飞行列宿，告示休咎。若星大使大（星大则其所负"告示休咎"之使命亦大），星小使小。星大则事大而害深，星小则事小而祸浅。[①]

与中国星占学理论的一贯倾向相一致，流星也主要被视作凶兆。

流星因形态的不同被分成许多名目，有些名目常可能与彗星等别的天象混淆。比较主要的流星名目是如下三种：

流星：在空间留下尾迹者
飞星：无尾迹者
使星：有尾迹而较小者

---

① 《乙巳占》卷七。

前面讨论分野理论时提到李郃认出便衣使者的故事中,李郃所见的就是上列第三种。

流星是外来的小天体,它们发光而为地球上的人们看见,是因为它们以很快的速度闯入大气层,与大气发生剧烈摩擦导致燃烧的结果。因此古人所见的流星,实际上是大气层内部的现象。但古人不明此理,仍将所见的流星与日、月、恒星、行星、彗星等天体等量齐观,同样列为星占的对象。① 在中国星占学文献中,星占学家们很认真地讨论着下列天象:

　　流星犯日
　　流星犯月
　　流星犯五星（五大行星）
　　流星犯列宿（二十八宿）
　　流星犯中外星官

稍举《开元占经》卷七十二至卷七十三中的几则占辞为例:

　　流星起心（从心宿出现）,南行,越君死。②
　　流星起心,至北斗,赵君死。③
　　流星入牵牛,当有邻国使者来,不出百八十日。④
　　流星入七公,人主信谗佞,诛忠直谏者;凶人起兵,义人入狱。⑤

---

① 在中国古代星占学理论中,被列入星占对象的还有风、云、气、虹、雾、霾、霜、雪、雹、露、霰、雷等许多大气现象。由于这些现象之占严格地说已不是"星"之占,本书格于体例,略去不论。对此有兴趣的读者可参阅我另一本专论中国星占学的书,江晓原:《星占学与传统文化》,上海古籍出版社（1992）。
② 《开元占经》卷七十二引石氏。
③ 《开元占经》卷七十二引《郗萌占》。
④ 《开元占经》卷七十三引《春秋纬文曜钩》。
⑤ 《开元占经》卷七十三引《玄冥占》。

这些占辞中所谓"起""入",指流星尾迹的始、没之处。

流星如果落到地面时尚未燃烧净尽,则成为陨星,这在古代星占学家看来,其兆更为凶险。举《开元占经》卷七十六中两条占辞:

> 大星陨下,阳失其位,灾害之萌也。①
> 国易主则星坠;国有大凶,其主亡,则众星坠。②

这些占辞很容易使人联想到《三国演义》中诸葛亮死时有一颗大星陨落的故事。至今人们仍常将名人伟人之死说成"巨星陨落"。这种"地上一人,天上一星"的观念,即来源于古代星占学。诸葛亮死时大星陨落的故事,并非《三国演义》的作者凭空杜撰,早在魏晋之际的稗官野史中就已流传了:

> 有星赤而芒角,自东北(向)西南流,投于(诸葛)亮营。三投再还,往大还小。俄而亮卒。③

这是古代星占学家乐于称道的典故,而且其说深合星占学原理,因为有这样的占辞:

> 坠星之所,其下流血、破军、杀将,为咎最深。④

当时蜀军统帅正是诸葛亮,那颗要"杀将"的不祥之星竟三次投向他营里,自然是"上天弗佑",非薨逝不可了。

流星天象有时也被归入别的名目之中,比如下面这条关于"妖星"

---

① 《开元占经》卷七十六引京房。
② 《开元占经》卷七十六引《天镜》。
③ 《三国志·蜀志·诸葛亮传》裴松之注引《晋阳秋》。
④ 《乙巳占》卷七。

的占辞，从所述现象看，很可能是流星：

> 东北有星，长三丈而出水，水气交，名曰女帛。见则天下兵起，若有大丧。①

但要完全确定也不容易。此外，那颗与诸葛亮之死有关的陨星，古人有时也将它归入"妖星"之列，下面这首唐代温庭筠的《经五丈原》诗就是例证（五丈原是诸葛亮去世之处）：

> 铁马云雕共绝尘，
> 柳营高压汉宫春。
> 天清杀气屯关右，
> 夜半妖星照渭滨。
> 下国卧龙空寤主，
> 中原得鹿不由人。
> 象床宝帐无言语，
> 从此谯周是老臣。

顺便不妨一提，这位建议后主刘禅向魏军投降的"老臣"谯周，也是那时有些名望的星占学家，《晋书·天文志》几次提到过他。

---

① 《开元占经》卷八十六引石氏。

初版后记

这本"欠债"几年的书终于完成了。我感谢好心的"债主"——上海科技教育出版社的吴智仁总编,他一再延后我"还债"的日期。我也要感谢下面这些热心为我提供资料的友人:上海古籍出版社金良年先生、台湾清华大学黄一农教授、上海师范大学王小盾教授和复旦大学陈尚君教授。我还要感谢中国科学院上海天文台的夏建萍女士,她以极好的技艺和耐心为本书复制了大量资料及图片。

江晓原

一九九四年元月廿八日于上海二化斋

2005 年版后记

这本书初版到现在，转眼之间，已经十年了。

在写这本书之前，我刚刚完成了一本专门分析研究中国古代星占学的《星占学与传统文化》（上海古籍出版社，1992年10月第1版）。在那本小书中，我对中国古代星占学的基本文献做了类型分析，包括天象、占辞、占例等，并分析了星占学在古代政治运作中的角色和功能。十几年来，倒也未见相同类型的作品问世——谈论中国古代星占学的书当然有，但未见像拙作中那样做的，所以那本小书最近也出了新版（广西师范大学出版社，2004年10月新版）。

谈中国古代星占学的《星占学与传统文化》出版之后不久，上海科技教育出版社就建议我写一本谈世界各国星占学的书。我那时还在中国科学院上海天文台，工作压力不大，所以对那个建议也跃跃欲试，就真的动手写起来。

本书初稿中原来并没有"中国篇"，但是后来出版社希望我增加这一部分，以便构成一个完整的体系，我感到也有道理，就同意了。这样与初版时的书名《历史上的星占学》也是符合的。

许多人将星占学看成"封建迷信"的方术之类的东西，其实在古代世界，星占学是历史最悠久的精密学科，因为它需要知道某些天体（至少是日、月和五大行星）在任意时刻的准确位置，而这就需要观测、计算，需要天文仪器，需要球面天文学、几何学和若干其他数学工具。所以从功能和性质上来说，星占学当然不是科学；但是从它所使用的工具来说，星占学却是最早就"科学化"了的学问。

正因为如此，在古代世界，星占学与天文学之间的关系是如此难分难解，如此水乳交融，以至于这部《世界历史上的星占学》几乎可以说就是一部"天文学外史"。事实上，天文学就是喝着星占学的乳汁长大的。到近代科学诞生之日，天文学当然与星占学分道扬镳了——开普勒也许可以算作分道扬镳前夜的最后一个标志性人物。今天，星占学已经被认为是一种伪科学。但是，星占学与别的伪科学相比，它在今天却仍然能够得到不少天文学史专家，甚至天文学家的关注，又是什么原因呢？

这是因为，星占学史料是一笔珍贵的遗产。以中国古代的情形为例。关于中国古代的天学遗产，学者们最先想到的，往往是丰富的天象记录——收录在《中国古代天象记录总集》一书中的天象记录，共一万多条。这是天学遗产中最富科学价值的部分。古人虽是出于星占学的目的记录了这些天象，但是在今天，它们却可以为现代天文学所利用。由于现代天文学研究的对象是天体，而天体的演变在时间上通常都是大尺度的，千万年只如一瞬。因此古代的记录，即使科学性、准确性差一点，也仍然弥足珍贵。

但我们还可以尝试从另一种思路来看待中国天学遗产。办法是将这些遗产为三类：

第一类：可以用来解决现代天文学问题。这方面的遗产主要就是古代的天象记录，所能获得的成果有：超新星遗迹证认、解决"天狼星颜色问题"等，[1]以及利用古代交食、月掩星之类的记录，来研究地球自转的变化问题。不过与上面两个带有可遇不可求色彩的古为今用的案例相比，后面这些工作没有那种可遇不可求的色彩，当然也出不了像《古

---

[1] 关于超新星遗迹证认工作的巨大意义，请参阅江晓原：《〈古新星新表〉问世始末及其意义》，《中国科学院上海天文台年刊》第15期，上海科技出版社，1994。关于"天狼星颜色问题"，请参阅江晓原：《中国古籍中天狼星颜色之记载》，《天文学报》33卷4期（1992）。

新星新表》那样精彩的成果。总的来说,这已经成为一个研究方向,即利用古代天象记录为现代天文学服务。

第二类:可以用来解决历史年代学问题。古人出于星占学目的而在重大历史事件发生的时刻记录了许多天象,这些天象有可能被用来确定那些历史事件的准确年代和时刻。参见本书导论最后一节。①

第三类:可以用来了解古代社会。通过对星占学史料的社会学分析,我们能够知道古人是如何看待他们的世界的。中国古代没有今天意义上的天文学,有的只是"天学"——这不是一种自然科学,不是"身外之物",而是深深进入了古代中国人的精神生活。一次日食、一次金星或木星的特殊位置,更不要说一次彗星出现了,所有这些天象,在古人看来都不是科学问题(他们也没听说过这个词),而是一个哲学问题,一个神学问题,或是一个政治问题——至少"政治"这个词古代中国人是听说过的。这样的分类,基本上可以将中国天学的遗产一网打尽。

本书1995年初版后,曾被贝塔斯曼书友社购买版权重印过两次,内容一仍其旧。这次新版,我对文字内容作了一些补充和修订,而插图则从原版的36幅增加了3倍以上。

这里我要衷心感谢我的博士研究生吴燕小姐和穆蕴秋小姐,她们以一片兰心蕙质,为本书新版重新配了插图——我的意思是说,在这些图的选择和安排中,反映了她们的灵气和趣味。特别是吴燕小姐,这些插图的说明文字初稿也出自其手。吴燕曾经是一位非常优秀的编辑(她到上海交通大学科学史系来读研究生,成为她两位前上司的大遗憾事),又是一位非常优秀的写手,在协助我工作时,她一再证明了这两点。

---

① 更进一步的研究请参阅江晓原、钮卫星:《回天——武王伐纣与天文历史年代学》,上海人民出版社,2000。

综合索引

A

A History of Astrology 17, 29, 37, 48, 118, 128, 145

A History of Medicine 141

Astronomical Cuneiform Texts（*ACT*）23, 26

阿拔斯王朝 129, 154, 156, 160, 162, 164, 167, 170–172

阿波罗尼奥斯（Apollonius）69, 88, 121, 128

阿波罗神（Apollo）73

阿布拉（Ablah, J.）169

阿达德-舒默苏（Adad-shumusur）13

阿达德神（Adad）11

阿德拉德（Adelard）121, 135, 173

阿尔布马扎（Albumasar）123, 156–157, 168, 173

阿尔弗列德（Alfred）115

阿尔昆（Alcuin）115

阿尔维诺（Alviano, B.）212

阿非利加努斯（Africanus, C.）135

阿费塔（Aphetes）189–191

阿佛洛狄忒神（Aphrodite）72

阿格丽品娜（Agrippina）90

阿古拉努（Akkullanu）13

阿基米德（Archimedes）82

阿基拿波罗斯（Achinapolus）40

阿卡德王朝 4

《阿拉伯-伊斯兰文化史》175

《阿拉伯通史》153, 169

阿拉图斯（Aratus）69, 133

阿里安（Arrian）39

阿里斯托芬（Aristophanes）69

阿蒙神（Amun）17, 43, 49, 58–59, 62, 67

阿匹斯圣牛（Apis）58–59

阿瑞斯神（Ares）74

阿塞尼奥（Athenio）94

阿什莫尔（Ashmole）213

阿斯科利（Ascoli, C.）119, 226

阿斯图拉比（Asturlābī）129

阿斯脱伦帕苏吉斯（Astrampsychus）102

阿塔罗斯一世（Attalus Ⅰ）69

阿特米德罗斯（Artemidorus）69

阿谢姆（Ascham, A.）199

埃阿神（Ea[Enki]）7, 9, 11, 13, 34

埃格伯特（Egbert）116

埃及法老 42, 47, 49–51, 57, 60, 67–68

埃及历法 44–46

埃及象形文字 37, 45, 52, 55, 57

埃赛克斯（Essex）213

埃斯钦丹（Eschenden, J.）125–126, 142

艾哈迈德（Ahmad）128, 175
艾伦（Alien, R. H.）153
艾因哈德（Einhard）109–111
爱德华六世（Edward Ⅵ）224
《爱经》95
安德利埃（Andreae, J. V.）188
安东尼（Antonius）44, 73, 91, 95
《安抚者》119, 135
安米赞杜加（Ammizaduga）22
安努毕奥（Anubio）102
安努毕斯神（Anubis）58–59
安努神（Anu）8, 9, 12, 34
安提柯（Antigonus）102
安提帕特路斯（Antipatrus）40
安条克（Antiochus，雅典的）61, 101
安条克一世（Antiochus Ⅰ）73–74
昂沙·迈阿里（Onsor al-Ma'āli）159
《盎格鲁–撒克逊编年史》116
奥尔德海姆（Aldhelm）115
奥尔甫斯（Orpheus）27
奥古斯都（Augustus）20, 87–88, 92–93, 95, 97
奥勒利乌斯（Aurelius, M.）82, 92, 101–102
奥罗梅特斯神（Oromazdes）74
奥维德（Ovid）95–96
奥西里斯神（Osiris）43, 45

B

八字算命 12, 237
巴比伦空中花园 6
巴比伦之囚 5
巴别塔 6
巴尔德撒纳斯（Bardesanes）105
巴拉西（Balasi）13
巴塔尼（Battāni）157–158, 172, 174
巴特里奇（Batriq）171
巴耶城挂毯 131–132
白道 297
《百二十占》276
百年战争 125
柏拉图（Plato）69, 99, 115, 188
柏拉图（Plato，提沃里的）173–174
薄伽丘（Boccaccio）227
保罗（Paul，亚历山大城的）80
保罗·法伊尔阿本德（Feyerabend, P.）230
保罗三世（Paul Ⅲ）177
北斗七星 276–278, 280–283
贝措尔德（Bezold, C.）8
贝尔纳特（Bernard, F.）215–216
贝卢-赛伊布（Belu-shezib）13
贝罗索斯（Berossus）10, 39–40, 68–69
贝洛（Below, H.）182
本尼狄克十二世（Benedict Ⅻ）125
比鲁尼（Bīrūnī）158
比脱鲁杰（Bitrūji）169
比西公爵（Bussy）217
彼得（Peter）118–119, 135–136
彼特拉克（Petrarch, F.）227
庇护（Pius, A.）91–92
庇护五世（Pius Ⅴ）196
禅灶 216, 323–324
《编年史》86, 90, 93, 97–98, 116
变星 272, 275
《变形记》95–96
别卢斯神（Belus）39
波拿第（Bonatti, G.）117–118, 148
波普尔（Popper, K. R.）8
波塞多尼奥斯（Poseidonius）99
波斯帝国 6, 36, 47
波伊提乌（Boethius）114–115
伯努利（Bernoulli, J.）219
《驳星占学家》227

《不列颠诸王史》146
布克（Booker, J.）194, 197-199, 201-202, 204-205, 209, 211, 213-214
布克哈特（Burckhardt, J.）177, 195, 227
布雷德沃丁（Bradwardine, T.）145-146

C

Chronology of Ancient Kingdoms Amended 215
参孙（Samson）150
《查理大帝传》109-110
查理二世（Charles Ⅱ）213-214
查理曼大帝（Charlemagne）109-110, 115
查理一世（Charles Ⅰ）213-215, 224
《忏悔录》106-109
超新星 16-17（导论）, 182, 221-222, 264, 272, 284-285, 332
《沉思录》101
陈卓 266-267
城市火灾 216
城市天宫图 94-95
赤道坐标 163, 248
《崇祯历书》15
重耳（晋文公）307-309
出生时刻 7, 12, 28-29, 40, 57, 68, 70, 73, 77, 87, 125, 136, 205, 215-216
初见 8, 22-23, 27, 32-33
楚庄王 240
《春秋繁露》245
《春秋纬感精符》289
《春秋纬合诚图》312
《春秋纬说题辞》310
《春秋纬文曜钩》311, 327
《春秋纬演孔图》310, 316
《春秋纬运斗枢》281
崔浩 325-326

D

Die Altagyptischen Pyramidentexte Spruch 49
达·芬奇 163
大阿尔伯特（Albertus Magnus）119, 143-144
《大方等大集经》18
《大会合论》123
大年 59, 62
《大众天文学》217, 219
但丁（Dante）148-149
德克（Deke）28
德鲁苏斯（Drusus）96
狄奥多里克（Theodoric）114
狄奥多罗斯（Diodorus, S.）20, 66
狄奥尼索斯（Dionysus）69
迪（Dee, J.）177, 226
迪格斯（Digges, L.）228
笛卡儿（Descartes）179
《地理学》75, 78
地域分野（天区分野）258
第谷（Tycho）13-16, 177, 180-184, 217-218, 220-223, 228, 264, 351
《第谷传》180, 182
定宫 60, 78
《东观占》297
董因 308, 309
董仲舒 245
斗为帝车 276-278, 282-283
《笃信者路易传》131
对点 167
敦煌卷子 234, 267-269, 283
多罗西斯（Dorotheus）102

E

Egyptian Astronomy, Astrology, and Calendrical Reckoning（缩写EAAC）54

厄里倪厄斯神（Erinyes）64
厄泽尔（Oeser, E.）176, 185
恩利尔神（Enlil）7, 9–10
恩诺（Enno）134
二十八宿 17–18（导论），235–236, 238, 246–249, 252–253, 255, 257, 261, 264, 266, 275, 280, 294, 297–298, 304, 309, 311, 315, 327
《二十八宿山经注》311
二十四节气 17–19

F

F. 培根（Bacon, F.）145
法蒂玛王朝 163
《法典》5, 9
法格哈尼（Farghani）129, 172
《法兰克人史》110–111
法扎里（Fazari, I.）155
翻译运动 114, 170, 172
"翻译者" 20
《反第谷论》223
方豪 111–112, 237
非宿命论的 72, 182, 240, 242
非周期彗星 35, 320
菲茨杰拉德（Gerald, E. F.）161
菲尔米库斯（Firmicus, J.）80
菲古卢斯（Figulus, P. N.）94, 99
菲利普二世（Philip Ⅱ）67
费奇诺（Ficino, M.）215
分野 51–54, 246, 251–252, 254–255, 257–259, 261, 267, 278, 285, 289, 294, 296, 302, 307–309, 327
丰城剑气 261
佛教 11, 103, 251, 283
弗拉马利翁（Flammarion, C.）217
弗里德里希二世（Frederick Ⅱ）117
伏 22–23, 26–27, 32, 241, 299

伏尔泰（Voltaire）219
浮士德（Faust）176, 194
福尔曼（Forman, S.）197–201, 203–208, 211, 213, 216
福利尼奥（Foligno, G.）136, 142
富斯科（Fuscus, P.）91

G

盖伦（Galen）69, 102, 135
甘德 265, 321
《纲要》8, 14, 15, 31
哥白尼（Copernicus）13–15（导论），127, 166–168, 180, 223, 228
歌德（Goethe, J. W.）194–195
格列高利（Gregory）110–111
贡多瓦尔德（Gundovald）111
《工作与时日》64, 69
《古代故事百篇》227
《古代数理天文学史》（*A History of Ancient Mathematical Astronomy*，缩写*HAMA*）18（导论），24, 41
《古代遗迹》159
《古兰经》154
古斯塔夫二世（Gustave Ⅱ）184, 186, 215
《古微书》281
《古新星新表》16, 332
《关于命运的对话》105
观测日志 31–34
光荣革命 213, 217
《光学》75, 78
《光学书》163
圭多（Guido）118
圭恰尔迪尼（Guicciardini）227
《国语》307–308
郭沫若 162, 251

H

哈德良（Hadrian）91–92
哈基姆（Hakim）163
哈雷（Halley, E.）216, 220
哈雷彗星 35, 116, 131–133, 318–320
哈罗德（Harold）131–132
哈维（Harvey, W.）215
海萨姆（Haytham）163, 166
海桑（Alhazen）163
《海中占》296, 309–313
《韩杨占》274
汉弗莱（Humphrey, J.）214
汉谟拉比（Hammurabi）5, 9, 10, 22
《汉书》325
"合" 40, 105, 126, 142, 193, 311
《河图纬帝览嬉》296
《河图纬圣洽符》315
贺拉斯（Horace）95
赫耳墨斯神（Hermes）60–61
赫拉克勒斯（Hercules）74
赫西俄德（Hesiod）64, 69
黑死病 126, 132–133, 136, 141–143, 216
亨利八世（Henry VIII）215
亨利二世（Henry II）126, 178
恒星 1, 7–8, 17–18,（导论）8, 12, 25, 32, 47, 49, 51, 71, 75–76, 79, 115, 121, 129–130, 149, 156, 159, 163, 166, 221–222, 236, 248, 263–267, 270, 272–275, 277, 281, 287, 295–298, 303–304, 311, 323, 327
《恒星图像》166
《恒星之象》75–76
恒星周期 25, 297
《后汉书》244, 261–263
后倭马亚王朝 168, 172
胡夫（Cheops）49–50
华伦斯坦（Wallenstein）125, 184–186

怀特洛克（Whitelocke）210
《淮南子》29–20, 257, 310
《还原与对消问题之论证》160
黄道十二宫 12–19, 21–22, 27, 47–48, 52, 55–59, 61–62, 67, 70, 74, 78, 80–82, 85, 102, 105, 116, 122, 136, 138, 140, 142, 158, 250–251, 264
《黄道十二宫之上升》158
《黄帝占》274, 287, 296, 309, 315, 322
黄权 259, 311
回归年 47, 155, 158, 160
会合周期 24–25, 27
彗星 2, 7, 16–17, 19–20,（导论）31, 34–35, 65–66, 96–97, 110, 116, 131–133, 142, 177, 182, 216–223, 241, 264, 314–327, 333
惠斯顿（Whiston, W.）220
火星 7（导论）, 12, 25, 28, 29–30, 56, 71, 73–74, 79, 84, 91, 100, 107, 111, 121–123, 126, 137, 140, 142, 149, 151, 181, 183, 188–191, 205, 215, 259–260, 280, 299–301, 309–311, 322
霍利斯德（Hollister, C.W.）113
霍利伍德（Holywood, J.）117, 119
霍姆斯（Holmes, G.）149

I

I. 尤第乌斯（Judaeus, I.）135
"Islamic Astronomy" 128

J

《积尺》（Zij）155
基第纳斯（Kidenas）69
《基督城》188
基督教会 1, 79, 103, 105–106, 109, 111–112, 121, 172
吉尔伯特（Gerbert）128

《吉尔伽美什历险记》15

加伯利（Gadburg, J.）203, 206, 214–216

加德（Gade, J. A.）183

加尔巴（Galba）89, 91

《迦勒底》39–40

迦勒底王朝 5–6, 12, 28–31, 36

迦勒底星占学 10（导论），7, 38, 40, 68, 86, 126

伽利略 17, 127, 223

《建筑十书》95

交食 7, 16, 18,（导论）8, 13, 31–34, 116, 142, 241, 332

《教会祈祷仪式》111

《教义手册》106

劫波 5, 62

杰弗里（Geoffrey，莫城的）139, 142

杰弗里（Geoffrey，蒙默思的）146

杰拉尔德（Gerard，克雷默纳的）173–174

金星 10（导论），9, 11, 22, 24, 28–30, 56, 71, 78–79, 84, 91, 107, 121–123, 136, 149, 151, 183, 189–191, 205, 221, 280, 299–301, 322, 333

《金言百则》76, 173

金字塔 42, 48–50, 166

《金字塔铭文》42, 49

《晋书》242, 252, 259, 261, 266–268, 278, 288, 292–293, 329

京房 328

经星 71, 263, 304

《荆州占》258, 274, 281, 289, 304, 309, 311–312

《精华录》101–102

精密科学 15（导论），225

九鼎 21（导论），240

居鲁士二世（Cyrus Ⅱ）36

军国星占学 7–11（导论），11–12, 19, 27, 37, 40, 51, 54, 77, 119, 125–126, 233, 235, 237, 245–246

君士坦丁十三世（Constantinus XIII）132

K

喀雷蒙（Chaeremon）97

《卡布斯教诲录》159

卡尔达诺（Cardano, G.）195–196, 210, 224, 226

卡尔杜拉（Caldora, J.）212

卡拉卡拉（Caracalla）92

卡利古拉（Caligula）88–91

卡涅阿德斯（Carneades）99

卡斯蒂利奥内（Castiglioni, A.）135

卡西尼（Cassini）219

卡修斯（Cassius, D.）96–97

开普勒（Kepler）13–16, 88, 125, 127, 163, 177, 180, 184–187, 193, 227–228, 332

《开元占经》234, 258, 265–267, 270, 274–276, 280–281, 285, 287, 289, 296–298, 304, 309–316, 322, 327–329

恺撒（Caesar, G. J.）44, 73, 94–96, 101

《坎特伯雷故事》119, 149–152

康帕内拉（Campanella）188–189, 191–192

康熙 15（导论），319

《考古学专题六讲》10

科莱（Coley, H.）215

科西莫（Cosimo）195

克劳狄（Claudius）74, 95

克雷芒（Clement，亚历山大城的）60

克雷芒六世（Clement Ⅵ）125

克雷默（Kramer, S. N.）58, 173–174

克里斯廷（Christian）183

克丽奥帕特拉（Cleopatra）43–44, 67, 73

克伦威尔（Cromwell, O.）213, 224

克洛诺斯神（Cronos）71

刻瑞斯（Ceres）85
客星 264, 284—286
肯尼迪（Kennedy, E. S.）167
库格勒（Kugler, F. X.）8

L

拉美西斯二世（Rameses Ⅱ）51
拉美西斯四世（Rameses Ⅳ）57
拉美西斯五世（Rameses Ⅴ）51
拉神（Ra）43, 49
莱斯特伯爵（Leicester）214
老普林尼（Pliny）80
雷焕 261
黎塞留（Richelieu）179
《礼纬斗威仪》289
《礼纬含文嘉》275, 287
《礼纬稽命征》287
李淳风 234, 243, 252, 255, 257, 259—260, 293—295, 326
李邰 261—262, 327
李约瑟 235—236, 238
《理想国》188
《历史》38, 66
《历史文库》20
《历史研究》36
《历数书》157—158, 172, 174（巴塔尼）161, 163, 166—168（海亚姆）163（哈基姆）
利奥十世（Leo X）177, 215
利博（Libo, S.）93
利利（Lilly, W.）192, 194, 197—215, 224—226
炼金术 6(导论), 61, 137, 140, 176, 178—179, 184, 197, 203
梁武帝 260, 319
临界日 135
《灵台秘苑》234, 286
《灵宪》272
刘歆 299, 321
流星 7（导论）, 34, 110, 177, 180, 221, 241, 262, 287, 296, 326—329
卢克莱修（Lucretius）99
鲁道夫二世（Rudolph Ⅱ）187
《鲁道夫星表》185
路德（Luther, M.）196—197
《路易十四时代》219
路易十四世（Louis ⅩⅣ）177
路易十一世（Louis ⅩⅠ）87
路易一世（Louis Ⅰ）131
孪生兄弟问题 108, 112
《论数学原理》180
《论太阳运动》169
《论天》65
《论天界之新现象》220, 222—223
《论新星》182, 222
《论星盘》119, 129
《论星宿》95
《论行星天层》169
《论学术》95
《论预言》38, 99
《论自然命运》135
罗伯特（Robert，约克的）133, 173
罗马帝国 1, 10, 12,（导论）6, 40, 46, 61—62, 74—75, 82, 85, 87, 90—93, 96, 101, 103, 113—114, 117, 126, 149, 183—184, 187
《罗马史》96
罗慕路斯（Romulus）94
《吕氏春秋》291, 310

M

Mathematics and Astronomy in Mesopotamia （缩写 MAM）12
Merkhet 48

马杜克神（Marduk）7
马尔穆特（Malmud）128
马尔赛鲁斯（Marcellus）82
马尔斯神（Mars）84, 149, 151
马可·波罗（Polo, M.）119
马克里努斯（Macrinus）93
马拉盖天文台 164–166
马萨林（Mazarin）219
马沙·安拉（Māshā Allāh）119, 129, 155–156, 173
马泰纳斯（Maternus, J. F.）109
马王堆帛书《彗星图》316, 321
马王堆帛书《五星占》234, 301
麦-伊什塔尔（Mar-Ishtar）13
麦蒙（Ma'mūn）129, 154–155, 170–172
梅兰希顿（Melanchthon, P.）178
梅文鼎 15
美索不达米亚 1, 3–7, 9, 30, 36, 41, 134
蒙默思公爵（Monmouth）201
蒙森（Monson, W.）201
米底王国 5
《秘中之秘》68
密特拉教 73–74
密特拉神（Mithra）73
命宫 85, 88, 137
摩尼教 106
莫尔（More, T.）188, 213
莫利（Merlee, W.）133–134
墨丘利神（Mercury）60, 84
默顿学院（Merton）129, 133
默里（Murray, G.）13, 40, 63
木星 12, 22, 25, 27–30, 34, 55–56, 71, 74, 79, 84, 91, 105, 121–123, 126, 137, 140, 142, 149, 185–186, 188–191, 205, 215, 280, 295, 300–301, 304–307, 309, 321–333
《牧歌》99

穆尔斯（Murs, J.）125
穆罕默德（Muhammad）157, 162
穆尼阁 11, 15

N

拿破仑（Napoleon）50, 58
纳巴那沙（Nabonassar）33
纳本-阿丁舒（Nabun-adinshum）13
纳布-黑里巴（Nabua-heriba）13
奈克塔内布（Nectanebus）67–68
奈斯图鲁（Nastulus）128
南怀仁 237
内插法 25
内尔瓦（Nerva）92
内格罗（Negro, A.）136
内皮尔（Napier, R.）199, 203, 207–208, 212
尼布甲尼撒二世（Nebuchadnezzar Ⅱ）6
尼布甲尼撒一世（Nebuchadnezzar Ⅰ）17
尼布神（Nebo）12
尼科马可斯（Nikomakhos）65
尼禄（Nero）74, 89–90, 93, 97–98
尼纳苏神（Ninazu）134
尼尼微 5, 9, 15, 30, 40
尼努尔塔神（Ninurta）134
尼普顿神（Neptune）84
泥版文书 5–6, 8, 10, 12, 24–25, 30, 33, 35–36, 40
逆行 25, 241, 259, 302, 312
匿名算命 87–88, 185
年代学 19–20（导论）, 46, 157, 178, 333
牛顿（Newton, I.）127, 178, 180, 215
《牛眼记事》219
诺吉鲍尔（Neugebauer, O.）18, 41
诺斯特拉达穆斯（Nostradamus, M.）176, 195
诺斯替派 105

O

欧多克斯（Eudoxus）38, 63, 70, 169
欧玛尔·海亚姆（Omar Khayyam）160–161

P

P. 尤第乌斯（Judaeus, P.）106
帕哥洛（Pagolo, M.）195
帕克（Parker, D.）17, 228
帕克（Parker, J.）17
帕克（Parker, R. A.）52, 54
帕拉塞尔苏斯（Paracelsus, T.）8, 137–138, 140
《帕拉维历表》155, 170
帕雷（Pare, A.）217
帕提亚王国 6
潘梅涅斯（Pammenes）93
判例汇编 196, 199
庞培（Pompey）73–74
皮蒂格里诺（Pitigliano, N. O.）212
皮科（Pico）181, 227
皮姆（Pym, J.）210
皮亚扎（Piazza, M.）141
《平球论》75
《评论书》137, 140
普鲁塔克（Plutarch）96, 99
普路托神（Pluto）84
普洛佩提乌斯（Propertius）95

Q

七政 71, 101, 122, 124, 274, 276–277, 280
齐景公 324
恰勒蒙蒂（Chiaramonti, S.）223
钱乐之 267–268
强效之宫 122–123
墙象限仪 164–166
乔叟（Chaucer, G.）113–115, 119–120, 129, 149–151
谯周 329
求直言 290–291
瞿昙悉达 234, 258, 265, 274
去极度 248

R

R. 培根（Bacon, R.）145, 163
Rosen, E. 222
禳救 98, 289–290, 292, 295
《人如何能避免星辰所预示的命运》192
人体黄道带 138–139
《日晷论》75
日食 8, 17, 52, 54, 66–67, 110, 193, 288–295, 333
《柔巴依集》162
入宿度 248
瑞星 284, 286–287

S

3 Copernican Treatises 222
撒马尔罕天文台 166
《萨比历数书》157
萨顿（Sarton, G.）44
萨尔贡一世（Sargon Ⅰ）4, 40
萨迦里（Zarqāli）168–169
萨克斯（Sachs, A.）31
萨拉皮翁（Sarapion）61
萨珊王朝 6, 160
萨图恩神（Saturn）84, 149–150
塞尔柱帝国 160
塞琉古二世（Seleucus Ⅱ）39
塞琉古王朝 6, 7, 24, 25, 30, 73
塞琉古一世（Seleucus Ⅰ）6
塞涅卡（Senna）97–100
塞维鲁（Severus）92
塞扬努斯（Sejanus）96

赛蒂一世（Seti I）46, 57, 60
三大门派 265–267, 270, 274, 297
三宫一体 21–22, 27
《三国志》328
三合一新年 45–46
三环星盘 30–31
三色星图 267–268
三十年战争 184, 186–187, 217
三王来拜 103–104, 116
三垣 17, 246, 264
色拉西洛斯（Thrasyllus）61, 86–87, 90, 95–97
沙玛什神（Shamash）8–10
《上帝之城》106
《上界》7
《尚书》241–242
《尚书纬中候握河纪》287
舍德（Shatir）167–168
申须 323
《神曲》148–149
《神使之书》59–61
《神学大全》144
生辰星占学 7–12, 18, 12, 20, 27, 30, 37–38, 40, 51, 55, 57, 61, 63, 65, 68, 70, 77, 85, 88, 101, 103, 108, 111, 120–121, 125, 160, 204, 208–209, 233, 235–237
《生成与毁灭》174
圣阿奎那（St. Aquinas, T.）143, 145
圣奥古斯丁（St. Augustine）106–109, 112, 143, 146
《圣经》4, 104–105, 108, 116, 118, 178, 181, 192, 194, 224
《诗纬含神雾》312
《诗纬推度灾》255
十二次 246, 249–252, 254–255, 257, 267, 304–307
《十日谈》227

石申 265, 274
《石氏星表》18（导论）
时间分野 51–53, 257–259
《实用天文表》75, 171–172
《实证》148
《史记》9（导论）, 233–235, 239, 244, 252, 264, 273–276, 289, 301, 303, 305–306, 310, 321
史密斯（Smith, T.）178
《世纪预言》195
《世界古代神话》58
《释支干》251
受孕时刻 7, 77, 121, 124
叔服 320
舒玛–乌沙（Shuma-usar）28
数理天文学 18, 20,（导论）6–7, 21, 24, 30–31, 46, 76, 99, 115, 125–126, 155, 225, 288
双本轮 167–168
水晶球 221–223
水星 12, 21, 23, 25–26, 28–30, 32, 55–56, 60, 71, 74, 84, 91, 99, 100, 123, 136, 140, 145, 149, 183, 185–186, 189–191, 205, 215, 280, 300–301, 322
水钟 77
顺四时 244
朔望月 46
司马迁 233, 265, 289, 294, 303, 310
斯蒂芬孙（Stephenson, F. R.）35
斯多亚派 97, 99–101
斯福尔扎（Sforza, F.）212
斯科特（Scot, M.）117, 121, 122, 148
斯坦因（Stein, A.）267
斯特鲁维（Struve, O.）17
斯图亚特（Stuart）217
斯托布斯（Stobaeus）48
《四库全书》15

《四书》12, 21, 75–77, 79–81, 101–102, 108, 158, 171–173, 228, 350
宋景公 310–311
苏丁（Soudines）69
苏莱曼（Suleiman）180
苏美尔早王朝 4（导论），7
宿命安慰 211–212
宿命论 9（导论），72, 182, 240, 242
《宿曜经》18
算命天宫图 6–7, 10–11, 18,（导论）27–29, 37–38, 40, 51, 55–57, 73–74, 77–80, 85, 87–88, 91–92, 94, 97, 101, 108, 116, 125, 136, 151, 178, 180, 182, 184–186, 190, 196–197, 204, 207, 215–216, 235–237, 350–351
岁差 17, 19, 62, 155, 163, 165, 273
岁星纪年 305
琐罗亚斯德（Zoroaster）27

T

The Life and Times of Tycho Brahe 183
塔鲁提乌斯（Tarutius, L.）94, 216
塔西佗（Tacitus）86, 89–90, 97–98
太岁 305
《太阳城》188–189, 191–192
太阳神 42–43, 49, 60, 73, 134
泰勒（Tylor, E. B.）84
泰勒斯（Thales）66–67
汤因比（Toynbee, A. J.）35–36
特里斯美吉斯佗（Trismegistus, H.）121
特征天象 23
提比略（Tiberius）59, 85–91, 95
《天步真原》11, 15,（导论）238
天垂象，见吉凶 241–242, 260
《天镜》328
《天空怪物》217
天狼星 27, 33, 43–46, 55–56, 102, 154, 273–274, 303–304, 306, 332
天命 9, 92, 94, 107, 239, 240–241
《天球论》117, 119
天球音乐 115
天人感应 9（导论），72, 238, 244, 260, 272, 286
天人合一 9（导论），238, 239, 244, 272
天人之际 6（导论），254, 264
天体测量 6（导论），127
《天体运行论》13（导论），221, 228
《天文宝库》165
《天文瞭望》144
《天文书》（阿布拉、比脱鲁杰合著）169
《天文书》（Bonatti作）117–118
"天文学家" 6, 115, 116, 131
《天文学与星占学原理》158
《天象》69, 133
《天象学》65, 133, 174
《天学真原》10, 12, 18,（导论）11, 251, 265
天之女神（Hat-Hor）58
帖木儿（Timur）166–167
帖木儿王朝 164, 166
通天巫术 10
透特神（Thot）60
突斯人纳绥尔丁（Tusi, Nasir al-Din）164
图密善（Domitian）88–89, 94
土星 21–22, 28, 56, 70–71, 77–79, 84, 91, 99–100, 105, 107, 121, 123, 126, 137, 140, 142, 149–150, 189–191, 205, 215, 218, 280, 300–301, 322
《托莱多天文表》169, 172
托勒密（Ptolemy, C.）12, 14, 18,（导论）21–23, 33, 45, 74–81, 101–103, 108, 121, 127–128, 155, 158, 163, 165–167, 169, 171–173, 177–178, 190, 223, 228
《托勒密评注》119, 129

托勒密三世（Ptolemy Ⅲ）45
托勒密王朝 44, 67
托马斯（Thomas, K.）106, 111, 179, 194, 196, 199–201, 204, 206–207, 229

W

瓦林斯（Valens, V.）101–102
瓦罗（Varro, M. T.）94–95
《晚期巴比伦天学及有关史料》（*Late Babylonian Astronomical and Related Texts*，缩写*LBAT*）31
万事前定 72–73, 100–101, 238
《王表》10
王莽 282–283, 291, 298–299, 325
王孙满 240–241
王锡阐 15
威斗 282–283
威廉（William，康切斯的）126–127, 173
威廉（诺曼公爵）(William) 116, 131–132
韦鲁斯（Verus, A.）91
维吉尔（Virgil）95, 99
维拉尼（Villani）118
维纳斯神（Venus）72, 84–85, 96, 146
维特利（Vitelli, P.）212
维特鲁威（Vitruvius）95
《维也纳世俗体交蚀征兆纸草书》37, 51–54
《魏书》287, 325
温庭筠 329
文提齐亚努斯（Vindicianus）107
文艺复兴 1, 5, 8, 10, 13,（导论）76, 79, 109, 112–114, 124, 134, 137–138, 163, 165, 170, 174, 176–177, 195, 212, 215–216, 226–228
汶岛天文台 182
倭马亚王朝 167–168, 170, 172
《我的生平》196

沃尔登（Waerden, B. L.）8, 27
乌尔班八世（Urban Ⅷ）192
乌尔第三王朝 4
乌拉诺斯神（Uranus）84
乌鲁伯格（Ulugh Beg）166–167
《乌鲁伯格天文表》166
乌纳斯（Uylas）49
《乌托邦》188
《巫术的兴衰》179–180, 229
巫咸 11, 265–268, 270, 297, 309, 314
五行 242, 276–277, 287, 298, 300–304, 313, 322, 326
《五书》102
五纬 71, 305, 312
五星聚舍 311–313
武王伐纣 19–20（导论）, 318, 320, 333
《物性论》99
《误医迷宫》137

X

西奥弗拉斯托斯（Theophrastus）63
西奥吉恩（Theogenes）87
西尔韦斯特（Silvester, B.）147–148
西尔维斯特二世（Sylvester Ⅱ）128, 130
西塞罗（Cicero）38, 70, 94, 99
希巴恰斯（Hipparchus）12, 18,（导论）40, 61, 79–80, 128, 158, 166
希波克拉底（Hippocrates）69, 73, 135
希伯鲁斯（Hebreus, L）125
希腊化时代 10–11（导论）, 36, 40–41, 43, 45–47, 50–51, 55, 57, 60, 62, 74–75, 79, 120, 126, 176
《希腊罗马名人传》96
希罗多德（Herodotus）38, 66
希姆莱（Himmler, H.）195
希提（Hitti, P. K.）153, 158
《郗萌占》296, 327

《悉檀多》155, 170–171

羲和 11, 293

席泽宗 16（导论）, 273

肖利亚克（Chauliac, G.）142

《孝经纬内记》285

《孝经纬援神契》280

《谐和论》75–76

蟹状星云 16

辛神（Sin）8–10, 134

新巴比伦王朝 10, 5

《新大西岛》188

新星 16–17（导论）, 182, 221–222, 264, 272, 284–285, 332–333

星表 18（导论）, 12, 47, 79–80, 148, 161, 166–167, 185, 275

星官 17（导论）, 255, 263–264, 266–267, 270, 272, 275–276, 283, 297, 309, 327

星经 264–266, 305

《星名及其意义》153

《星命大全》238

《星盘》169

星盘 30–31, 77, 119, 127–130, 136–137, 155–156, 161, 163, 166, 169

星图 18（导论）, 17, 166, 218, 266–269, 316–317, 321

星占草药学 140

星占地卜 148, 203

星占地理学 77

《星占家》147

星占历书 192–194, 198–199, 202, 213–214, 225–226, 228

星占气象学 66, 77, 124, 133–134

《星占学》192

《星占学纲要》117, 121

《星占学入门解答》159

星占学史 28, 68, 79, 143, 146, 257, 332–333

星占学事务所 196–197, 199–200, 204, 207, 209–210

《星占学与传统文化》1（导论）, 327, 331

《星占学之建立》157

《星占学之应用》158

星占学指导性交 190–191

星占医学 8–9（导论）, 40, 61, 69, 83, 102, 124, 126, 134–138, 141–143, 151

星钟 47

星座 16–17（导论）, 8, 13–15, 17, 19, 27, 46–47, 69, 74, 83, 137–138, 148, 150, 188, 213, 264

行星 2, 7–8, 13, 17–18, 9, 12, 15, 19–27, 29–33, 37, 40, 55–57, 61–62, 67, 69–72, 75–78, 81, 83–84, 94, 102, 105–106, 115–116, 120–123, 126–127, 135–136, 138, 140, 142–146, 158–159, 163, 165–169, 171, 178, 181, 183–184, 186, 190, 193–194, 198, 208, 215, 221–223, 236, 241, 244, 265, 274, 288, 295–306, 309–313, 321–322, 327, 331

《行星假说》75, 171

形态学 8

《幸福而短促的人生》100

幸运车轮 123–124

凶日 69, 151

徐子平 237

旭烈兀（Hulagu）164

《玄冥占》276, 327

璇（旋）玑玉衡 277

旬星 16, 46–48, 61, 67

荀爽 244

Y

亚伯拉罕（Abraham）118

亚里士多德（Aristotle）63, 65–66, 68, 133, 157, 174, 221–223

《亚里士多德全集》65
亚历山大大帝（Alexander）10, 36, 38, 42, 44, 61, 65, 67-68, 72, 74-85, 86
《亚历山大远征记》39
亚瑟王（King Arthur）146
亚述巴尼拔（Ashurbanipal）5, 12-13, 15, 40
亚述帝国 10（导论），5
颜色标准星 303
晏子 324
妖星 284, 287, 328-329
耶稣（Jesus）104-105, 118, 196, 226
耶稣会士 11, 14-15, 203, 220, 237-238, 250-251
《一个冒牌星占学家的品格》210
一栏三星 30
一行（张遂）273, 283
伊壁琴尼（Epigenes）69
《伊儿汗历数书》165
伊儿汗王朝 164, 166
伊丽莎白一世（Elizabeth Ⅰ）177
伊姆霍特普（Imhotep）50-51
伊南那神（Inanna）9
伊什塔尔-舒默里西（Ishtar-shumeresh）13
伊什塔尔神（Ishter）9-10, 15, 72
伊希斯神（Isis）17, 43-44, 58
医学天宫图 102
移宫 60, 78
《乙巳占》234, 255-257, 259-260, 284-285, 289, 294-295, 304, 309, 315, 326, 328
以太壳层 171
《易》242
易卜拉欣（Ibrahim）128, 155
《易纬辨终备》316
《易纬坤灵图》312

《意大利文艺复兴时期的文化》195, 227
阴阳和谐 243-244
《印度》159
荧惑守心 259, 299-300, 309-311
佣兵队长 212-213
优努斯（Yunus）163
攸努斯（Eunus）94
尤里乌斯二世（Julius Ⅱ）177
预言君主之死 209
《御定星历考原》238
原始兽带星占 27
《原始文化》84
月食 33, 54, 98, 110, 180, 193-294, 295, 297
月所主国 257-258
月下世界与月上世界 221
月相 32, 122, 135
《云》69

Z

择日 63-65, 69
翟方进 299, 300, 311
詹姆斯一世（James Ⅰ）217
张光直 10
张衡 272
张华 261
张钰哲 20（导论），320
折线函数 30-31
哲人之石 203
哲人主宰星辰 112, 145, 151, 181, 185, 187, 205, 224
《哲学的慰藉》114-115
《征兆结集》10-12
纸草书 10, 36-38, 42, 51-54, 57
《至大论》（Almagest）22, 32-33, 45, 75-76, 78-79, 81, 128, 155, 158, 166, 169, 171-172, 174, 228

智慧宫 154, 163, 170
中世纪 1, 10, 12–13,（导论）47, 79, 103, 106, 112–114, 116, 120, 122–126, 128, 131, 133–135, 138, 141, 143, 145–146, 148–149, 152–153, 157, 159, 163, 166, 168–171, 176, 178–179, 203, 216, 221
《中西交通史》112
州郡躔次 254
《周礼》251, 295
周期彗星 35, 320
宙斯神（Zeus）64, 71–72, 74, 84

朱庇特神（Jupiter）72, 84–85
诸葛亮 125, 142, 328–329
主导神性 47
主宫 59–60, 78
子产 323–324
子大叔 323
子犯 196, 307–308
子韦 310–311
梓慎 306–307, 323
《左传》216, 240, 307, 320–324
左塞尔（Zoser）50

插图索引

图1　17世纪欧洲的星占学家　12（导论）

图2　1653年的黄道十二宫版画　16

图3　黄道带的星座　19

图4　克丽奥帕特拉（Cleopatra）装扮的伊希斯神　43

图5　公元141年的埃及算命天宫图　56

图6　阿蒙神与安努毕斯神　59

图7　古埃及神话中的圣牛阿匹斯　59

图8　《四书》中的算命天宫图　80

图9　人体黄道图　83

图10　乔叟　120

图11　中世纪的"幸运车轮"　124

图12　典型星盘的结构示意图　130

图13　巴耶城挂毡　132

图14　指导放血用的"人体黄道带"　139

图15　伊斯兰网状星盘　156

图16　伊斯兰星盘正面和反面　156

图17　1505年的波斯星盘　161

图18　伊体·舍德的双本轮体系　168

图19　阿拉伯星占学–天文学的历史地位和传承关系　174

图20　第谷的宇宙模型（1588）181

图21　开普勒为华伦斯坦排算的算命天宫图　186

图22　马丁·路德（Martin Luther）的算命天宫图　197

图23　星占手相学　205

图24　星占学家与临盆的产妇　209

图25-1　1577年的大彗星（即第谷彗星）218

图25-2　1577年的大彗星的轨迹　218

图26　1532年被德国的阿皮安（Apian）观测到的彗星　222

图27　《中国科学技术史》第二卷中，李约瑟所引的图表　236

图28　"洋为中用"的欧洲算命天宫图　237

图29　二十八星宿与四象对应图　249

图30　敦煌星图中的紫微垣　268

图31　苏颂《新仪象法要》中之部分星图　269

图32　苏州石刻天文图　270

图33　"斗为帝车"的艺术表现形式，山东嘉祥武氏祠东汉画像石　278

图34　马王堆汉墓帛书中的彗星符号　317